MONETARY POLICY
Theory and Practice

金融政策
理論と実践

白塚重典 ［著］

慶應義塾大学出版会

は し が き

　本書は、私が慶應義塾大学経済学部の3、4年生向けに行っている「金融論」の講義ノートを基にしています。私は金融論の後半部分を担当しており、講義内容としては、金融政策に焦点をあてています。講義の大まかな構成としては、まず金融政策を理解するために必要最低限の金融の基礎知識を解説したうえで、金融政策をめぐる制度と理論を、できる限り具体的な事例を踏まえながら解説しています。

　この講義は、当初、英語のみで開講していたのですが、より多くの学生に聴講してもらえるよう、現在では日本語でも開講しています。対象とする学生が異なるため、授業の進め方やカバーするトピックスは必ずしも完全に同じではありませんが、授業の骨格は共通しています。ただ、日本語の授業を始めるにあたって困ったのは教科書です。英語の場合は、いくつかの候補がありますが、日本語で学部上級生向けに金融政策に焦点をあて、理論と実践の双方の視点から包括的に記述しているものは、なかなか見当たりません。複数の教科書をトピックスに応じて使い分けるのであれば、一層、自分で書いたほうがよいのではないかと考えるようになりました。これが本書執筆の経緯です。

　本書を執筆するにあたって、私が大事にしたのは次の四点です。

　第一に、通貨システムに対する「信認」の重要性を伝えることです。中央銀行が貨幣を独占的に供給しているのは、中央銀行制度が現代の管理通貨制度のもとで、通貨に対する信認を円滑かつ継続的に維持・促進していく、最も現実的かつ効果的な選択肢だからです。そして、通貨システムは、中央銀行が単独で提供しているわけではなく、さまざまな金融機関とともに、金融システム全体として提供している社会・経済活動の基盤です。このため、通貨システムに対する信認を確保していくには、中央銀行の責務である物価の

安定と金融システムの安定の双方を継続的に実現していく必要があります。その意味で、物価の安定と金融システムの安定は不可分のものとして考えていく必要があることを改めて強調しておきたいと思います。

　第二に、「制度」的な要素の重要性を理解してもらうことです。マクロ経済学の教科書の中では、金融政策を運営する中央銀行は、インフレ率と産出量を対象とする社会的損失関数を最小化するよう政策金利を決定する経済主体として描写されます。しかしながら、実際の金融政策は、委員会制度で意思決定が行われており、しかもその運営を巡っては、政府、国会、国民、金融市場などとの関係も重要な要素となります。金融政策をより的確に運営していくためには、それを支える理論や実証分析に加えて、制度的な運営枠組みも極めて重要な役割を果たします。本書のサブタイトルを「理論と実践」としたのは、こうした制度的な要素も踏まえて、現実の金融政策運営を理解していくことの重要性を強調したいと考えているからです。

　第三に、金融政策を分析する「理論」的な枠組みとして、IS-LM モデルを修正した IS-MP モデルを全面的に採用したことです。このモデルでは、IS 曲線は通常のマクロ経済学の教科書で解説しているものとほぼ同じです。しかしながら、LM 曲線を修正し、金融政策が金利をコントロールし、テイラー原理を充足するようインフレ率の変動に応じて実質金利を調整することを明示的に取り込んでいます（MP 曲線）。こうした金融政策の描写は、現実の金融政策運営とより整合性が高いことは言うまでもありません。また、理論モデルの面でも、IS-LM モデルでは不明確であった名目金利と実質金利の違いを明確化し、インフレと GDP の変動を分析する総需要＝総供給（AD-AS）モデルへと、より自然なかたちでつなげることができます。これにより、AD 曲線の背後にある総需要の変動と金融政策の関係を明確化できるとの大きなメリットがもたらされます。

　さらに、AD-AS モデルの使い方として、さまざまなショックに対するインフレ・産出量の変動と政策対応の影響について、モデルの中で、時間を追ってどう波及していくかを考えていくことを提案しています。これは、静学モデルである AD-AS モデルを動学的なかたちで使い、マクロ経済の変動を考察することを意味しています。こうした AD-AS モデルの使い方は、私

自身が、そして多くの中央銀行エコノミストやマクロ・金融分野の経済学者が金融政策の運営について考える際の拠り所としている思考回路と言ってよいと思います。

　ニューケインジアン・マクロ経済学の進展を反映して、この20年ほどで大学院レベルのマクロ経済学や金融政策に関する教科書は大きく変わりました。ただ、入門レベルのマクロ経済学の教科書は、特にわが国では引き続きIS-LMモデルを分析の中核に据えているものが一般的です。かつて、ケインジアンとマネタリストの政策論争などを考えるうえでは、IS-LMモデルの有用性は高かったと思います。しかし、現在では、金融政策は短期金利をコントロールすることで遂行されており、その政策運営の中で、通貨集計量（マネー）が果たしている役割は大きく後退しています。その意味で、現実の金融政策運営を理解するうえで、金融政策によってマネーではなく金利をコントロールする分析枠組みを使っていく必要性が高まっています。そして、本来静学モデルであるAD-ASモデルを動学的に使っていくことで、マクロ経済の変動に対して金融政策がどのように対応していくべきかを考えていくための、より実践的な金融政策の理解を深めていくことができると考えています。学部生レベルでこうした金融政策への理解を深めることは、その先、ニューケインジアン・マクロ経済学をベースとしたさらに上級レベルのマクロ経済学、金融政策分析を学ぶ土台づくりにもなると考えています。

　第四に、非伝統的金融政策と呼ばれる政策運営の取り扱いです。金融政策の基本的な分析枠組みは、金利がプラスである環境のもとで、政策金利の調整を通じて金融政策を運営していくことを前提としています。しかし、わが国では、長期にわたりゼロ金利の状況が続いており、そうしたもとで、非伝統的金融政策と呼ばれる金融政策運営が常態化しています。ただ、こうした非伝統的金融政策も、通常の金融政策運営の応用編として理解していくことができるのです。特に、非伝統的金融政策の政策効果については、AD-ASモデルに名目金利の実効下限（ELB: effective lower bound）制約を明示的に取り込んだ拡張を行うことで、分析していくことが可能となります。まずは、金融政策分析の基礎をしっかりと理解したうえで、こうした応用問題についても学んでいく必要があると考えています。

　いま、本書の執筆過程を振り返ってみると、本書は、私自身が中央銀行エコノミストとして、30 年以上にわたり続けきた金融政策そして広く中央銀行をめぐる問題に関連する研究の集大成と言うこともできるのではないかと思います。その意味で、本書を刊行できたのは、国内外の多くの方々と共同研究や意見交換を積み重ねきた成果であり、感謝の意を表すべき人は数え切れません。

　そうした中でも、特に、感謝の意を述べたいのは次の三名の方々です。まず、最初に挙げなければならないのは翁邦雄さんです。日本銀行金融研究所では、課長、所長と通算 10 年にわたり直属の上司として仕え、研究の指導を頂くと同時に、本書の基礎となる共著論文も多数執筆させて頂きました。本書が刊行に至ったもの、翁さんの永年にわたる指導の賜物であると思います。次に、日本銀行入行同期で、金融研究所で長く研究をともに続けてきた藤木裕さんです。本書の中でも引用しているいくつかの共同研究のほか、卓越した経済学の知識で、研究のさまざまな過程で多くの的確かつ有益な助言をもらいました。また、本書の作成にあたっては、2 章から 11 章の原稿に目を通してくださり、詳細なコメントを頂きました。改めて感謝の意を表したいと思います。そして、最後に、白川方明さんです。最初に金融政策を巡る研究の仕事をご一緒させて頂いたのは、わが国の資産価格バブルを総括するプロジェクトでした。その後も、総裁時代に至るまで永年にわたり、さまざまな機会を通じて、金融政策の政策思想、中央銀行のあり方など多くのことを学ばせて頂きました。

　本書の編集を担当してくださった慶應義塾大学出版会の増山修さんにも感謝したいと思います。私が慶應に移ったあと、金融政策に関する研究書を執筆してはどうかと熱心に薦めてくださり、そうした中で、先に教科書を出したいという私の希望に快く対応してくださいました。金融政策の研究書は、金融政策の新しい運営体制の方向性を見極めつつ、現在執筆中のいくつかの論文の成果なども交えて、できるだけ早期に実現したいと考えています。また、私の研究を温かく見守ってくれている家族、妻・明子と三人の子供とその家族、そして両親にも感謝したいと思います。父・重男は、残念ながら昨年鬼籍に入り、本書を手に取ることはできませんでしたが、本書の刊行を喜

んでくれていると思います。

　最後に、本書は、私が学部生時代にゼミで指導を受けた故・浜田裕一郎さんに捧げたいと思います。浜田ゼミは、私の同期が一期生なのですが、浜田さんは私たちの卒業を待たず、四年次の十月に急逝されました。ゼミでは、労働経済学を中心に学びました。ただ、ゼミの活動は、単に経済学を学ぶだけでなく、それを使って現実の問題を分析し、解決に向けての処方箋を考える訓練だったと思います。こうした訓練は、日本銀行で調査研究の活動を続けるうえでの大きな財産となったことは言うまでもありません。本書の刊行で多少なりとも恩返しができたでしょうか。浜田さん、本当に有難うございました。

　2023 年 3 月　春休みで閑散とした三田キャンパスにて

白塚　重典

練習問題について

　本書では、ほぼすべての章について各章末に練習問題をつけた。これは、本文を読んだうえで、それを具体的な政策問題に応用する力を養うためのものである。政策論を展開する際には、絶対的な正解のない問題に取り組まざるを得ないことが多い。その時どきの社会経済環境に応じて、問題のどのような側面に注目し、どのような枠組みやデータで分析するか、そうした分析を踏まえ、どのような処方箋を採用するべきか、といった判断は異なり得る。また、リアルタイムでの政策判断には、多様な不確実性も伴う。

　練習問題について、標準的な回答は作ることはできるが、必ずしも絶対的な正解があるわけではない。したがって、本書の巻末や版元のホームページには「模範解答」的なものは付さない。たとえば、グループワークなどで練習問題に取り組み、複数の回答を作り、それを討議することを通じ、金融政策への理解を深めていってほしい。

目　　次

装　丁　佐々木由美（デザインフォリオ）

第1章

金融政策：概観

● 本章では、金融政策の分析枠組みについて学習していく出発点として、まず「金融政策とは何か」という点を明確にする。そのうえで、金融政策分析に求められる基本的な枠組みの構成要素、そして金融政策分析を行っていくための基本的な視点について考えていく。

● 金融政策を的確に分析していくうえでは、分析の基礎を提供する基本的なマクロ、ミクロ経済理論の理解のうえに、中央銀行を取り巻く政治的・社会的環境を踏まえた制度面での理解を深めていく必要がある。金融政策分析には、理論と実践の双方の視点のバランスが強く求められる。

● 金融政策の基本的な分析枠組みは、金利がプラスである環境のもとで、政策金利を調整することで金融政策を運営していくことが前提となっている。わが国では、長期にわたりゼロ金利の状況が続いており、そうしたもとで、非伝統的金融政策と呼ばれる金融政策運営が常態化している。ただ、非伝統的金融政策は、通常の金融政策運営の応用編として理解していくことができる。また、将来、金利がプラスの状況に戻った状況における金融政策の運営を考えていく基礎ともなる。まず、金融政策分析の基礎をしっかりと理解したうえで、こうした応用問題についても解説していく。

1 金融政策とは何か

中央銀行の役割として、多くの人が真っ先に思いつくのは、金融政策の運営ではないだろうか。では、この金融政策とは何だろうか[1]。

日本銀行のホームページに、「教えて！にちぎん」というコーナーがあり、日本銀行や金融、経済に関する典型的な質問について Q&A 形式で解説している。そこでの金融政策に関する説明は以下のようなものである。

> 日本銀行は、わが国の中央銀行として、物価の安定を図ることを通じて国民経済の健全な発展に資するため、通貨および金融の調節を行うこととされています（日本銀行法第1条、第2条）。調節にあたっては、公開市場操作（オペレーション）などの手段を用いて、長短金利の誘導や、資産の買入れ等を行っています。こうした中央銀行が行う通貨および金融の調節を「金融政策」といいます。（https://www.boj.or.jp/announcements/education/oshiete/seisaku/b26.htm/）

この記述は2023年3月時点のものであるが、日本銀行が長年にわたって政策金利がほぼゼロである状況で政策運営を行っていることを反映して、ややわかりづらくなっているかもしれない。もちろん、日銀総裁の交替後、政策運営の枠組みは修正されていく可能性が高い。ただ、いずれにせよ、政策金利がプラスの状況であれば、「公開市場操作（オペレーション）などの手段を用いて、短期金利の誘導等を行っています」と記述されるのではないだろうか。なお、ここで、公開市場操作は、金融機関との間で債券の売買や貸出などを行うことを通じて、短期金融市場の資金需給を調整する中央銀行の業務を指す。また、こうした公開市場操作を通じ、短期金利を誘導することを金融市場調節と呼んでいる（第8章で解説）。

日本銀行は、2013年以降、デフレからの脱却を目指して「量的・質的金融緩和政策」を遂行しており、この政策の運営枠組みが漸次修正され、「長短金利操作付き量的・質的金融緩和政策」となっている。このため、短期金

---

1) 金融政策に関する入門的な教科書として、小林（2020）がある。

利の誘導に加え、長期金利の誘導、資産の買入が加わっている。こうした点は、本書の中でも非伝統的金融政策として解説していくが、これは応用編の話題である（第11章で解説）。

　ここでは、基本に戻り、金融政策とは、物価の安定を通じてマクロ経済の円滑な活動を支えるため、公開市場操作という金融機関との金融取引を通じて、短期金利を誘導することと読み直すことにしよう。ポイントは、金融政策は公開市場操作という中央銀行と金融機関の間の金融取引を通じて遂行されること、そして物価の安定を通じてマクロ経済の円滑な活動を支えることが最終的な目標であることの二点になろう。

2　金融政策分析の枠組み

　金融政策の全体像をより的確に理解するために、前述した金融政策の説明に、次の二点を付け加えておこう。第一に、日本銀行の最高意思決定機関である政策委員会のうち、金融政策に関連する事項に特化した金融政策決定会合による金融政策の運営方針が決められることである。

　第二に、公開市場操作によって短期金利を誘導した後、目標となる物価の安定に影響が及ぶまでには、金融市場、金融システム、実体経済の相互作用によって、マクロ経済が変動し、物価へと波及していくまでに、かなり長い時間を要することである。

　以上の点を踏まえると、金融政策を分析し理解していくための枠組みは図1-1のように整理できる。日本銀行の金融政策決定会合において、金融政策の意思決定がなされると、政策運営の第一歩は、日本銀行の銀行業務として実施される金融市場調節を介して政策金利を目標水準に誘導することになる。そして金融市場、金融システム、実体経済の相互作用によって、マクロ経済活動が変動し、物価へと波及していくことで、物価の安定とそれを通じた経済活動の円滑化という金融政策の目標が実現されていくことになる。

　このように金融政策分析の基本的な枠組みを整理すると、経済成長率やインフレ率の変動メカニズムを対象とするマクロ経済学だけでなく、金融機関行動や金融市場での金利など資産価格の形成メカニズムを対象とするミクロ

図 1-1　金融政策分析の枠組み

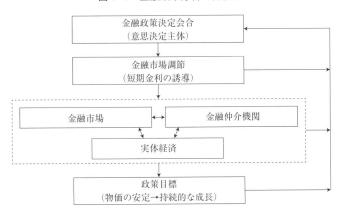

的な金融理論、そして、中央銀行を取り巻く制度的な問題、金融市場調節など中央銀行の銀行実務といった多岐にわたる分野についての理解に加え、理論と実践のバランスが必要とされる。また、同時に、マクロ経済や金融市場の統計データを的確に処理・分析していくことも求められる[2]。

3　金融政策分析の視点

こうした金融政策の運営の理解に立つと、金融政策分析の枠組みとしては、次のような視点を取り込んでいく必要がある。

(1)　金融政策は、中央銀行という組織が運営していること、特に、金融政策決定会合という委員会制度によって意思決定されること。
(2)　金融政策は、金融市場調節という中央銀行の銀行実務が第一歩となること、そしてそこでは、通貨量ではなく、短期金利をコントロールしていること。
(3)　金融政策は、短期金利を誘導した後、金融市場、金融システム、実

2）　金融政策の理論と実践、そしてその背後にある政策思想の変遷などについて興味のある読者は翁（2011）、白川（2008）などを参照してほしい。

体経済の相互作用によって、マクロ経済活動が変動し、物価へと波及していくこと、そして、特にこの政策波及プロセスで長いタイムラグが存在していること。

(4) 金融政策は、こうした政策波及プロセスの中で、今日コントロールしている政策金利だけでなく、過去どのように政策金利が推移し、将来に向かってどのような経路をたどるのかという歴史と予想の双方が重要となってくること。

(5) 金融政策は、物価の安定を目標として運営されているが、これは単にある時点における物価上昇率を一定の水準にコントロールすることを意味しているわけではなく、より長期的な視点に立って、通貨システムに対する信認を維持・促進し、経済の持続的な成長と安定化を図るための基盤確保が重要であること。

4 金融政策分析の留意事項

最後に、具体的な金融政策分析を展開するうえで、意識しておく必要がある論点を整理しておきたい。

第一に、通貨を巡る問題と金融政策の不可分性である。一般に、中央銀行の責務は、物価の安定と金融システムの安定である。日本銀行法にもこの点が明記されている。そして、中央銀行の政策運営として、物価の安定は金融政策が担い、金融システムの安定はプルーデンス政策が担当している。また、日本の場合、プルーデンス政策は、主たる責務を担う金融庁とともに運営されている。こうした制度的な役割分担を踏まえ、金融政策の目標である物価の安定は、単にある時点における物価上昇率を一定の水準にコントロールするという点に限定して解釈することも考えられる。

しかしながら、金融政策の究極的な目標は、物価の安定を通じて、経済全体の持続的な成長と安定につなげていくことである。その意味では、より長期的な視点に立って、通貨システムに対する信認を維持・促進し、経済の持続的な成長と安定化を図るための基盤を確保していくことが重要であることをここでも再度強調しておきたい。そして、この場合の通貨は、中央銀行が

供給する中央銀行マネーだけでなく、家計や企業が日々の決済に利用する銀行預金なども含む広い概念である。通貨システムへの信認は、物価の安定と金融システムの安定の二つの安定を同時に、しかも持続的に実現していく必要がある。

　第二に、理論と実践のバランスである。この点は、絶対的な正解のない問題に取り組む政策論を展開するうえで極めて重要である。実践には、金融政策の具体的な運営だけでなく、中央銀行の銀行実務、制度的枠組みなど、金融政策運営を取り巻くさまざまな技術的・実務的な事項が含まれる。たとえば、非伝統的金融政策は金融危機の中でスタートすることが多いが、こうした政策を的確に理解し、分析していくためには、金融市場の機能や金融市場調節の実務などへの理解が不可欠である。本質は細部に宿るといわれることがあるが、政策論においては、理論と実践の理論的な基礎のうえに技術的・実務的な側面も考慮した議論を展開していくことが期待される。

　第三に、伝統的金融政策と非伝統的金融政策の関係である。わが国では、1995 年 9 月にコールレートの誘導目標が 0.5％に引き下げられて以降、四半世紀以上にわたって、名目金利の実効下限制約（ELB: effective lower bound）のもとでの金融政策運営が続いている。その意味で、わが国では、ELB のもとでの非伝統的金融政策が常態化しているといえる。しかしながら、金融政策分析の基本的な枠組みは、政策の操作手段として短期金利を上下に調整する伝統的金融政策の運営を前提として構築されてきた。

　伝統的金融政策を分析する枠組みを理解することは、非伝統的金融政策を理解するうえでも、将来の金融政策を考えていくうえでも重要な基礎を提供してくれる。つまり、非伝統的金融政策を分析するための枠組みは、基本的に伝統的金融政策の分析枠組みを拡張したものと理解できる。また、米国の金融政策運営からもわかるように、将来、わが国経済が ELB 制約から脱却した後、従来とまったく同じ政策運営の枠組みに復帰していくとは限らないが、そうした将来の金融政策運営を考えていくうえでの基礎は、伝統的金融政策分析の蓄積であることは間違いない。

第 2 章

金融の役割

● 本章では、金融政策分析を理解していくうえで必要最小限度の金融の基礎的な知識を解説する。

● 金融政策の波及メカニズムにおいて、金融市場を含めた金融システムは重要な役割を果たしている。このため、金融政策を分析していくうえでも、金融とは何か、金融システムはどのようなもので、どのように機能しているのかなどの点の基礎的な知識が不可欠である。また、金融を巡る問題を考える際の経済理論的な基礎として、時間の価値、リスクとリターンのトレードオフ、情報の非対称性、金融市場の効率性といった点への理解も重要となる。

● 金融について一定の知識のある読者は、本章をスキップして頂いて問題ない。

● なお、金融に関する入門的な教科書としては藤木（2022）がある。中級レベルの教科書としては福田（2020）、鎌田（2022）などがある。

1 「金融」とは

（1） 金融取引の機能

　金融という熟語は、「お金」の「融通」と表記される。この場合、「お金」は、財・サービスを手に入れる能力であり、「購買力」と呼ばれる。そして、この購買力に余裕のある人（黒字主体）から不足している人（赤字主体）に一時的にお金を「融通」するということが、金融の字義的な意味といえる。

　黒字主体から赤字主体に資金を移転することは、所得と支出のタイミングを調整することを意味する。金融取引を行うことができない状況では、支出は常にその時点の所得に制約される。しかしながら、金融取引が可能であれば、所得と支出のタイミングをずらすことができる。たとえば、将来所得の増加が見込まれるのであれば、将来の所得を前借りして、現時点での選択肢を拡大させることができる。逆に、現在の所得に余裕があるのであれば、貯蓄や金融商品への投資を行うことで、将来の支出に備えることができる。

　こうした金融取引は、大きく持分契約と債務契約に分けられる（図2-1）。持分契約の代表的な金融資産は株式などへの出資である。株式は、購入した価格から上昇する可能性もあるが、下落する可能性もある。また、保有者に配当を定期的に支払うがその金額はあらかじめ確定しているわけではない。さらに、出資している企業の業績が悪化した場合には、出資金額の範囲内で責任を負うことになる。

　これに対して、債務契約としては、貸出がある。この場合、貸付金額が満期日までに返済されることと、あらかじめ決められた利子が定期的に支払われることが契約される。持分契約よりも損失の可能性は限定されるが、借り手の業績悪化時に契約が履行されない可能性は残る。

（2） 金融の役割

　このように金融取引は、時間を通じて資金を取引するため、資金の移転とリスクの移転の二つの機能に分解できる（図2-2）。金融取引には、持分契

図 2-1　金融契約

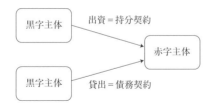

図 2-2　金融の役割

約と債務契約の中にも多様な契約形態があり、資金の移転に伴うリスクの大きさを変化させることができる。また、黒字主体と赤字主体の間に金融機関が介在することで、黒字主体の資金をプールすることで、リスクの分散化を図ることもできる。

　金融システムは、こうした金融取引が市場メカニズムを通じて実行され、資金とリスクがより効率的に配分されていくよう、金利と価格が調整されていくメカニズムである。金融システムには、さまざま金融取引を通じ、効率的な資源配分が実現され、持続的な経済成長の基盤を形成していくことが期待されていることになる。

（3）　日本経済の資金過不足

　では、わが国のデータで、経済主体別に資金過不足の状況がどのように変

図 2-3　わが国の資金過不足

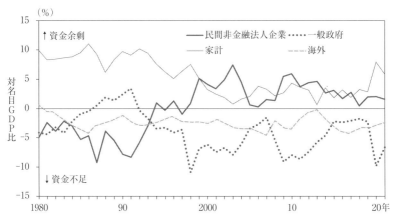

資料：日本銀行「資金循環」、内閣府「国民経済計算」

化してきたかを確認しておこう。わが国全体の資金フローやその保有状況
は、日本銀行が作成する『資金循環』という統計で捉えられる。図 2-3 で
は、経済部門別の資金過不足の大きさを名目 GDP との対比で示している。

　この図をみると、家計部門は、一貫して資金余剰主体であり、引退後に備
えて貯蓄を積み立てていくが、余剰の度合いは、高齢化などを反映して低下
傾向をたどっている（2020 年の資金余剰上昇は、新型コロナウィルス対策
での給付金の影響が大きい）。これに対して、企業部門は、1990 年代初頭ま
で資金不足主体であり、外部から資金を調達し、設備投資等を積極的に行っ
ていたが、その後、1990 年代後半ぐらいから資金余剰主体へと転換してい
る。また、政府部門が 1990 年代半ば以降、恒常的な資金不足部門へと転じ
ている。この間、海外部門は、一貫して資金不足主体であるが、これは、わ
が国の経常収支が黒字であることを反映している。

　こうした企業部門の資金余剰主体への転換と政府部門の資金不足の恒常化
は、前向きな支出が先送りされ、貯蓄超過が継続しているわが国の失われた
20 年を象徴的に捉えている動きといえる。

2 金融システム

（1） 金融システムの構成要素

　金融システムの構成要素を大掴みに整理すると、次のような六つが挙げられる（図 2-4）。

- ・ 資金決済の手段として使われる貨幣・通貨（currency, money）
- ・ 資金とリスクの移転に利用される金融商品（financial instruments）
- ・ 金融商品を取引する金融市場（financial markets）
- ・ 多様な金融サービスを提供する金融機関（financial institutions）
- ・ 中央銀行（central bank）
- ・ 規制・監督当局（regulatory and supervisory agency）

　こうした金融システムについての理解を深めていくうえでは、経済・社会環境の変化の中で、その構成要素が常に変遷し続けていることに注目していく必要がある。

（2） 金融システムの類型化

　金融システムを類型化する場合、直接金融と間接金融とに分けることが一般的である。この場合、先述した金融契約は、直接金融では、黒字主体と赤字主体の間で直接締結される。これに対して間接金融では、両者の間に金融機関が介在し、黒字主体と金融機関、金融機関と赤字主体との二段階で金融契約が締結されることになる。

　ただし、現代的な金融システムの中では、金融契約は複雑化、多様化している。このため、純粋な意味での直接金融の形態がとられることは極めて稀である。金融システムの類型化としては、むしろ、現実の金融システムを理解するためには、「銀行中心型」と「市場中心型」に分類することが適当である（図 2-5）。

　この場合、銀行中心型の金融システムは、黒字主体と赤字主体の間に銀行

図 2-4　金融システムの構成要素

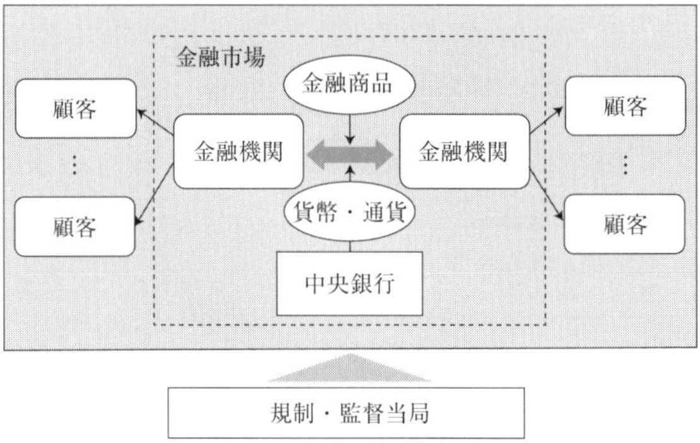

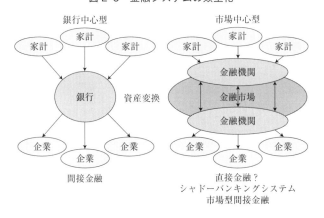

図 2-5　金融システムの類型化

　など、預金を受け入れ、貸出を実行する預金取扱金融機関が介在している。ここで、預金取扱金融機関は、小口の資金を預金のかたちでプールし、複数の先に貸出を行うことで、満期や業績悪化などのさまざまなリスクを変換する役割を担っている。これは、典型的な間接金融と考えられる。

　他方、市場中心型は、直接金融と解釈されることも多いが、こうした金融システムでも、黒字主体と赤字主体の間で金融契約が直接締結され、資金・リスクが移転するかたちは極めて限定的である。むしろ、多様な金融機関が

介在し、投資信託やファンドビジネス、証券化ビジネスなど、金融市場を中心とした取引によって資金とリスクが変換され、移転していくことになる。

　こうした金融システムは、市場を通じて金融機関が有機的に結合され、全体として銀行のような機能を果たしていると考えられる。こうした金融システムは、「市場型間接金融」と呼ぶことが、より適当である[1]。こうした金融システムの典型は、米国と考えられるが、米国の金融システムは、シャドーバンキングシステムと呼ばれることもある。

3　金融をめぐる理論的基礎

（1）　時間の価値

　金融取引は、現在と将来の取引である。そして、時間は金融取引の価値に影響を与える。貸出取引は、借り手にとって、利子支払いを見返りとして、借入期間中はその金額を自由に使うことができる。逆に、貸し手にとっては、貸出期間中は、その資金を使うことができず、機会費用が発生する。その意味で、時間が価値を生み出すことになる。

　この点を、現在と将来の消費に関する意思決定の枠組みの中で整理しておこう。いま、消費者は、現在および将来にそれぞれ Y_1、Y_2 の所得を獲得し、それをもとに現在および将来にそれぞれ C_1、C_2 の消費を行うとする。このとき、家計の予算制約式は、

$$C_1 + \frac{C_2}{1+r} = Y_1 + \frac{Y_2}{1+r} \tag{1}$$

となる。なお、ここで r は利子率である。

　この式は、現在と将来の消費の割引現在価値が現在と将来の所得の割引現在価値に一致することを意味している。割引現在価値については、第 6 章で改めて説明するが、将来の消費や所得を現在時点で評価する場合には、それを金利で割り引いて評価することになる。

1）　市場型間接金融は、故・池尾和人慶應義塾大学名誉教授が強調していた視点である。たとえば、池尾（2010）を参照。

図2-6　異時点間の消費の意思決定

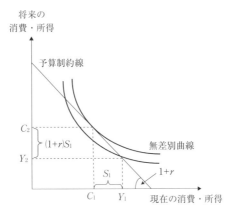

消費者は、この予算制約式のもとで、現在と将来の消費に関する効用

$$u(C_1) + \beta u(C_2) \tag{2}$$

を最大化する。ここで β は割引因子（discount factor）と呼ばれる。

　図2-6に、予算制約線と同一の効用水準を結んだ無差別曲線を示した。予算制約線は、現在と将来の所得の組み合わせ (Y_1, Y_2) を通り、傾きが金利 $(1+r)$ の直線となる。このとき、(Y_1, Y_2) を通る無差別曲線は、予算制約線上を左上方に進むことで、効用水準を高めることができる。最終的に、無差別曲線と予算制約線が接する点で現在と将来の消費水準が決定される。

　この家計は、現在で所得の一部を留保して貯蓄し、将来の消費に回すことで効用水準を改善させることができる。逆に現在の所得水準が低く、将来高くなると予想されている場合は、貯蓄がマイナスとなり、借入をして、現在の消費を増加させ、将来の所得から借入を返済するケースも考えられる。

　なお、現在の所得と消費の差額を貯蓄（$S_1 = Y_1 - C_1$）と定義し、予算制約（1）式を書き直すと、

$$C_2 = (1+r)(Y_1 - C_1) + Y_2 = (1+r)S_1 + Y_2 \tag{3}$$

となり、将来の所得は、現在の貯蓄に金利を加味したものと将来の所得の和

に一致することが確認できる。

（2）　リスクに対する報酬

　将来の不確実性は、よい状況も悪い状況も生じる可能性があることを意味
する。こうした将来の利得が変化する可能性をリスクという。金融取引を通
じ、こうしたリスクを他の経済主体に移転させたり、分散化させたりするこ
とができる。ただ、その場合も、リスクを引き受けてもらうためには、それ
に対する報酬を支払う必要がある。フリーランチは存在しない。

　一般に、経済主体はリスクをできるだけ抑制しようと行動すると考えられ
る。これをリスク回避的（risk-averse）という。こうした行動は、利得に
不確実性があるもとで、効用関数について、限界効用が逓減していくと仮定
する。すなわち、限界効用は正であるが、2 階微分は負となる（$u'>0$,
$u''<0$）。なお、2 階微分がゼロで効用関数が直線となるときはリスク中立的
（risk-neutral）、2 階微分がプラスで凸関数となるときはリスク愛好的（risk-
lover）という。

　図 2-7 に示したリスク回避的な効用関数を使って、リスクとその報酬につ
いて整理してみよう。いま、簡単化のために、利得はそれぞれ 50％ずつの
確率で、x_1 と x_2 のいずれかが実現するとする（$x_1 < x_2$）。このとき、x_1 と
x_2 が実現したときの効用水準はそれぞれ $u(x_1)$、$u(x_2)$ となり、期待効用は
両者の平均の $[u(x_1)+u(x_2)]/2$ となる。この期待効用の水準は、利得の期
待値（x_1+x_2）/2 が確実に実現するときの効用水準 $u([x_1+x_2]/2)$ よりも低
い。つまり、人々がリスク回避的であれば、利得に不確実性がある場合の期
待効用水準は、不確実性がない場合よりも低くなる。

　ここで、利得が確実な場合の効用水準を不確実な場合の効用水準と一致さ
せるために確実な利得から、ある値 ρ を差し引く。このとき、

$$\frac{u(x_1)+u(x_2)}{2} = u\left(\frac{x_1+x_2}{2}-\rho\right) \tag{4}$$

が成立し、ρ をリスクプレミアム（risk premium）と呼ぶ。このリスクプレ
ミアムは、リスクを引き受けてもらうために必要な報酬と考えられる。ま

図2-7　期待効用とリスクプレミアム

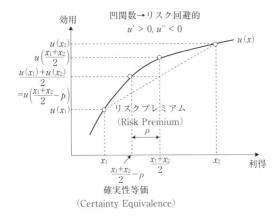

た、確実な利得からリスクプレミアムを控除した値 $(x_1+x_2)/2-\rho$ を確実性等価（certainty equivalence）と呼ぶ。

　これは、リスクとリターンの間にトレードオフの関係があることを意味している。リスクを回避したければ、その分、リターンは低くなる。逆に、高いリターンを求めるのであれば、相応のリスクを覚悟する必要がある。ローリスク＝ハイリターンというフリーランチは存在し得ない。

　なお、リスクを考える際には、分散可能なリスク（diversifiable risk）と分散不可能なリスク（undiversifiable risk）を区別することも重要である。前者は、経済主体ごとに固有のリスクで、経済全体としてみれば、平準化できるリスクである。

　これに対し、後者は経済全体として共通のリスクで、平準化が不可能なリスクである。もちろん、分散可能なリスクと分散不可能なリスクは、どのような範囲でリスクを考えるかにも依存している。ある国への投資を考えた場合、その国だけで考えると分散不可能なリスクであったとしても、世界全体としてみれば、その国固有のリスクは、分散可能なリスクとなる。

（3）　情報の非対称性

　金融取引の問題を考える場合、情報の非対称性（asymmetric information）

の問題に直面することが多い[2]。たとえば、金融機関が融資を行う場合、借り手の財務状況や借入資金の使途やその収益性など、借り手の返済可能性（solvency）について、完全に把握できるとは限らない（図 2-8）。

　この場合、情報の非対称性は、円滑な金融取引のために、二種類の問題を惹起する。第一は、取引を行う前の段階に生じる問題で、逆選抜（adverse selection）と呼ばれる。このとき、借り手の状況を完全に把握できず、隠された属性（hidden attribute）がある場合、優良な借り手と優良でない借り手を識別できず、両者を同等に扱う結果として、優良でない借り手だけが残ってしまうことになる。

　第二の問題は、取引を実行している期間中に生じる問題で、モラルハザード（moral hazard）と呼ばれる。この典型的な事例は保険契約にみられる。たとえば、自動車保険に加入した運転手が、保険に加入した安心感から、事故を起こしても補償されると考え、運転が乱暴になり、結果として事故を起こす確率を高めてしまうといったケースである。こうした問題は、取引相手の行動を完全には把握できないという隠された行動（hidden action）に起因している。

　金融機関は、こうした情報の非対称性の問題に起因するさまざまな非効率性を軽減するうえで重要な役割を果たしている。これは逆説的に考えると、金融機関が存在するのは、情報の非対称性の問題が存在しているからにほかならない。標準的なミクロ経済学が想定する完全情報で摩擦のない世界では、市場メカニズムを通じて効率的な資源配分を実現するよう相対価格が決定されるため、さまざまな仲介業者は存在意義を見出すことができない。

　金融の問題を考えるうえでは、異なる経済主体は、経済の重要な変数について異なる情報を有しており、それを自らの利益のために活用するという、非対称情報パラダイム（asymmetric information paradigm）を前提としていく必要がある（図 2-9）。

---

2 ）　情報の非対称性の問題を包括的に取り上げた教科書として、石田・玉田（2020）がある。また、英文では、情報の非対称性を主軸に金融システムの役割を解説している教科書として、Freixas and Rochet（2008）がある。このほか、逆選抜は Akerlof（1970）、モラルハザードは Rothchild and Stiglitz（1976）が嚆矢となる研究である。また、池尾（1985）は日本の金融システムをめぐる問題に情報の非対称性の経済分析を応用する研究の嚆矢である。

図2-8　情報の非対称性

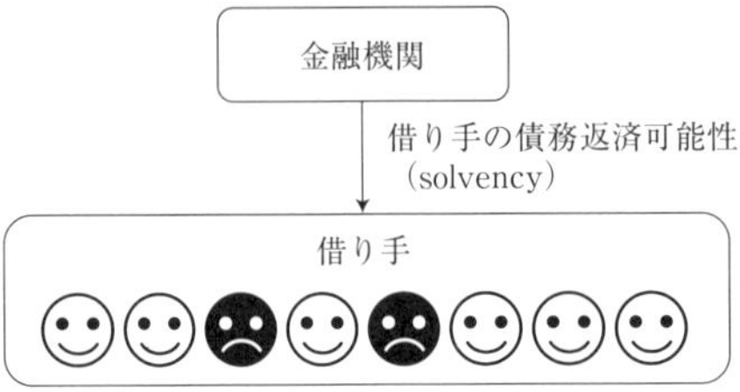

金融機関

借り手の債務返済可能性
（solvency）

借り手

😊 😊 😦 😊 😧 😊 😊 😊

情報の非対称性（Asymmetric Information）

図2-9　金融の経済分析

（4）　金融市場の効率性

　情報の非対称性の問題は、銀行貸出や保険契約のような相対での取引において、特に重要である。情報の不完全性の問題は、不特定多数の参加者によって取引が行われる金融市場ではどう考えればよいだろうか。この点についての基本的な考え方が効率的市場仮説と呼ばれるものである[3]。

　金融市場では、異なる市場や金融商品で収益機会があれば、速やかに価格裁定が働き、そうした収益機会は消滅する。効率的市場仮説では、市場の効率性をその時点で利用可能な情報をすべて市場価格は的確に反映していると定義する。この場合、価格に影響を及ぼす情報は瞬時に価格に反映されるため、継続的に他人を出し抜いて高い収益をあげることはできないことになる。

---

[3]　この点については、Fama（1970）が嚆矢となる研究である。

表2-1　効率的市場仮説

情報	定義		
	弱度	準強度	強度
過去の価格情報	○	○	○
公的情報	×	○	○
私的情報	×	×	○

　このとき、効率的市場仮説では、どの範囲の情報が市場に反映されているかによって、三つの段階の効率性を考える。情報を一番狭く捉えたのが弱度の効率性（weak-form）で、過去の価格情報だけが反映されていると考える。これに対し、準強度の効率性（semi-strong-form）では、公開されている公的情報（public information）はすべて反映されていると考える。強度の効率性（strong-form）では、公的情報だけでなく私的情報（private information）もすべて市場価格に反映されていると考える。私的情報を使って収益を得るためにも、市場を通じた売買が必要であり、最終的に市場価格に反映されることになると考える（表2-1）。

　ここで注意する必要があるのは、現実の経済活動においては、さまざまな情報を取得するためにコストを要し、そうした状況のもとでは、強度の効率的市場仮説は成立し得ないことである。つまり、強度の意味での効率的市場仮説が成立するのであれば、情報取得コストを支払ってまで新しい情報を入手するインセンティブは存在しない。その意味で、情報取得コストが存在するもとでは、完全情報市場は存在し得ないことになる[4]。

◆キーワード◆

　　持分契約と債務契約　　　　　　貨幣・通貨
　　資金の移転とリスクの移転　　　金融商品
　　資金過不足　　　　　　　　　　金融市場

4）　Grossman and Stiglitz（1980）がこの点を指摘している。

金融機関　　　　　　　　　　情報の非対称性

中央銀行　　　　　　　　　　逆選抜と隠された属性

規制・監督当局　　　　　　　モラルハザードと隠された行動

直接金融と間接金融　　　　　金融の非対称情報パラダイム

市場型間接金融　　　　　　　金融市場の情報効率性

時間の価値　　　　　　　　　公的情報と私的情報

リスクプレミアム　　　　　　情報取得コスト

確実性等価

◆練習問題◆

1．今日100万円を受け取るという選択肢と1年後に100万円を受け取るという選択肢があった場合、いずれを選択するか。それはなぜか。状況によって選択は変わり得るか。

2．ある経済学者は、途上国の成長率が低い理由として、途上国では金融市場が十分発達していないからではないかと考えている。この議論をどう考えるか。

3．ある小さな国で非常に特異な経済システムが観察される。この国に住む人々は、お互いのことをよく知っており、かつ各人が所有・経営する企業のことも熟知している。金融システムも非常に発達している。こうした経済において、金融仲介機関が果たしている役割は、どのようなものであろうか。

4．リスクとリターンのトレードオフを前提とすると、報酬体系について、基本給は低いが高い成果加算給が期待できる体系と、基本給は高いが成果加算給はない体系のいずれを選択するか。状況によって、いずれの報酬体系を選ぶかは変わってくるだろうか。

第3章

貨幣と中央銀行

● 本章では、貨幣の役割とは何かを理解したうえで、なぜ中央銀行が貨幣を独占的に供給しているのかを考えていく。なお、本文中では「貨幣」と「通貨」を文脈の中で使い分けることがあるが、ほぼ同義語として扱っていると考えてもらってかまわない。

● 中央銀行が貨幣を独占的に供給しているのは、中央銀行制度が現代の管理通貨制度のもとで、通貨に対する信認を円滑かつ継続的に維持・促進していく、最も現実的かつ効果的な選択肢と考えられるからである。

● 通貨制度は、中央銀行が単独で提供しているわけではなく、さまざまな金融機関とともに、金融システム全体として提供されている社会・経済活動の基盤である。通貨制度に対する信認を確保していくためには、中央銀行の責務とされる物価の安定と金融システムの安定の双方を継続的に実現していく必要がある。その意味で、物価の安定と金融システムの安定は不可分のものとして考えていくことが適当である。

● なお、本章では、閉鎖経済を前提として、一国経済の中での通貨価値の問題を解説するが、補論2で、対外的な通貨価値の問題として、為替レート制度の選択の問題についても解説する。

1　お金と中央銀行

「お金」という言葉からは、一万円札や千円札などの「お札（日本銀行券）」をイメージする人が多いであろう。お金は、財・サービスを購入した見返りに、その代金を支払うために使われる。このとき、財・サービスの購入者は、財・サービスを受け取る見返りとして、その代金を支払う義務（債務）を負う。こうした債権・債務関係を資金の支払いによって解消する手続きを「決済」と呼ぶ。

わが国で広く決済手段として使われているのは、日本の中央銀行である日本銀行が発行している日本銀行券である。これは、法的に強制通用力を与えられた法貨（legal tender）と位置づけられる（このほか、財務省が発行する硬貨も額面の 20 倍までの限定された強制通用力を与えられている）。モノやサービスを購入したとき、あるいは債権債務関係（貸し借り）を清算するときなど、日本銀行券の受け渡しによって、支払いが完了したとみなされる（支払い完了性：settlement finality）。

しかし、よく考えてみると、お金の歴史は中央銀行の歴史よりもずいぶん古い。お金は、紀元前、中国の古代王朝の殷、周などの時代から、子安貝が貝貨として使われていたことが知られている。経済や貨幣に関する漢字には「貝」が含まれるものが多いのはこの名残である。

これに対し、世界最古の中央銀行は、1668 年に創設されたスウェーデンのリクスバンクである。また、現代的な中央銀行像を創り上げた英国のイングランド銀行も 1694 年の設立である。この二つの中央銀行の設立は抜きん出て古いが、いずれにせよ、中央銀行の歴史はたかだか 300 年余りにしかすぎない（表 3-1）。

では、どうして中央銀行がお札を発行するようになり、それが一般化していったのであろうか。民間金融機関が提供する決済手段との関係はどう考えればよいであろうか。

この点に関する答えを先取りすると、中央銀行制度は、お金がお金として機能するための「信認（credibility）」あるいは「信用（credit）」「信頼

表 3-1　主要中央銀行の設立時期

中央銀行	設立年
スウェーデン・リクスバンク	1668 年
イングランド銀行	1694 年
フランス銀行	1800 年
オランダ中央銀行	1814 年
ベルギー国民銀行	1850 年
ドイツ・ライヒスバンク	1876 年
日本銀行	1882 年
イタリア銀行	1893 年
スイス国民銀行	1907 年
米国連邦準備制度	1913 年
カナダ銀行	1934 年
欧州中央銀行	1998 年

資料：日本銀行（https://www.boj.or.jp/announcements/education/oshiete/history/j07.htm/）

（trust）」を安定的かつ継続的に確保していくために非常に有効な仕組みであるということである。中央銀行の歴史は、そうした制度的な基盤を確立してきた歴史ということもできる。

　そして、そのとき、もう一つ重要な点は、われわれが通常利用しているお金は、中央銀行が発行する銀行券だけではないということである。銀行預金やそれと連動したクレジットカードやデビットカード、交通系などの IC カード、あるいは QR コード決済など、民間の金融機関、決済サービス機関が提供するさまざまな決済手段も広く利用されている。その意味で、お金に対する信認は、金融システム全体に対する信認と一体のものであると考えられる。この点は、後ほど、中央銀行の責務（mandate）について考える際にも重要な視点を提供してくれる。

BOX3-1：日本の古代の貨幣

わが国では、長らく国内最初の貨幣は8世紀初めにつくられた「和同開珎（わどうかいちん）」とされてきた。ところが、1998年の奈良・飛鳥池遺跡の発掘調査で、「富本銭」が和同開珎よりも古い貨幣であり、7世紀後半に遡って鋳造されていた事実が明らかになった。これにより、古代貨幣史は大きく塗り替えられ、歴史の教科書も書き換えられることになった。この発見によって、長らく謎とされてきた『日本書紀』天武12（683）年の「今より以後、必ず銅銭を用いよ。銀銭を用いることなかれ。」という詔に記された銀銭と銅銭は、銅銭が富本銭であり、銀銭は無文銀銭であることが明らかとなった。

富本銭は、当初、まじない用の銭貨（厭勝銭）として使われていたと考えられていたが、発掘結果を踏まえ、貨幣の流通を図るために発行されたと考えられるようになってきている。その後、中国（唐）の制度や文化を積極的に採用していた律令国家は、貨幣の本格的な流通を目指して708年に唐の銭貨「開元通宝」をモデルとして和同開珎を発行することになった。

図 3-1　古代の銭貨

富本銭	和同開珎	開元通宝

藤原京運営のために発行されたという説のほか、まじない用の銭貨（厭勝銭）との説もある。	708年に710年から新しい都となった平城京造営の労賃・資材の支払いのために発行。	中国の唐代を代表する貨幣。大きさや形状、4文字の銭文は、その後の東アジア地域銭貨の基準。
奈良文化財研究所所蔵	日本銀行金融研究所貨幣博物館所蔵	日本銀行金融研究所貨幣博物館所蔵

2　貨幣の機能

　貨幣の機能は、一般に①交換手段（medium of exchange）、②価値尺度（unit of account）、③価値保蔵（store of value）の三つに整理される（図3-2）。これら三つの機能は、お互いに密接に関連しているが、最も重要なのは交換手段としての機能である。価値尺度、価値保蔵の二つの機能は、貨幣の交換手段としての機能から派生的に生まれたと考えられる。以下、順にみていこう。

（1）　交換手段

　貨幣の機能の中で、最も基本的なものが交換手段としての機能である。経済取引は、さまざまな形態でモノ・サービスが売買されているが、基本的には、まず取引の約定がなされ、それに基づき、モノ・サービスの引渡しと代金の決済が行われる。この決済に使われるのが決済手段である。

　もちろん、われわれが日常、こうした決済に使うのは、中央銀行が発行する銀行券だけではない。前述のように、民間の金融機関などが提供するさまざまな決済手段も広く利用されている。ただし、日本銀行券の受渡しによる決済は、銀行券を受け渡した瞬間にすべての決済プロセスが完了するという大きな特徴を有している（支払い完了性：settlement finality）。

（2）　価値尺度

　日本国内の店頭では、価格は円で表示されている。もちろん、米国では米ドル、欧州の中のユーロ圏ではユーロ、中国では人民元、韓国ではウォンなど、それぞれの国、通貨圏ごとに共通の通貨単位が使われている。こうした共通の価値尺度を使うことで、さまざまなモノ・サービスの価値の比較が容易になり、取引が簡潔でわかりやすくなるメリットをもたらしてくれる。この場合、貨幣が交換手段として機能していることで、価値尺度としての有用性も高まることになる。

図 3-2　貨幣の役割

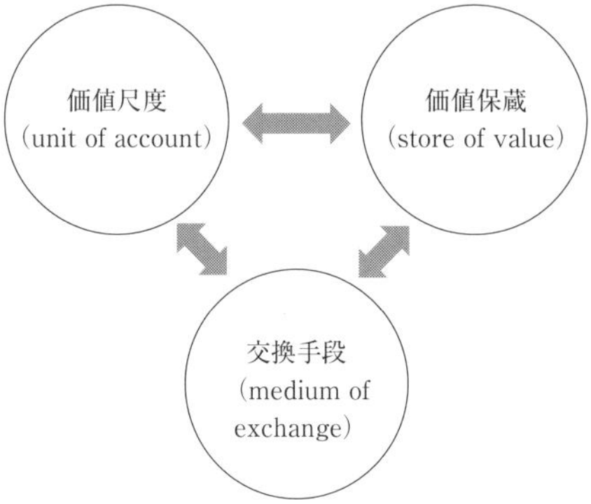

価値尺度
(unit of account)

価値保蔵
(store of value)

交換手段
(medium of
exchange)

（3）　価値保蔵

　さまざまな金融・経済取引は、瞬時に複数の取引が行われるわけではない。取引に時間差があれば、その間は貨幣が手元に滞留することになる。ただ、貨幣があれば、いったん手にした1万円は時間が経っても1万円の価値がある。この場合も、貨幣が交換手段として機能しているからこそ、貨幣を保蔵すると考えられる。

BOX3-2：第二次世界大戦時の捕虜収容所のエピソード

　ラドフォード（Radford［1945］）という経済学者が紹介した第二次世界大戦時の捕虜収容所のエピソードは、貨幣について考える有益な材料を提供してくれる[1]。

　ラドフォードは、連合軍の兵士として従軍し、ドイツの捕虜となった。その際、収容された捕虜収容所では、ドイツと赤十字からの物資の配給が行われていた。ミルクやジャム、バター、ビスケット、牛肉缶詰、チョコレート、砂糖、そしてタバコなどが同量ずつ配給されていた。場合によっては、物資の入った小包が個人宛に届くこともあった。ただ、すべての人が同量ずつの

1）　このエピソードは、翁（2011）でも取り上げられている。

物資が欲しいわけではなく、収容所内では、自然と捕虜同士の物物交換が行われるようになった。ただし、当初は、収容所内の建物間で交換比率が異なっていたが、裁定取引が行われるようになり、時間とともに交換比率は収斂していった。

　次の段階として、タバコが価値尺度、交換手段として利用されるようになった。まず、ミルクやジャムなどの価格がタバコ何本というかたちで表示され、物を売るときにタバコを受け取り、それで他の物を購入するという取引形態が定着していった。その後、捕虜たちによって売店が開設され、そこでの販売もタバコが交換手段として使われた。

　捕虜収容所での限られた物資の中で、タバコは貨幣としての望ましい特性を備えた財といえる。ある程度保存が効き、喫煙者という必ずタバコを欲しがる人を容易に見つけることができ、かつあまり嵩張らない。ただし、タバコを貨幣として使うことには、デメリットも存在した。それは、タバコが配給によって大量に供給されるとタバコの価格が下落し、インフレが生じる一方、配給が滞り、喫煙者によってタバコが消費されていくと、タバコの価格が上昇し、デフレが生じ、取引も縮小してしまう。

　さらに次の段階として、こうした物価の変動を抑制するために、売店によって紙幣が発行されるようなった。売店では、捕虜から物資を受け取る見返りに紙幣を発行するという方式が取られ、紙幣は売店にある商品の在庫によって100％裏打ちされていた。こうした方式は捕虜たちから信認を確立し、安定的に流通を始めた。しかしながら、戦争末期に近づき、物資の配給が徐々に滞るようになると、売店に物資を持ち込む捕虜が減少し、売店に行っても必要なものを入手できないようになっていった。この結果、売店は閉鎖され、再び捕虜同士で物物交換を行う状況に戻っていった。

　このエピソードには、貨幣を巡る多様な論点が含まれている。たとえば、物物交換の非効率性を克服するために商品貨幣が導入されるが、その供給量の変動によってインフレとデフレのサイクルが生じたこと。さらにこの問題を克服するために紙幣が導入されるが、その信認が失墜すると貨幣として機能しなくなってしまうことなどである。

3　貨幣経済

　貨幣はモノ・サービスと異なり、それ自体が人々に直接効用をもたらすわけではない。それにもかかわらず、人々はなぜ貨幣を需要し、保有しようとするのであろうか。それは、人々が貨幣と交換に必要なモノ・サービスをいつでも手に入れることができると信じているからということになる。

（1）　貨幣の一般的受容性

　この点を考えるために、貨幣の存在しない物々交換経済を考えてみよう。図 3-3 に示したように、いま、A、B、C の三人がいるとする。A は X を持っているが、Y が欲しいと考えている。B は逆に、Y を持っているが、X を欲しいと考えている。C は、Z を持っていて、X か Y のいずれかが欲しいと考えている。

　このとき、A と B が偶然出会うことができれば、X と Y の物々交換が成立する。しかしながら、C は X を持っている A と出会っても、Y を持っている B と出会っても、いずれの場合も、A と B は Z を欲しているわけではないため、物々交換は成立しない。

　この事例からもわかるように、物々交換経済で取引が成立するためには、お互いが相手の欲しいものを持っている必要がある。これを欲求の二重の一致（double coincidence of wants）という。

　ただ、現実の経済取引において、常に、欲求の二重の一致が成立するような取引相手をみつけることは非常に困難である。このとき、誰もが欲しいと考えるような共通するモノが存在すれば、この問題を解消することができる。交換手段としての貨幣は、まさにこの役割を担っているということになる。

　こうした貨幣の交換手段としての機能を支えているのは、人々がみな、受け取った貨幣を必ず次の誰かも受け取ってくれることを信じているからにほかならない。これは、貨幣に対する信認が無限のループとしてつながっていることを意味する。これが貨幣の転々流通性を担保し、交換手段として機能

図 3-3　物々交換の限界

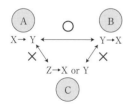

図 3-4　一般的受容性

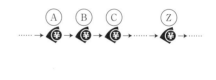

させることになる。この貨幣の性質を一般的受容性（general acceptability）という（図 3-4）。

　中央銀行制度は、この貨幣を貨幣として機能させるための無限の信認のループを支える仕組みということができる。特に、現代の管理通貨制度のもとで、物価の安定と金融システムの安定を整合的に通貨の信認を確保していく中央銀行の責務は大きい。

（2）　バブルとしての貨幣

　いままで整理したような貨幣の性質は、貨幣がある種のバブルであることも意味している。一般に、貨幣の貨幣としての価値は、貨幣のモノとしての価値と大幅に乖離している。歴史的にも、貨幣はさまざまな素材でつくられてきたが、現在使われている貨幣は、その素材そのものの価値はゼロに近いものが多い。貨幣の貨幣としての価値を支えているのは、一般的受容性であり、貨幣はファンダメンタルズ価値を大幅に上回る価値で取引されるバブルとしての性格を持っていることになる。ただ、そのバブル価値を支えている一般的受容性は極めて安定しており、貨幣は価値が極めて安定したバブルということがいえる。その意味で、中央銀行システムは、貨幣のバブル価値を安定的に維持していくための仕組みと考えることもできる。

BOX3-3：貨幣の理論モデル化

　貨幣を理論モデル化するとき、大きく分けると①貨幣を効用関数の1変数に含める方法（money in the catility）、②現金制約（cash-in-advance constraint）を導入する方法、③世代重複モデル（overlapping generation model) を使う方法、④サーチモデルやその発展形のマッチングモデルを使う方法がある[2]。

　貨幣を効用関数の1変数に含める方法は、財・サービスの消費量以外に、実質貨幣残高を効用関数の1変数とする。そこでは、実質貨幣残高が増加するにつれて、取引がより円滑に実行できるようになり、時間や費用など金銭的・非金銭的取引コストが減少し、効用が増加すると考える。また、現金制約を導入する方法は、現金を保有していないと財・サービスを購入できないという制約を導入する。これらの手法は、マクロ経済分析において広く利用されているが、貨幣が効用関数に含まれる理由や現金制約が存在する理由について、必ずしも明示的に説明されているわけではない。

　世代重複モデルでは、若年世代は財・サービスを生産するが、老年世代には生産機会はないと想定する。そして、若年世代と老年世代の交換のために貨幣が導入される。財・サービスは非耐久消費財で次期に持ち越すことはできないが、貨幣は価値を保蔵する手段として利用できる。このため、若年世代は、老年世代から受け取った貨幣を、自らが引退し、老年世代になった時に財・サービスとの交換に利用する。この方法では、貨幣の流通を説明することは可能であるが、必ずしも日常的な交換手段としての貨幣をモデル化しているとはいえない。

　サーチモデルやマッチングモデルを使う方法では、貨幣の一般的受容性を明示的に分析する。モデルは、多くの人々がさまざまな場所に分散し、多様な財・サービスが存在している。この経済では、人々の好みが多様であるため、欲求の二重の一致が実現するような交換相手をみつけることが困難である。この経済に貨幣を導入し、その転々流通性が人々に認められると、どのような相手とでも財と貨幣の交換が成立するようになる。また、貨幣の導入によって物物交換よりも経済活動が活発になっていく。

2）　この分野の展望論文として、やや古いが清滝（2003）がある。

BOX3-4：暗号資産は貨幣になり得るのか

　貨幣は、そのものに価値がある必要はなく、かつ素材は問わない。その意味で、ビットコインなどに代表される暗号資産（crypto-asset）のようなインターネット上の暗号も貨幣となり得る。ただ、ビットコインなどは、当初、暗号通貨（crypto-currency）と呼ばれることもあったが、中央銀行関係者などを中心として、通貨として機能することは期待できず、あくまでも投資対象として暗号資産と呼ぶべきであるとしている。

　ここで、ビッドコインなどが通貨として機能することを期待しがたい最大の理由は、その価格変動の大きさである。先行き価格が大幅に上昇すると予想された場合、日々の決済手段として利用するために手放すことは必ずしも得策ではない。むしろ、しばらく手元に置いて、値上がりを待つことを選択することになり、決済手段として人々の間を転々流通することはない。逆に、価格が大きく下落すると予想されるのであれば、一刻も早く手放そうとすることになり、決済のために必要となるまで価値保蔵手段として手元に置いておくことは期待できない。

図 3-5　ビットコインの価格変動

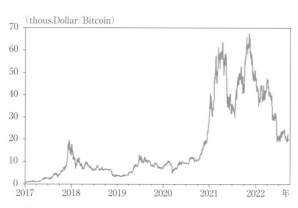

資料：CoinMakerCap

4 銀行券の発行

　現在、通貨として広く使われている銀行券は、中央銀行の負債として発行されている。以下では、銀行券が中央銀行の負債として発行されているということの意味について、中央銀行のバランスシートと通貨発行益という二つのフィルターを通じて整理する。

（1）　中央銀行のバランスシート

　現在、貨幣として最も広く使われている銀行券は、日本の場合、独立行政法人印刷局で製造され、日本銀行に持ち込まれる。ただし、この段階で、日本銀行の金庫に保管されている銀行券は、精巧に印刷された紙切れにしかすぎず、日本銀行のバランスシートには表れない。

　印刷された銀行券が世の中に銀行券として存在するようになるのは、金融機関が日本銀行当座預金を引き出し、現金と引き換えたときということになる。この時点で初めて、銀行券が日本銀行のバランスシートの負債サイドに計上されることになる。日本銀行以外の経済主体にとって、銀行券は資産サイドに計上される金融資産であるが、日本銀行にとっては負債である点に注意してほしい。

　表3-2に、2022年3月末時点の日本銀行のバランスシートを示した。負債サイド、資産サイドそれぞれに大きな特徴がある。まず、負債サイドについては、上述したように銀行券が大きな負債項目として計上されている。また、量的・質的金融緩和政策のもとで、日本銀行のバランスシートが大きく膨らみ、その多くが当座預金の増加となっているため、当座預金が最大の負債項目となっている。

　ただ、いずれにしても、銀行券と当座預金という中央銀行が供給するマネーが負債の大部分を占めている。これは、民間金融機関のバランスシートをみると、大きな負債項目として、銀行預金が計上されていることと共通している。

　資産サイドについては、量的・質的金融緩和政策によって主として長期国

表 3-2　日本銀行のバランスシート（2022 年 3 月末現在）

（単位：百万円）

資産		負債および純資産	
金地金	441,253	発行銀行券	119,870,776
現金	298,375	当座預金	563,178,487
国債（短期・長期）	526,173,699	その他預金	26,568,875
うち長期国債	511,231,212	政府預金	13,032,518
コマーシャルペーパー	2,514,385	売現先勘定	919,971
社債	8,583,034	雑勘定	1,937,282
株式	441,947	引当金勘定	6,934,510
上場投資信託	36,565,787	資本金	100
不動産投資信託	656,695	準備金	3,377,741
貸付金	151,532,888		
外国為替	7,896,908		
代理店勘定	4,724		
雑勘定	710,565		
合計	735,820,260	合計	735,820,260

資料：日本銀行

債が買い入れられており、これが大きなシェアを占めている。また、それ以外の項目も、基本的に金融資産が大半である。なお、資産項目の中にある「現金」という項目は、財務省が発行した貨幣を日本銀行が引き取り、支払いのための在庫として手元に保有している金額に相当する。

（2）　通貨発行益

　では、日本銀行の収益構造はどのようになっているのであろうか。一般に、中央銀行の利益は、貨幣の発行による収入として通貨発行益（シニョレッジ：seigniorage）と呼ばれる。そこでイメージされる姿は、1 万円札を例にとると、その製造費用は数十円程度であり、額面価値と製造費用の差額だけの利益が得られるというものであろう。

　しかし、実際の収益構造はそのようにはなっていない。中央銀行は、銀行

図 3-6　中央銀行バランスシートと通貨発行益

中央銀行のバランスシート

券を売却して利益を得ているわけではなく、金融機関とのオペレーションで等価値の金融資産との交換で銀行券を発行し、それが流通している限り中央銀行のバランスシート上に負債として計上され続けるからである。銀行券は、中央銀行にとって、金利支払いの必要がなく、かつ返済期限もない負債ということになる。

　このため、実際の通貨発行益は、民間金融機関の収益と同様、資産と負債の利鞘が源泉となる。中央銀行の負債である中央銀行マネーは、付利対象となる当座預金を除き金利はゼロである。それとの見合いで保有する金融資産は、主として国債であるが、一般にはプラスの利回りをもたらす。日本銀行の業務運営に必要な経費、内部留保、出資者への配当などを支払った残余金額はすべて国庫納付金として政府の収入となる（図 3-6）。

　なお、通貨発行益については補論 1 で示す中央銀行の予算制約式を使った議論も参照してほしい。

5　金融システムと通貨供給

　本章の冒頭で解説したように、資金決済手段として、最も厳密な意味で認められているものは、法的に強制通用力を与えられた法貨（legal tender）である日本銀行券である（このほか、財務省が発行する硬貨も額面の 20 倍までの限定された強制通用力を与えられている）。

　しかしながら、現実の社会・経済活動の中では、銀行券に加え、さまざま

な金融商品の中でも、任意の時点であらかじめ決められた比率で法貨との交換が保証されているものが、決済手段として広く使われている。

　代表的な金融商品は、当座預金や普通預金などの要求払い預金である。定期預金や外貨預金なども、一定のルールに従って要求払い預金に交換することができるので、決済手段に準じるものと理解できる。それら以外の多様な金融商品も、要求払い預金との交換の容易さの度合いに応じて、決済手段としての性格を有している。

　このように考えると、銀行システム、あるいは広く金融システムも、人々の生活に欠かせない通貨を供給していることになる。

（1）　金融システムの決済機能

　では、銀行預金を通じた決済はどのように実行されるのであろうか。いま、商品購入の代金を銀行振込みで行うケースを考えてみよう。このとき、銀行の顧客は、銀行の窓口、店舗にある ATM 端末、あるいはパソコンやスマホでのネットバンキングなどを通じて、自分の預金口座から受取人の銀行口座に代金に相当する金額の振込を依頼する。

　このとき、受取人の口座が同一銀行内にあるならば、その銀行は行内での事務処理によって振込を実行できる。他方、受取人の口座がほかの銀行にある場合には、それらの銀行間をつなぐ事務処理のネットワークが必要となる。銀行預金が決済手段として円滑に機能するためには、銀行同士がネットワークでつながれており、預金の受渡しを低コストかつ迅速、安全に行えることが前提となる。

　こうした条件を満たすことができれば、どのような金融商品であっても、決済手段となることができる。その意味で、決済手段であるかどうかは、国や時期による取引慣行や利用可能な技術のちがいによって変わってくると考えられる。言い換えれば、決済手段やそれを支える決済システムは固定的なものではない。むしろ、取引慣行や技術基盤が変化していけば、決済手段と決済システムも強い影響を受け、変化していくことになる。

（2） 銀行間資金決済の仕組み

では、簡単に現在における銀行間の資金決済の仕組みを確認しておこう。この場合の基本的な仕組みは、顧客間の債権・債務関係を銀行間の債権・債務関係に転換して処理していくというものである。

もう少し具体的に、銀行Xの顧客であるAが別の銀行Yの顧客であるBに資金の送金を依頼するケースを考えてみる（図3-7）。このときの決済は、以下のような段階を経て実行される。

まず、顧客Aが銀行Xに対して、銀行YにあるBの口座への振込みを依頼する。銀行Xは銀行Yに対してBの口座に入金をするよう依頼する。Bは銀行Yからの入金を受ける。この手続きの結果、AとBの間の債権・債務関係は解消され、代わりに、銀行Xが銀行Yに対して支払いの義務を負うという別の債権・債務関係に置き換えられることになる。

銀行間では、こうした資金のやり取りが1日を通じて繰り返し実行されている。このため、銀行間の債権・債務関係の処理について、かつては、資金の効率的な利用という観点から、すべての債権・債務関係を一定期間蓄積し、そのネット金額を決済する方法が取られていた（ネット決済方式）。

しかし、この方式をとった場合、万が一どこかの銀行が支払い不能に陥る

図 3-7　銀行間資金決済の仕組み

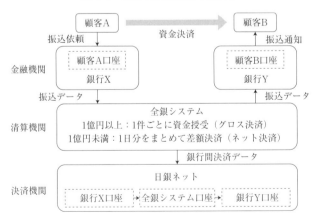

と、その銀行からの資金の受入れを前提に決済に必要な資金を用意していた他の銀行も支払不能に陥る可能性がある。銀行間のネットワークは、決済システムを運営する基盤であるが、ネット決済方式では、このネットワークを通じて、支払不能が連鎖するリスクを生じさせることになる。

このリスクの影響は、特に、金額の大きい取引について、甚大な問題となり得る。現在では、1億円以上の取引については、取引が安全かつ確実に履行されるよう、1件ごとに資金の受渡しが実施されている（グロス決済方式）。

実際、銀行間の資金決済を処理する全銀システムにおける2021年中の1営業日平均で取引動向をみると、取引件数は、全銀ネットの全取引件数712万件のうち大口取引は1万件（0.1%）にすぎないが、取引金額は、全取引金額12.5兆円のうち9.0兆円（72.0%）を占めている。

なお、全銀システムは、2018年10月から平日夜間と休日の取引を処理するシステム（モアタイム・システム）が稼働しており、振込に関連する金融機関がこのシステムに参加している場合、平日日中だけでなく、24時間365日、銀行振込が即日に受取人の口座に着金するようになっている。

（3）　信用創造

銀行システムの外部から供給される中央銀行マネー（外部マネーと呼ばれる）という通貨をもとに、銀行貸出を出発点として金融システム内部で新たに預金通貨が創り出されるプロセス（内部マネーと呼ばれる）を信用創造と呼ぶ。

信用創造のプロセスは、一般に、金融システムの外部から供給される中央銀行マネーであるマネタリーベースをもとに、金融機関が融資を実行しても、そのすべてが即座に使われるわけではないため、大部分が預金として残り、そのうち支払準備として留保する以外の預金で再び融資を実行するというプロセスを繰り返すことで、通貨量が拡大していくと説明される。

この預金の歩留まりは、ある金融機関単独で考えると、他の金融機関に流出する部分があると考えられる。しかし、銀行セクター全体としてみると、金融機関間の資金移動はネットアウトされるため、歩留まりは、預金を現金として引き出す割合と考えることができ、個別金融機関でみるよりも高い。

いま、マネタリーベースをMB、金融機関の準備をR、現金の市中流通残高をCとすると、マネタリーベースは、両者の和として、

$$MB = R + C \tag{6}$$

と書ける。また、広義マネーをM、民間金融機関への預金をDとすると、広義マネーは、預金と現金の和として、

$$M = D + C \tag{7}$$

と書ける。さらに、貨幣乗数（money multiplier）mは、両者の比率として定義され、次式のとおりとなる。

$$m = \frac{M}{MB} = \frac{D+C}{R+C} = \frac{1+c}{r+c} \tag{8}$$

ただし、$c = C/D$、$r = R/D$で、それぞれ現金、準備と預金の比率である。この式からは、現金・預金比率、準備・預金比率が一定に保たれると仮定すれば、マネタリーベースが1単位増加すると、広義マネーが最大$(1+c)/(r+c)$倍だけ増加することになる。なお、この定式化では、預金としての歩留まりは、$1/(1+c)$に相当する。

　貨幣乗数と信用創造のプロセスとの関係について図3-8を使って整理しておく。ここでは、現金・預金比率、準備・預金比率が一定に保たれると仮定する。

　まず、銀行に外部マネーがXだけ供給されたとする。銀行は、そのうち一定の割合rだけの金額rXを準備として保有し、残りの$(1-r)X$を貸出に回す。企業・家計は、貸出を受けた金額のうち$[(1-r)c]/(1+c)X$を現金として保有し、残りの$(1-r)/(1+c)X$を預金する。このプロセスが無限に繰り返されると考える。この結果、最終的に

$$X + \frac{1-r}{1+c}X + \left(\frac{1-r}{1+c}\right)^2 X + \left(\frac{1-r}{1+c}\right)^3 X + \cdots = \frac{1+c}{r+c}X \tag{9}$$

だけの預金が新たに創造されることになる。こうした銀行部門での貸出実行

図3-8　貨幣乗数と信用創造

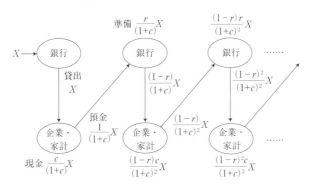

と預金受入れの連鎖によって内部マネーが創り出されることになる。このプロセスが信用創造に相当する。

（4）　通貨を捕捉する統計

次に統計上、通貨がどのように捕捉されているかを整理しておこう（図3-9）。通貨の範囲は最も狭義で考えると、現金と日本銀行当座預金という、主として日本銀行が発行する中央銀行マネー（マネタリーベース）となる。しかしながら、経済学的な観点からは、決済に使われる預金なども含めた広義で考えることが一般的である（広義マネー）。銀行券と貨幣を合わせたものを現金通貨、民間金融機関の決済性預金（普通預金、当座預金など）を預金通貨、それ以外の預金（定期預金、外貨預金など）を準通貨と呼ぶ。

広義マネーは、M1、M2、M3と三種類の定義に沿って、マネーストックという統計が作成されている（図3-10）。

M1は現金通貨（金融機関保有分は控除）およびすべての預金取扱金融機関が発行する決済性の預金が対象である。

M2とM3は、預金の対象範囲が準通貨までに広げられるが、対象とする金融機関はM2がやや限定されており、ゆうちょ銀行や農協や信用組合などが除外されている。

M3はM1と同様、すべての預金取扱金融機関が対象となっている。この

図 3-9　マネタリーベースとマネーストック

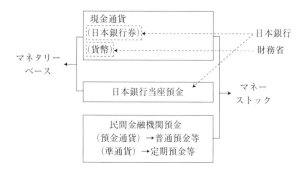

図 3-10　統計上の通貨の範囲

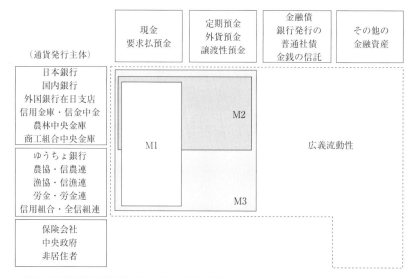

資料：日本銀行調査統計局『マネーストック統計の解説』

ほか、M3 にさらに、投資信託や国債、金融債、社債なども合算した広義流
動性という指標も作成されている。

　図 3-11 には、これらのマネーストックとマネタリーベースについて、名
目 GDP 比をプロットしている。現在のマネーストック統計は、2003 年 4 月

図 3-11　各種マネーストックの推移

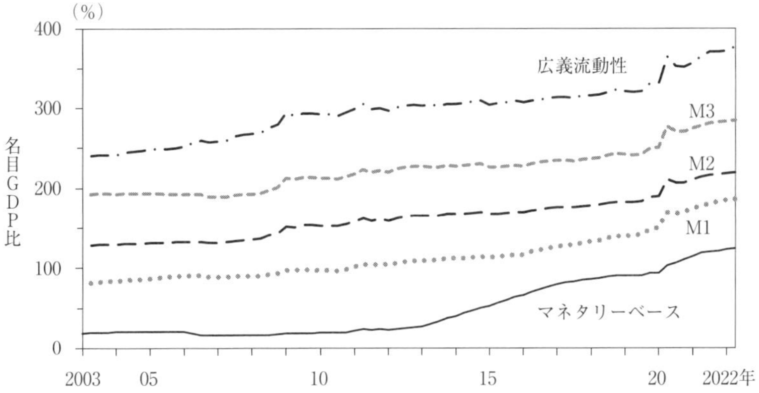

資料：日本銀行、内閣府

まで遡って作成されている。M1 から広義流動性までのマネーストックは、おおむねパラレルなかたちで緩やかに名目 GDP 比が上昇している。これは、名目 GDP の増加ペースよりも、マネーストックの増加ペースのほうが速いことを意味している。

　また、マネタリーベースは、2006 年にかけて、量的金融緩和政策の解除に伴いいったん減少した後、緩やかに増加していたが、2013 年頃を境に増加テンポが加速している。これは、量的・質的金融緩和政策のもとで、長期国債などを対象とする大規模金融資産買入が実施されており、マネタリーベースが広義マネー以上のペースで拡大していることを示している。

　マネタリーベースとマネーストックについて、2021 年中の平均残高をみると、マネタリーベースは 640 兆円程度であるのに対し、M1 は約 970 兆円（現金通貨と預金通貨の合計）、M3 は約 1,480 兆円にのぼる。広義マネーとマネタリーベースの比率として定義される貨幣乗数は M1 で約 1.5 倍、M3 で約 2.3 倍となる（図 3-12）。

　次に、貨幣乗数の時系列的な推移を図 3-13 で確認しておくと、通貨の定義によって水準は異なるが、ほぼパラレルなかたちで推移しており、かつ時間の経過とともに水準自体も大きく変化していることがわかる。大きなシフ

図 3-12　信用創造

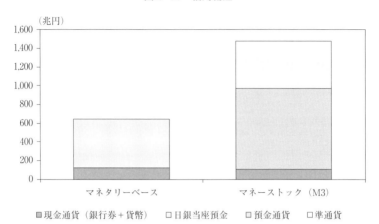

（兆円）

凡例：■現金通貨（銀行券＋貨幣）　□日銀当座預金　□預金通貨　□準通貨

備考：データは 2021 年中の各月平均残高の平均値。
資料：日本銀行

図 3-13　貨幣乗数の推移

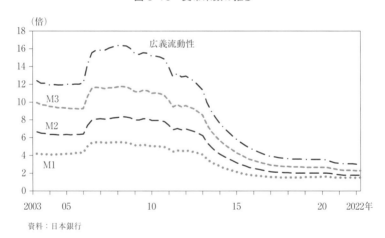

（倍）

資料：日本銀行

トが生じている時期は、広義マネーが緩やかに増加する中、金融政策の変更によりマネタリーベースが急激に変化していることを反映している。

　まず、2006 年の貨幣乗数のジャンプは、量的金融緩和政策の解除により

日銀当座預金残高が縮小し、マネタリーベースが減少したことを反映している。また、2013年頃から貨幣乗数が急激に低下しているのは、量的・質的金融緩和政策によるマネタリーベースの拡大を反映している。

このように、貨幣乗数は、時系列的にみるとかなり大きく変動している。これは、信用創造のプロセスの中で一定と仮定していた現金・預金比率、準備・預金比率が変化していることを意味している。

信用創造プロセスの説明の中では、銀行が貸出を供給すると、自動的に貸出に対する需要も創出されると考えていた。しかしながら、実際には、貸出は銀行サイドの供給要因だけでなく、企業・家計サイドの需要要因にも影響を受け、貸出の需要・供給が一致するよう、貸出金利が調整されていく。また、金利の変動は、利子を生まない現金を保有する機会費用の変動を意味するため、現金・預金比率も変動する。

6　中央銀行と通貨の信認

最後に、本章のまとめとして、中央銀行と通貨に対する信認の関係について整理しておく。

貨幣は、一般的受容性という特性に支えられたある種のバブルであることを説明した。こうした貨幣の理解を踏まえると、現代の管理通貨制度のもとで、貨幣の一般的受容性に対する信認を維持し、貨幣経済の円滑な活動を支えていくのが中央銀行の責務ということになる。この点を日本銀行法との関係で整理しておきたい（図3-14）。

日本銀行法第1条では、「我が国の中央銀行として、銀行券を発行する」とされ、銀行券発行が主たる業務となっている。また同条には、「通貨及び金融の調節を行う」として、金融政策の運営も規定されている。さらに、同条2項では、「銀行その他の金融機関の間で行われる資金決済の円滑の確保を図り、もって信用秩序の維持に資すること」も目的とされ、金融システムの安定もその目的であるとされている。そのうえで、第2条では、金融政策運営の理念として、「物価の安定を図ることを通じて国民経済の健全な発展に資すること」が明記されている。

図3-14　日本銀行法の目的規定

（目的）
第一条　日本銀行は、我が国の中央銀行として、銀行券を発行するとともに、通貨及び金融の調節を行うことを目的とする。
　　2　日本銀行は、前項に規定するもののほか、銀行その他の金融機関の間で行われる資金決済の円滑の確保を図り、もって信用秩序の維持に資することを目的とする。
（通貨及び金融の調節の理念）
第二条　日本銀行は、通貨及び金融の調節を行うに当たっては、物価の安定を図ることを通じて国民経済の健全な発展に資することをもって、その理念とする。

図3-15　日本銀行の目的

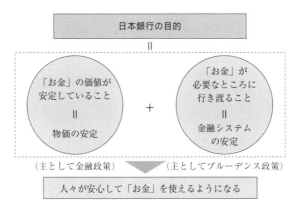

以上の規定が意味していることは、日本銀行の究極的な目的は、国民経済の健全な発展ということであり、発券銀行としてそのための基盤となる「人々が安心して銀行券を使うことができる環境」を構築していくことが求められていると考えるべきであろう。

　そして具体的な責務として、物価の安定と金融システムの安定という二つの安定を維持・促進していくことになるが、これら二つの安定は、お互いに独立したものではなく、両者を同時かつ安定的に持続的なかたちで実現していくことが求められている（図3-15）。これは、通貨に対する信認を安定的に確保していくためには、物価の安定を通じて、通貨価値を安定させること

と同時に、民間金融機関が提供する各種の決済手段も含めた金融システム全体としての安定を確保していく必要があるからである。

補論 1　マクロ経済学の教科書の中での通貨発行益

いま、t 期におけるマネタリーベースと物価水準をそれぞれ MB_t、P_t と表記すると、実質値ベースの通貨発行益 s_t は、次式のように、貨幣残高の増加額を物価水準でデフレートするかたちで定義されることが多い。

$$s_t = \frac{MB_t - MB_{t-1}}{P_t} = \frac{MB_t}{P_t} - \frac{MB_{t-1}}{P_{t-1}} \frac{P_{t-1}}{P_t}$$

$$= \frac{MB_t}{P_t} - \frac{MB_{t-1}}{P_{t-1}} + \left(1 - \frac{P_{t-1}}{P_t}\right) \frac{MB_{t-1}}{P_{t-1}}$$

$$= \frac{MB_t}{P_t} - \frac{MB_{t-1}}{P_{t-1}} + \left(\frac{P_t/P_{t-1} - 1}{P_t/P_{t-1}}\right) \frac{MB_{t-1}}{P_{t-1}} \qquad (\text{A-1})$$

なお、この式の最後の項は、通貨発行益が実質マネタリーベースの変化額とインフレ課税に分解できることを示している。

もっとも、（A-1）式で示した通貨発行益の定義式は、中央銀行が銀行券を無から創り出せることを仮定している。これは、通常、政府と中央銀行を統合した統合政府ベースでの予算制約式から通貨発行益を考えているためである。

こうしたかたちでの通貨の発行は、人々にある一定の金額の通貨が無差別に割り当てられることに相当する（lump-sum transfer）。このような通貨の発行は、ヘリコプターで空から通貨がばら散かれる姿にたとえられ、ヘリコプターマネーと呼ばれる。

名目ベースで考えた統合政府の予算制約式は、一般に次式のとおりとなる。

$$G_t + i_{t-1} B_{t-1} = T_t + (B_t - B_{t-1}) + (MB_t - MB_{t-1}) \qquad (\text{A-2})$$

ここで、左辺は統合政府の支出で、t 期の財政支出 G_t と国債利払い（中央

銀行保有分を控除）$i_{t-1}B_{t-1}$（i_{t-1}、B_{t-1} はそれぞれ $t-1$ 期の国債金利、国債市中残高）を合算したものである。また、右辺は統合政府の収入で、t 期の税収 T_t に国債新規発行額 $B_t - B_{t-1}$ とマネタリーベース新規発行額 $MB_t - MB_{t-1}$ を加えたものである。

この統合政府の予算制約式について、政府と中央銀行を分解し、政府は中央銀行から国庫納付金 TC_t^{CB} を受け取ると考える。また、国債発行残高については、市中残高 B_t に中央銀行保有額 B_t^{CB} を加えると総発行残高 B_t^T となる。このとき、統合政府の予算制約式は以下のように書き直される。

$$G_t + i_{t-1}B_{t-1}^T = T_t + (B_t^T - B_{t-1}^T) + TC_t^{CB} \qquad \text{(A-3)}$$

また、中央銀行の国庫納付金は、次式の中央銀行の予算制約式によって定義される。

$$(B_t^{CB} - B_{t-1}^{CB}) + TC_t^{CB} = i_{t-1}B_{t-1}^{CB} + (MB_t - MB_{t-1}) \qquad \text{(A-4)}$$

ここで、左辺は中央銀行の支出で、国債購入額と国庫納付金の和となる。また、右辺は収入で、保有国債からの金利収入とマネタリーベース発行額の和となる。

第8章の金融市場調節の中で解説しているが、中央銀行は、実際には、金融機関とのオペレーションによって、金融資産と等価交換することでマネタリーベースを発行している。これは、（A-4）式の中央銀行の予算制約式で、マネタリーベース発行額と国債購入額が一致していることを意味する。この場合、中央銀行の国庫納付金は、

$$TC_t^{CB} = i_{t-1}B_{t-1}^{CB} \qquad \text{(A-5)}$$

と、保有国債からの金利収入となる。

補論2　為替レート制度の選択

本章では、閉鎖経済を前提として、一国経済の中での通貨価値の問題を解説した。開放経済体系においては、異なる通貨間の交換価値である為替レー

図 3-16　国際金融のトリレンマ

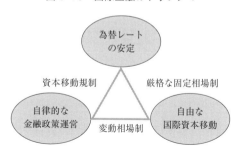

トを考える必要がある。この点、主要先進国では、通貨制度として変動相場制を採用し、対外的な通貨価値については目標水準を設定していない。

　もちろん、為替レートについては、ある程度の望ましい水準があり、その許容範囲を超えて、大幅かつ急激に為替レートが変動することは望ましいことではない。そうであるにもかかわらず、主要先進国の間で、変動相場制が広く採用されているのはなぜであろうか。

　この問題を考える基本的な枠組みは、国際金融のトリレンマと呼ばれる構図である（図 3-16）。通貨制度の選択を考える場合、為替レートの安定、自律的な金融政策（自国経済の安定のために金融政策を割り当てることができる）、そして自由な国際資本移動という三つの要素がある。このとき、これら三つの要素の中で、二つの要素までしか選択できない。この制約を国際金融のトリレンマという。

　たとえば、グローバル化が進展する中で、自由な国際資本移動を受け入れるとすると、自国経済の安定のために金融政策を運営すると、国内外の金利が必ずしも同じ方向に変動するとは限らない。この結果、為替レートは、国内外の金利差を反映して変動し、一定の水準に釘付けすることは困難である[3]。

　このため、主要先進国では、自由な資本移動と自律的な金融政策運営の二つを選択し、為替レートの安定を放棄し、変動相場制を選択していることになる。ユーロ圏についても、域内国間では単一通貨が導入され、為替レート

3）　この点は、為替レートの短期的な変動を説明する金利平価と呼ばれる理論的枠組みとなる。金利平価については、第 6 章補論で解説する。

は固定されているが、ユーロ圏域外との関係を考えると、為替レート制度は変動相場制ということになる。

　為替レート変動は、特にそれが急激かつ大幅なものであれば、経済・物価変動に大きな影響を及ぼす。そうした視点から、為替レートは、金融政策運営において注目していくべき重要な経済指標である。しかしながら、変動相場制のもとでは、為替レートの安定を目指すことは、自国経済の安定のために金融政策を割り当てることと両立させることはできないため、金融政策運営上の目標変数とは位置づけられていない。

BOX3-5：基軸通貨

　通貨が通貨として機能するためには、一般的受容性という特性が不可欠であることを解説した。国際通貨システムについても同様の論点がある。実際、世界の貿易や投資の多くは、さまざまな主要国通貨の中でも特に、米ドルを使って行われるケースが多い。ある通貨が国際的な金融経済取引の中で一般的受容性を高めると、その通貨が世界中で保有・利用されるようになり、国際的な金融経済取引の中で支配的な地位を占めるようになる。そうした通貨は基軸通貨と呼ばれる。

　実際、図3-17 に示したように、こうした基軸通貨が存在しない世界では、通貨の国際間の交換は、物々交換とほぼ同様の状況となり、取引が成立するためには、お互いに相手が保有している通貨と交換したいという欲求の二重の一致が必要となる。ところが、基軸通貨が存在すれば、一般的受容性が高

図 3-17　基軸通貨

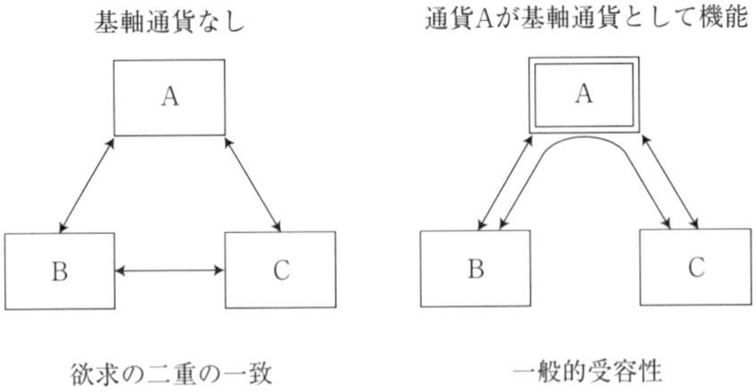

く、誰もが受け取ってくれる基軸通貨を媒介として、異なる通貨の交換を行うことで、国際通貨取引における取引コストを大幅に抑制することができる。

◆キーワード◆

貨幣	物物交換経済
商品貨幣	欲求の二重の一致
不換貨幣	貨幣経済
マネタリーベース	一般的受容性
通貨集計量（M1、M2、M3）	支払い完了性
価値尺度	信用創造
交換機能	貨幣乗数
価値保蔵	通貨発行益

◆練習問題◆

1．経済学では一般に、独占は望ましくなく、競争によって望ましい資源配分が実現されると教えている。しかしながら、中央銀行の機能の源泉は、通貨を独占的に発行していることに求められる。通貨の発行については、競争よりも独占が望ましいのであろうか。

2．米ドルや円、ユーロは、完全なキャッスレス経済になったとしても、価値尺度としての機能を果たすであろうか。

3．決済を現金で行うときと、キャッシュレス決済手段で行うときで、安全性への懸念はどのように異なるのだろうか。

第4章

金融政策の目標

- 本章では、金融政策目標とされる物価の安定に関する理解を深める。まず、インフレーション（インフレ）とデフレーション（デフレ）について整理し、それぞれのコストについて検討する。そのうえで、物価が安定している状況をどのように考えるかを解説する。

- 物価の安定は、一般に消費者物価指数（CPI）の上昇率によって評価される。ただし、その評価にあたっては、金融政策の波及ラグの長さを考慮し、長期的な視点に立って、物価安定の持続性を評価していくことが重要である。

1 インフレとデフレ

物価指数は、人々が普段購入している財・サービスの価格の全体的な動向を捉える統計である。そして、物価はしばしば「経済の体温計」と呼ばれる。景気がよくなると、財・サービスへの需要が増加し、価格が上昇傾向となる。逆に、景気が悪くなると、財・サービスの需要が減少し、価格が低下傾向となる（あるいは、上昇傾向が鈍化する）。

物価が継続的に上昇する事象を「インフレーション（インフレ）」、継続的に下落する事象を「デフレーション（デフレ）」と呼ぶ（図4-1）。

このとき、物価とお金の価値が逆方向に動くことに注意してほしい。インフレは、財・サービスの価格が継続的に上昇するが、それは、同じ金額のお金で購入できる財・サービスの量が減少することを意味し、お金の価値が低下していくことになる。逆に、デフレは、価格が継続的に下落し、お金の価値が上昇していくことになる。

なお、インフレがいったん高進した後、低下していく過程をディスインフレーションと呼ぶ。また、インフレと景気悪化が共存する状況をスタグフレーションと呼ぶ。

図4-1　インフレとデフレ

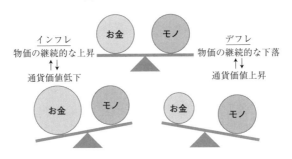

BOX4-1：消費者物価指数のつくり方

　消費者物価指数（CPI: consumer price index）は、家計が日々購入している財・サービスの価格をカバーしており、物価の安定を測る尺度として広く利用されている[1]。

　では、CPI はどうやってつくられているのであろうか。CPI は、家計にとって重要度の高い財・サービスを買物かごに入れて、その買物かご全体の費用が個々の財・サービスの値動きで、どう変わったかを測定している。買物かごの中に入れたいろいろな財・サービスの値動きについて、家計の消費支出全体に占める割合（重み：ウエイト）を加味して総合し、全体の物価の変化を測っていると考えることもできる。

　カレーを例にとって、もう少し具体的に考えてみよう。簡単化のため材料は、牛肉、玉ねぎ、カレールウの三つだけだと考える。価格が牛肉は 20％上昇し、玉ねぎが 20％下落、ルウは変わらなかったとする。基準時の価格を 100 とすると、牛肉、玉ねぎ、ルウの価格はそれぞれ 120、80、100 となる。これらを単純平均すると 100 となり、全体としては値上がりも値下がりもしていない計算になる。

　ところが、カレーをつくる際に、三つの材料の重要度は必ずしも同じではない。支出の中での重要度が牛肉 6、玉ねぎとルウが 2 ずつであるとして、このウエイトを加味して計算すると、$(120 \times 6 + 80 \times 2 + 100 \times 2)/(6 + 2 + 2) = 108$ となり、8％上昇している結果となる。

　上記の事例では買物かごを基準時に固定していた（「ラスパイレス物価指数算式」と呼ばれる）。この計算方法では、店頭で価格だけを調査すればよく、統計作成のコストを抑制できるメリットがある。ただし、一般的には、価格が相対的に上昇している財・サービスへの支出が減少し、相対的に下落している財・サービスへの支出が増加する。このため、買物かごを基準時に固定すると、物価上昇を過大評価してしまう傾向がある点に注意が必要である。

---

[1]　消費者物価指数をめぐる問題については白塚（1998）が包括的な検討をしている。

参考まで、CPI の集計に用いられるラスパイレス物価指数 P_{0t} は、基準時ウエイトによる算術平均指数として、次式によって表される。

$$P_{0t} = \frac{\Sigma_{i=1}^{n} p_{it} x_{0t}}{\Sigma_{i=1}^{n} p_{0t} x_{0t}} = \sum_{i=1}^{n} w_{i0} \times \frac{p_{it}}{p_{i0}}$$

$$w_{i0} = \frac{p_{0t} x_{0t}}{\Sigma_{i=1}^{n} p_{0t} x_{0t}}$$

ただし、ここで品目 i の t 期における価格を p_{it}、購入数量を x_{it}、また基準時点を 0 期、比較時点を t 期としている。

2 物価変動のコスト

では、なぜ、物価変動は、経済の資源配分やその意思決定に影響を及ぼし、人々の経済厚生を低下させるのであろうか。この問題を考える場合、経済主体の資源配分に関する意思決定は、一般に異時点間にまたがるものであるとの視点が重要である[2]。

経済活動は、明示的なものか、暗黙的なものかは別として、さまざまな経済的な契約によって成立しており、こうした契約の多くは、通常、名目値で取り交わされている。したがって、物価水準が変動すると、実質値でみた経済価値が変化し、契約の当事者間において所得移転が生じる。

たとえば、企業と銀行の融資契約を考えてみよう。インフレ率が変動すると、契約した名目金利のもとでは事後的な実質金利が変化する。インフレが生じると、企業からみると、事後的な実質金利は事前に想定していた実質金利よりも低下し、実質的な借入負担は低下する。逆に、銀行からみると、実質的な手取りは減少してしまう。

同様に、企業と労働者の関係を考えると、賃金はある程度の期間一定に固定されているため、インフレによって、労働者の実質的な手取りが減少してしまう一方、企業は実質的な賃金支払いを抑制できることになる。政府との

---

2) 物価変動のコストについては、白塚（2001）が包括的に展望している。

関係を考えても、税制は名目ベースで設計されているため、課税対象や課税方法による相対的な税負担に歪みが生じ、投資の最適水準を押し下げたり、労働供給意欲を抑制したりすることを通じて、資源配分の損失をもたらす。

　特に、こうした物価変動が予期されないものであれば、強制的に意図せざる所得と富の移転を生じさせ、経済厚生上の損失が発生する。また、こうした予期されないインフレ率の上昇は、インフレの不確実性を高め、リスクプレミアムの上昇を通じて、資源配分に歪みをもたらす可能性が考えられる。一方、それが予期されたものであれば、コストは部分的には回避可能であるが、それでも社会・経済制度がインフレに対して十分中立的でない限り、資源配分に対する影響が及び、社会的なコストが生じることになる。たとえば、所得税制を考えると、課税最低限の所得や累進的な税率の所得区分などはすべて名目所得に対して設定されている。このため、実質的な税負担は物価変動によって変化する結果となる。

　こうした点を踏まえると、物価変動は、それが予想されたものか、予想されていなかったものかによって、社会的コストの発生メカニズムやその大きさが異なるが、いずれにしても、何らかの社会的コストが発生することは避けられない。

　物価変動の社会的コストを軽減する対応としては、一般に、さまざまな経済契約のインデックス化（indexation）を進め、実質価値ベースでの契約により、物価変動のリスクを緩和することが考えられる。しかしながら、すべての経済契約をインデックス化することは不可能であり、何らかの名目契約は残らざるを得ない。このため、社会的コストを軽減する政策対応としては、安定的な物価水準の維持を目指すことがより現実的な選択肢になる。

3　インフレのコスト

　まず、物価上昇率がモデレートな水準で推移し、将来の物価上昇率について、人々が大まかな予想を立てることができる状態にある場合について考えてみよう。経済学者がしばしば強調するのは、インフレの「シューレザー」コスト（shoe-leather cost）やメニューコスト、税制のインフレに対する非

中立性といった問題である。

　前者の二つのコストは、いずれもインフレによって生じるコストを回避するための活動に資源が投入される結果として経済の効率性が低下するコストと解釈できる。他方、後者の税制の問題は、経済主体の投資行動等の意思決定に影響を及ぼすことから、資源配分の歪みをもたらすコストと考えられる。

（1）　「シューレザー」コストと通貨保有の機会コスト

　一般に、インフレ率が高まるに連れて名目金利は上昇する（いわゆるフィッシャー効果）ため、金利収入を生まない通貨の使用を節約する誘因が大きくなる。この結果、人々は現金保有を抑制し、より頻繁に銀行へ出かけ、生産活動に割く労働時間が減少する。こうしたコストは、銀行に頻繁に出かける必要性が高まると人々の靴底の擦り減り方が速くなるという意味で、比喩的に「シューレザー（shoe-leather cost）」コストと呼ばれている。

　では、このコストは、物価上昇率がモデレートな水準で推移する場合に、どの程度深刻な問題となり得るのであろうか。シューレザーコストの定量的な評価には、通貨需要関数を使い、名目金利変動による通貨需要の変動によって生じる消費者余剰の変化を推計する。すなわち、図 4-2 に示したように、通貨需要関数を使って、実質短期金利は不変と仮定し、インフレ率の上昇によって名目短期金利が上昇し、通貨保有を節約しようするインセンティブによって生じる「死加重（dead weight loss）」を計測する[3]。

　シューレザーコストの大きさは、通貨需要の金利弾力性の大きさに依存する。金利弾力性が大きい場合は、インフレ率が上昇し、名目金利が上昇すると、通貨保有を節約しようとするインセンティブがより強く働き、シューレーザーコストが大きくなる。もちろん、こうしたシューレーザーコストの評価は、通貨需要関数や効用関数の定式化によって変わり得ることにも留意が必要である。

---

[3]　このアプローチは、Bailey（1956）によって提示された。具体的な実証研究としては、たとえば、米国について Lucas（2000）、日本について白塚（2001）がある。貨幣需要の金利弾力性は、米国が大きく、シューレザーコストも大きいことがわかる。

図 4-2　シューレザーコスト（概念図）

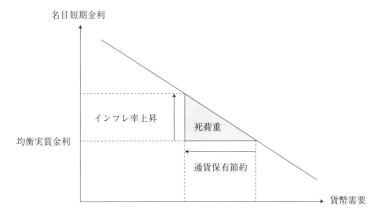

（2）　メニューコストと相対価格変動

　次に、メニューコストについてはどう評価されるのだろうか。メニューコストは、価格の変更に際して、新しいカタログや価格リストを印刷・配布することが必要になる、といった比喩に対応する追加的なコストである。

　価格が資源配分のシグナルとして有効に機能するためには、相対価格の変動と一般物価水準の変動とが的確に識別される必要がある。しかしながら、メニューコストが存在するもとでは、個別企業は生産コスト上のショックに直面した場合、価格低下方向のショックよりも、価格上昇方向のショックに対して、より大幅な価格調整で対応するため、過剰な相対価格変動が起きる可能性が指摘される。

（3）　税制のインフレに対する非中立性

　しかしながら近年では、インフレは、たとえそれが予想された低水準のものであっても、その累積的な効果から、長期的な経済活動の意思決定と資源配分を歪めるコストが強調されている。

　この場合の要因としては、税制は完全にインデックス化されていないため、インフレに対して中立的ではないとの、インフレと税制の相互作用が指

摘されることが多い。すなわち、課税対象や課税方法による相対的な税負担に歪みが生じ、投資の最適水準を引き下げたり、労働供給意欲を抑制したりといったかたちで、資源配分の損失をもたらす。

　特に、こうした税制要因によるインフレの経済的コストは恒久的なものであり、物価上昇率を低下させることで、将来にわたって永続的な経済厚生改善効果が生じる。このため、経済厚生改善効果の割引現在価値は、非常に大きなものになる点が強調される。

（4）　ハイパーインフレのコスト

　ハイパーインフレのコストについては、近年におけるハイパーインフレ経験国の経済パフォーマンスの低さから、このコストが極めて大きいとのコンセンサスが存在している。

　ハイパーインフレのもとで大きなコストが発生する基本的な要因は、経済主体がその影響を回避することに多大な資源を投入しようとするため、生産的な活動へ労働力や資本といった資源が有効に振り向けられないとの事情に求められる。実際、モデレートなインフレのもとでは、深刻な問題とはならないと考えられるシューレザーコストやメニューコストも、ハイパーインフレのもとでは極めて大きなものとなる。

　インフレが急進するもとでは、無利子の現金の実質価値が急速に低下するため、現金を節約するメリットが拡大し、より多くの時間と労力が現金節約のために投入されることになる。また、価格を据え置くと、自動的に大幅な相対価格の低下がもたらされることになるため、価格改定をより頻繁かつ大幅に行おうとする誘因が高まる。

　さらに、こうしたハイパーインフレのコストは、長期的な契約の信頼性を損ない、将来にわたる経済活動の意思決定にも悪影響を及ぼす。インフレ率の上昇は、相対価格と将来の物価水準という両者の不確実性を高めるため、長期金利のリスクプレミアムを上昇させるほか、異時点間にわたる動学的な資源配分にまつわる意思決定を困難にさせる。また、異時点間の資源配分において重要な役割を果たす、金融仲介システムの機能を低下させる。

（5）　ディスインフレのコスト

　インフレのコストを巡る議論としてもう一つ強調されるべきなのは、ひとたび上昇してしまったインフレを抑制するディスインフレの過程で大きなコストが生じる点である。「犠牲比率（sacrifice ratio）」（インフレ率抑制によって失われる産出量の大きさ）の議論に代表されるように、インフレの抑制は産出量や雇用の喪失というコストをもたらす。また、こうしたコストは、物価上昇率が低くなるにつれ高くなる傾向が認められる。

　こうした議論の含意として、ディスインフレの過程で生じるコストを考えれば、いったん物価安定が達成された後はそれを維持し、ディスインフレの過程を繰り返すことを可能な限り回避することが望ましいことが指摘できよう。

4　デフレのコスト

　では、インフレとデフレのコストは対称的なものと考えてよいであろうか。これまでの学界での議論を通じて広くコンセンサスが生まれているのは、インフレのコストが大きいことと同様に、あるいはそれ以上にデフレのコストも大きいことである。特に、デフレはマイルドなものであったとしても、①名目賃金の下方硬直性、②金融システムへの影響、③名目金利の実効下限制約（ELB: effective lower bound）の三つの要因により、インフレよりも相対的にコストが大きいと考えられる。

（1）　名目賃金の下方硬直性

　まず、名目賃金の下方硬直性が存在すると、極めて低いインフレ率のもとでは実質賃金の調整がスムーズに行われない。この結果、労働需要が減少している地域や産業において実質賃金の低下が妨げられ、地域・産業間における雇用調整が進まず、長期的にみると均衡失業率が押し上げられる可能性が考えられる。

（2）　金融システムへの影響

次に、デフレは、金融システムの健全性を損ない、金融仲介機能の低下を通じて、マクロ経済を収縮させる方向に作用する。予期せぬデフレが発生すると、①負債デフレと②クレジットクランチと呼ばれるメカニズムによって、経済活動に対して負のショックが生じる。

前者の負債デフレについてみると、名目的な債権債務契約において、予期せぬデフレが発生すると債務の実質価値が上昇し、債務者から債権者への意図せざる所得の移転が生じる。一般に、債務者のほうが債権者よりも支出性向が高いと考えられるため、総需要が低下する。

また、後者のクレジットクランチは、資産価格の下落によって、経済主体の正味資産の低下によるバランスシート調整と、金融システムにおける不良債権の増大が生じる。こうした過程で、債務者は債務返済が困難化する一方、債権者は債務不履行のリスクが高まり、債務者・債権者ともに行動が萎縮し、総需要の収縮がもたらされることになる。

（3）　名目金利の実効下限制約

三つ目の要因として、名目金利の実効下限制約（ELB: effective lower bound）について考えてみよう。

金融政策の運営は、一般に、名目短期金利をコントロールすることによって行われるが、インフレや実体経済活動との関係では、実質金利の水準がどう変化しているかが重要である。名目短期金利を一定に保っていたとしても、インフレ率が上昇・下落していれば、経済活動に対する金融緩和・引締め効果は一定ではない。したがって、金融政策の効果を意図した方向に作用させるためには、インフレ率の変動に応じて名目金利を調整する必要がある。

しかしながら、低金利環境のもとでデフレ圧力が加わった場合には、名目金利の実効下限制約の存在から、名目金利を引き下げる方向での調整には限界が存在し、デフレ期待の強まりによって期待実質金利がむしろ上昇する可能性が考えられる。こうした状況のもとでは、名目金利の操作により、実質金利を引き下げることは困難であり、経済変動が不安定化するリスクが生じ

ることになる。

BOX4-2：デフレと日本経済

　日本では、1990 年代後半以降、マイルドであるが長期継続的なデフレが継続
した。そして、このデフレは、失われた 20 年と呼ばれるように低成長と共存し

図 4-3　2000 年代の日本経済

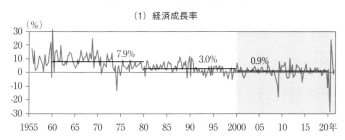

(1) 経済成長率

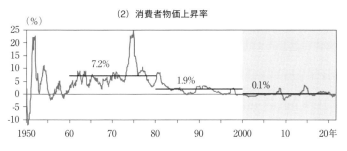

(2) 消費者物価上昇率

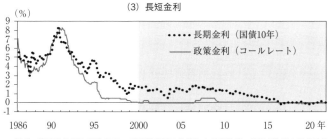

(3) 長短金利

　　備考：経済成長率は実質 GDP の季節調整済み前期比を年率換算。消費者物価上昇率は前
　　　　　年比。
　　資料：内閣府『国民経済計算』、総務省『消費者物価指数』、日本銀行

た。つまり、わが国のデフレの問題は、物価水準が継続的に低下するということだけでなく、それが低成長と長期共存したからこそ深刻な問題となった。

　図4-3には、戦後の経済成長率、消費者物価上昇率、長短名目金利をプロットしている。シャドーを付した2000年代には、インフレ率が若干のマイナスになる中、成長率もゼロ近傍、名目金利もゼロ近傍という状況が続いた。インフレ率や金利は経済の体温計といわれる。

　こうした状況は、人間に喩えると恒常的に体温が極めて低い状態が続いていたことに相当する。筆者自身は、こうした2000年代のわが国の経済情勢を「低体温症経済」と呼んでいる（第13章で掘り下げて解説）。

　もちろん、わが国のデフレは、1990年代初頭における資産価格バブル崩壊の帰結としての側面を持っていることは否定できない。しかし、その負の遺産ともいうべき不良債権問題やその背後にあった企業の三つの過剰（生産設備、雇用、債務）の解決に長期の時間を要した結果、需要・供給両面の要因の相互作用によって、景気循環の増幅にとどまらない、構造的・継続的な影響がもたらされた。これは、バブル崩壊に伴うマイナスのショックが、設備投資や新規雇用の継続的な落込みを通じた履歴効果によって、経済の成長トレンドを下方屈折させるというメカニズムが大きかったと考えられる。

　また、こうした中で、低インフレが継続することで、人々の長期インフレ予想も低下していったことも、金融政策の有効性という観点からは大きな影響を及ぼすことになった。

5　物価安定の基本的な考え方

（1）　二つの物価安定：持続的な物価安定と統計上の物価安定

　ここまでみてきたように、物価の変動、特に予期せぬ変動には、インフレでもデフレでも経済的なコストが大きい。このため、物価安定は、長期的に持続可能かという視点から点検していくことが重要となる。こうした考え方を「持続的な物価安定（sustainable price stability）」と呼ぶことにする。

　ただ、その場合でも、物価安定に対する信認を形成し、長期インフレ予想を安定化させていくためには、物価安定を特定の物価指数で計測されたインフレ率の具体的な数値として表現する必要がある。こうした考え方を「統計上の物価安定（measured price stability）」と呼ぶことにする。

　より具体的な物価安定の定義として最も広く受け入れられているのは、人々が経済・金融活動を行う際にインフレ率の水準を気にする必要がない状況を実現していくというものである。これは、アラン・グリーンスパンFRB議長（当時）が物価安定を「経済主体の意思決定に際し、将来の一般物価水準の変動を最早、考慮する必要がない状態」と考えられると指摘し、その後、広く利用されるようになった（Greenspan［1996］）。

　金融政策には、そうした物価環境を構築し、持続的な経済成長の基盤を形成することが求められている。この物価安定に関する考え方は、言い換えれば、中長期的にみて、物価変動が資源配分の意思決定に対して影響を及ぼさない古典的二分法が成立する世界を実現させることが、持続的な経済成長につながるということになる。

　たとえば、ローバート・ルーカス　シカゴ大教授は、「社会は金融・財政政策を用いて、社会が望むとおりの平均インフレ率を達成することができる」としたうえで、物価安定は「経済学が200年間の努力の結果発見した数少ない真の『フリーランチ』の一つである」と述べている（Lucas［1987］）。言い換えれば、インフレの平均的な水準の上昇・下落は、人々の意思決定に影響を及ぼし、資源配分上の歪みを生じさせ得るため、インフレ率の水準を人々の意思決定に対して中立的な水準とすることで、資源配分をより効率的なものにできるということになる。

（2）　物価安定の数値的な定義

　ただ、上述したような物価安定の定義はなお曖昧さを残している。より具体的な物価安定の定義として、表4-1に整理した主要中央銀行の数値定義をみると、現時点では、ほぼすべての中央銀行が2％という物価上昇率を目標としている。

　若干補足すると、欧州中央銀行（ECB）では、2021年に、物価安定目標

表 4-1　主要中央銀行の物価安定の数値定義

国／地域	目標値	指標	設定主体	時間的視野
日本	2%	CPI	中銀	できるだけ早期に
米国	2%	PCE	中銀	長期的に
ユーロ圏	2%	HICP	中銀	中期的に
英国	2%	CPI	政府	常時（1% pt 以上乖離時にレンジ復帰時期を示す）
スイス	0-2%	CPI	中銀	中期的（3 年）
カナダ	2%で 1-3%の範囲	CPI	政府・中銀	平均して 6-8 四半期
豪州	2-3%	CPI	政府・中銀	中期的に
ニュージーランド	1-3%で 2%が中心値	CPI	政府	中期的に
スウェーデン	2%	CPI	中銀	特定化されていない
ノルウェー	2%	CPI	政府	中期的に

資料：各国中央銀行ホームページ資料より筆者作成。

について、「2%未満で2%近傍」という従来の定義を変更し、2%を中心に上下対称とすることを決めた。この決定により、英国やカナダ、オーストラリア、ニュージーランドなど早くからインフレ目標政策を採用していた国だけでなく、日米欧も含む主要先進国の中央銀行の物価安定目標がインフレ率2%で揃うことになった（正確には、米国 Fed が目標とするのは、CPI ではなく PCE デフレータである）。

　また、目標を設定する時間的な視野については、ほとんどの中央銀行が中長期的に実現するものであることを明確にしている。このため目標を設定する対象となる物価指標も、何らかの消費者物価指標の総合指数となっている。

　総合指数は、消費支出全体のバスケットをカバーする最も広範な指数であるが、その分、一時的な撹乱要因の影響を強く受ける品目も含まれている。この結果、物価変動の趨勢的な動きが見極めづらくなる。このような点に対応するため、短期的な物価情勢の評価や予測では、こうした一時的な撹乱要因の影響を調整したコアインフレ指標が広く使われている（BOX4-4を参照）。ただ、こういった一時的な撹乱要因の影響は、中長期的な視点で物価指標を評価する際には、平準化され大きな影響を及ぼさないと考えられる。

　以上のように、一見すると、2%のインフレ率は、物価安定に関する数値定義のグローバルスタンダードのようにみえる。理念的にも主要先進国のインフレ率が同一の2%程度で推移し、経済成長率や失業率などマクロ経済パフォーマンスも改善していけば、国内の金融経済環境の安定化だけでなく、主要国間の為替レート安定化も期待できる。その意味で、物価安定についてグローバルなコンセンサスが確立されることは望ましいと評価できる。

　ただし、この2%という数字について、必ずしも厳密な論拠が存在しているわけではない。具体的な数値についてのコンセンサスは、名目金利の実効下限制約に対するある程度の糊代（safety margin）を確保するために、若干プラスのインフレ率を目指す必要があるというものである。

　もちろん、グローバル金融危機やコロナ禍での金融政策を振り返ると、多少の糊代はすぐに使い尽くしてしまう。しかしながら、あまり高いインフレ率が恒常化すれば、経済活動の効率性も低下する。そうしたトレードオフを考慮し、かつわかりやすい切りのよい数字として、1%でも3%、4%でもなく、2%が選ばれていることになる。

（3）　物価安定の考え方と金融政策の運営枠組み

　物価安定の数値的な定義として、わかりやすい切りのよい数字として、2%を選ぶという割り切りは、金融政策運営の枠組みの構築にあたって、前述した「統計上の物価安定」と「持続的な物価安定」という物価安定に関する二つの考え方の整合性をどう担保していくかという問題だと考えると理解しやすい。

　統計上の物価安定は、特定の物価指標の特定の数値水準を一定の期間の間に実現することに強くコミットすることを重視する。他方、持続的な物価安定は、持続的な経済成長と整合的なインフレでもデフレでもない物価環境を実現することの重要性を強調する。金融政策運営の枠組みは、中長期的に安定した物価環境を実現していくために、各国の社会経済環境を踏まえつつ、持続的な物価安定と統計上の物価安定のバランスをいかにとっていくかが重要ということになる（図4-4）。

　実際、日本銀行法のもとで、日本銀行は、国内物価の安定を通じて国民経

図 4-4　物価安定の理念的基礎と金融政策の運営枠組み

済の健全な発展を追求することが期待されている。これはわかりやすさの観点から、何らかの尺度における物価の安定が求められるとともに、そのことを通じ、経済の安定性を確保し、中長期的な経済成長を実現するための前提条件を提供することが要求されていると解釈できる。言い換えれば、何らかの判断基準に沿って「統計上の物価安定」を目指すことにより、「持続的な物価安定」を図ることが求められているということになる。ただし、両者のバランスは先見的に決められているわけでもないし、固定されているわけでもない。

　より一般的に考えると、長期インフレ予想が物価安定目標の近傍でアンカーされ、物価安定に関する信認が確立されるまでは、「統計上の物価安定」をより重視した政策運営が求められる。他方、いったん、物価安定目標を実績として実現し、金融政策運営に対する信認が確立されれば、「持続的な物価安定」に軸足を移し、柔軟に外的ショックに対応することが可能となる。この結果、マクロ経済全体の安定化が図られ、経済パフォーマンス向上につなげていくことができる。金融政策運営の枠組みを考えていくうえでは、物価安定目標を実現し、信認を確立することで、金融政策の有効性を高め、それが翻ってマクロ経済パフォーマンスの改善につながっていくという好循環の実現が重要である。

⌐ BOX4-3：望ましいインフレ率に関する理論的な研究 ¬

　望ましい物価上昇率に関する研究は多数存在している。出発点となるのは、フリードマン・ルールである[4]。ここでは、摩擦の存在しない理想的な経済を考えると、社会的に望ましいインフレ率は、均衡水準の実質金利にマイナスをつけたものとなる。摩擦のない世界では、財サービス間の相対価格の調整を通じて社会的に望ましい資源配分が実現される（厚生経済学の第一命題と呼ばれる）。このため、理想的な経済では、貨幣は不要であり、貨幣保有の機会費用である名目金利がゼロとなる状態が望ましいということになる。

　ただし、現実の経済には、さまざまな摩擦が存在しており、たとえば、価格や賃金の硬直性などを考慮することで、望ましい物価上昇率はプラスの値となっていくが、これも理論モデルをどのように設定するか次第である。

⌐ BOX4-4：コアインフレ指標の役割 ¬

　現在の物価情勢を評価し、先行き数年程度の見通しを作成する際に、重要な役割を果たすのがコアインフレ指標である。では、コアインフレ指標とはどのような指標であろうか。図4-5でコアインフレ指標の概念を整理しておこう。

　この図において、①の実線は仮想的なインフレ率の変動である。実は、この仮想的なインフレ率は、その下の三つの変動（②基調的な変動、③一時的・撹乱的な変動、④制度変更等による変動）を合算したものである。これらの変動のうち、一時的・撹乱的な変動は、平均ゼロの変動で、天候要因のような物価の趨勢的な変動とは無関係なものである。

　また、制度変更等による変動は、消費税率の引上げのように、一年経つとその影響が解消するようなものに相当する。コアインフレ指標は、観察される物価の変動から一時的・撹乱的要因や制度変更要因を控除し、基調的な変動を抽出したものということになる。

---

4 ）　Friedman（1969）が原典。最近の研究を展望した論文として、Schmitt-Grohé and Uribe（2010）がある。

図4-5　コアインフレ指標の概念整理

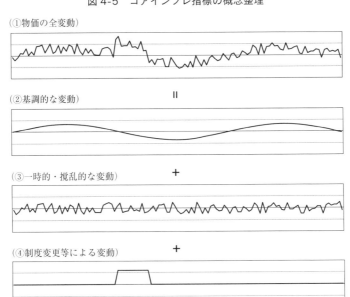

（①物価の全変動）

（②基調的な変動）　　　＝

（③一時的・撹乱的な変動）　　　＋

（④制度変更等による変動）　　　＋

　ただし、実際には、完璧なコア指標は存在しない。このため、各国の社会・経済環境に応じたコア指標が複数考案され、活用されている。わが国で広く利用されているコア指標を図4-6に示した[5]。

　最も代表的なものは、前述した価格変動の大きい特定の品目の影響を控除する方式である。また、それを補完する指標として広く使われているものに、刈込平均と呼ばれるものがある。これは、各時点で価格上昇率、下落率の大きな品目を一定割合ずつ控除して、価格変動の中央部分の品目のみを集計した指標である。また分布のより中心部分の変動を捉える指標として、加重中央値（分布の中心部分10％を加重平均したもの）、最頻値（価格変動分布の最頻値）も使われることがある。

5）　わが国のコアインフレ指標については、川本ほか（2015）、白塚（2015）を参照。

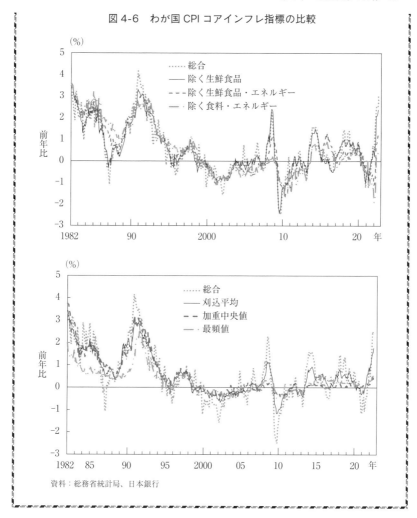

図 4-6　わが国 CPI コアインフレ指標の比較

資料：総務省統計局、日本銀行

◆キーワード◆

インフレーション	ディスインフレーション
デフレーション	ハイパーインフレーション

スタグフレーション	統計上の物価安定
インフレのコスト	持続的な物価安定
デフレのコスト	望ましいインフレ率
物価の安定	コアインフレ指標

◆練習問題◆

1. インフレ率について、平均すると 5% 程度であるが、非常に変動が激しい状態が続いているケースと、6% 程度でほぼ一定している状態が続いているケースについて、どちらが望ましいかを議論せよ。

2. インフレのコストとデフレのコストについて、なぜデフレのコストのほうが非対称的に大きくなるのであろうか。また、その場合、なぜ若干プラスのインフレ率が金融政策の目標とされるのであろうか。

3. 中央銀行の主たる目的として、経済成長率の最大化が与えられた場合、どのような問題が生じるであろうか。

第5章

金融政策を運営する制度的枠組み

● 本章では、金融政策の運営について、中央銀行と政府・市場などとの関係を踏まえ、中長期的な視点に立った金融政策運営を実現するための制度的な枠組みについて説明する。中央銀行の制度設計として重要な構成要素は、独立性と説明責任・透明性のバランスとそれを支える委員会制度の運営である。

● 現代的な中央銀行の制度設計は、1970年代から80年代初めにかけての「大いなるインフレ（Great Inflation）」という金融政策運営の大きな失敗の教訓を踏まえたものである。そこでは、民主主義制度のもとで、中央銀行の独立性と説明責任・透明性のバランスを図っていくことが求められる。

● 独立した中央銀行に金融政策の運営を委託するうえでは、中長期的な視点から、専門的な知識に基づく意思決定が求められる。そのために、多様な意見を反映し、長期的にみて望ましい決定に至る可能性が高く、かつ、そうした意思決定の正当性（legitimacy）を確保しやすいとの利点を有する委員会制度によって、金融政策の運営を行っていくことが世界的な潮流となっている。

● このほか、補論では、インフレーションターゲティングの理論的な基礎づけを与える中央銀行の制度設計に関する最適契約理論からのアプローチについても、やや掘り下げて解説する。

1 金融政策の失敗からの教訓

金融政策を運営する枠組みは、歴史的にみても、幾重もの変遷を遂げてきた。以下では、中央銀行の独立性や委員会制度での運営といった制度設計を考える出発点としては、金融政策の大きな失敗と経済学の進展との関連について整理する[1]。

（1） 戦後の金融政策運営の経験と経済学

1930年代の大恐慌（Great Depression）の後、米国でのニューディール政策に象徴されるケインズ政策の有効性に対する認識が広がった。そのもとで、第二次世界大戦後、政府・中央銀行による総需要管理政策によって、完全雇用を維持していくことができるという、ケインジアン経済学の全盛期となった。この時期には、長期的にも安定したフィリップス曲線が観察され、総需要管理政策によって、インフレ率と失業率の最適な組み合わせを実現できると考えられるようになった（図5-1）。

しかしながら、1970年代に入ると、こうした安定的なフィリップス曲線が消滅し、インフレ率が徐々に上昇傾向をたどり、その後、二度の石油危機を経て、インフレと景気後退が共存するスタグフレーションが常態化するようになった（1970年代の大いなるインフレ期）。

こうした中、1979年8月にFRB議長に就任したP・ボルカーのもとで、同年10月に「新金融調節方式」が導入され、より通貨集計量の伸び率にコミットする政策運営枠組みが導入された。この方式が1982年にかけて維持され、高水準のFF金利と大幅な景気後退を代償として、インフレとインフレ心理が鎮静化していった。

ただし、こうしたボルカーの金融政策運営は、必ずしもマネタリズムに基づく政策運営を導入したわけではなく、インフレの鎮静化のためにマネタリズム的なレトリックを隠れ蓑に使い、大幅な金利上昇を実現したにすぎな

1） 本節の説明は、Rommer and Rommer（1997）を参考にしている。

図5-1　米国のフィリップス曲線

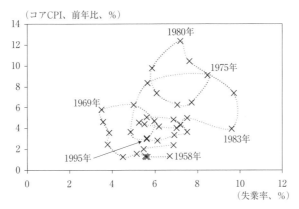

資料：US Bureau of Labor Statistics

かった。しかしながら、インフレと失業率のトレードオフは長期的には成立せず、長期的にはインフレに対して中立的な自然失業率水準となること、また、そのとき、インフレ率は人々の長期インフレ予想に依存することなどへの理解が徐々に広まっていった。

　1990年代に入ると、ニューケインジアン経済学が確立され、ルーカス批判（BOX5-1参照）を克服するためにミクロ的な基礎づけを持った動学的均衡モデル分析が隆盛を極めることになる。こうした分析の一環として、金融政策の指針としてテイラールールが広く利用されるようになった。同時に、インフレの低位安定化も進み、当時、CPIの上方バイアスとして認識されていた2％程度を差し引くとほぼゼロインフレが達成されたという意味で、実効的な物価安定（effective price stability）を実現した。これは、物価安定の定義（第4章参照）の中でも議論した、人々の意思決定に物価変動が影響をもたらさない状況が実現されたことと同義と考えてよい。そして、この間、金融政策運営においても、インフレ目標政策が非明示的な（implicit）枠組みも含めて、金融政策運営のベストプラクティスと認識されるようになっていった。

　ただ、こうした政策運営の成功は、2000年代前半に、産出量とインフレ

のボラティリティの大幅な低下によって特徴づけられる、大いなる安定
（Great Moderation）と呼ばれる経済環境を創り出した。低インフレ・低金
利環境のもとで安定的かつ持続的な成長がもたらされたが、その背後で、米
国を中心とした住宅バブルを醸成し、リーマン・ショックを契機としたグ
ローバル金融危機が生じる結果となった。この点、インフレ目標政策的な枠
組みでは、住宅バブルのような金融面での不均衡に対しては、その形成過程
でバブルであると断定することは難しいため、物価安定に専念し、バブル崩
壊後に積極的な金融政策で対応すればよいという後始末戦略（mop-up
strategy）が想定されていた。

　グローバル金融危機は、経済活動に対して極めて大規模な下押し圧力をも
たらし、主要先進国では、大規模な非伝統的金融政策がとられたが、その克
服には通常の景気循環を超えた長い期間を要する結果となった。こうした
中、中央銀行の政策運営においては、金融システムの安定をよりマクロ的な
視点から捉える、マクロプルーデンス政策の重要性が強調されるようになっ
てきた。

BOX5-1：ルーカス批判

　1970 年代の景気後退とインフレが同時に観測されるスタグフレーションが
続く中、当時主流であったケインジアン経済学に基づく政策分析・判断に対
する限界が意識されるようになった。こうした中、経済主体が合理的に将来
の期待形成を行うという考え方が導入され、経済政策分析に大きな影響を与
えることになった。

　その一つの事例として、当時広く利用されていた大型マクロ計量モデルに
基づく政策分析の限界が挙げられる。マクロ計量モデルは、多数の誘導形回
帰式による連立方程式体系として構築されている。しかしながら、経済主体
がフォワードルッキングに予想を形成するのであれば、過去のデータから観
察された誘導形回帰式の推計パラメータは時間。このため、経済政策評価を
的確に行うためには、誘導形回帰式ではなく、経済主体の最適化行動に基づ
く理論モデルを導入する必要がある。これが「ルーカス批判」として広く知
られている問題である（Lucas［1976］）。

　この点を、消費関数を例に考えてみよう。入門的なマクロ経済学では、ま
ず、所得と消費の間に線形な関係を想定するケインズ型消費関数が利用され
る。所得と消費の関係は限界消費性向と呼ばれ、1よりも小さいと仮定され
るがゼロより有意に大きな値をとる。

　この場合、外生的に所得が増加すると、そのかなりの部分が消費にまわる
はずである。しかしながら、新型コロナウィルス禍への政策対応として実施
された家計への給付金の効果をみると、その多くが貯蓄に回り、給付金より
もはるかに少ない消費しか喚起されなかった。

　この点は、消費関数について、家計のフォワードルッキングな期待形成を
前提とした恒常所得仮説を導入することで解き明かすことができる。恒常所
得仮説では、家計の生涯にわたる予算制約を前提に効用を最大化するよう行
動すると考える。

　この場合、生涯で考えると、所得と消費は一致する。そして、効用最大化
のため、家計は短期的な所得変動に対して消費水準の変動をできるだけ抑制
しようとする。この場合、所得の増加が一時的なものであると判断されれば、
消費はあまり増加しないし、逆に所得が減少してもそれが一時的なものであ
れば、消費の減少は限定的なものにとどまる。もちろん、所得の変動が恒久
的なものであれば、所得増がそのまま消費増につながる。

　しかしながら、新型コロナウィルス対策の給付金は、あくまでも一時的な
ものであり、消費支出を喚起する効果は限定的なものにとどまることになる。

（2）　金融政策運営への含意

　金融政策の失敗の原因として、理論的には時間非整合性（time
inconsistency）が強調される[2]。これは、補論で解説する中央銀行の最適契
約理論の中で、インフレバイアスの問題が焦点となっていることに対応す
る。経済に歪みが存在し、社会的に望ましい産出量が潜在産出量を上回り、
長期的には実現できない状況を想定する。そのもとで、人々がいったん先行

2）　経済政策における時間非整合性の問題は、Kydland and Prescott（1977）を嚆矢とする。

きの産出量とインフレ率の予想を形成した後では、中央銀行は予期されぬインフレを生じさせ、産出量を増加させる誘因を持つことになる。この結果、中央銀行が社会的厚生を最大化するように行動した場合には、過剰に緩和的な政策が運営され、長期的なインフレ率は望ましい水準よりも高くなる。

しかしながら、より実践的には、知識の限界（limited knowledge）の重要性を意識する必要がある。この場合の知識の限界は、専門家の経済のメカニズムや金融政策効果に関する知識に限界があるだけでなく、政策当局者、政治家、有権者（国民一般）それぞれにおける金融政策を巡る知識にも限界がある点も重要である。また、こうした知識の限界は、政治家は有権者の投票によって選任されるというプロセスの相互作用の中で、金融政策運営に影響を及ぼすという視点も重要である。

こうした観点からの議論として、たとえば、政治的景気循環（political business cycle）がある。有権者である国民は、経済変動のメカニズムについて不完全な知識しか有せず、かつ短期的な視点から政治家のパフォーマンスを評価する傾向がある。このため、再選を望む政治家は、任期末の投票日に向けて総需要を拡大させ、成長率を高め、失業率を低下させようとすることになる。

金融政策運営と知識の限界について、当時、日本銀行総裁であった白川方明は、講演で以下のように述べている。

> 「金融政策の効果波及メカニズムやマクロ経済に関するわれわれ自身の知識は限られており、政策当局者には何よりも、謙虚な姿勢が求められるということを実感します。過去の内外の政策の失敗の歴史を振り返ると、失敗はどの国でも成長率や物価上昇率のコンマ以下の見通しの誤りで生じているというより、バブルや金融危機の例が示すように、先行きの経済・金融情勢に関する基本的な判断を誤った時に生じています。それだけに、「時代の空気」のような議論に流されることなく、的確な情勢判断に努力したいと思っています。」
> （白川方明、「バブル、金融危機、デフレの経験を踏まえて」日本金融学会 2010 年度秋季大会における特別講演、2010 年 9 月 26 日）

　ここでは、政策の大きな失敗の原因として、金融経済の先行きについての致命的な判断の誤りを指摘している。そうした致命的な政策判断の過ちを防ぐためには、「時代の空気」に象徴されるような、政治的圧力を含めた知識の限界に起因する短視眼的な政策意思決定を回避していく必要がある。そのためには、より中長期的な視野を確保し、そのうえで、専門的な知識に基づいて政策決定を行っていくことが重要である。

　次節以下では、金融政策運営において、中長期的な視野を確保し、専門的な知識に基づく政策運営を行っていくための制度設計として、中央銀行の独立性と委員会の二つの論点について、掘り下げた解説をしていく。

BOX5-2：日本の資産価格バブル

　日本経済は 1980 年代後半以降、資産価格バブルの発生・拡大と崩壊に伴い、非常に大きな景気変動を経験した[3]。資産価格がファンダメンタルズと見合った水準にあれば、資産は実体経済活動と整合的なかたちで最も効率的に利用される。しかしながら、資産価格は、さまざまな理由でファンダメンタルズから乖離し、いわゆるバブルが発生し得る。

　わが国の株価は、1980 年代半ばから急ピッチで上昇し、1989 年末に史上最高値である 38,915 円を記録し、その後、この水準を超えていない（図 5-2）。また、地価も、大都市の商業地を中心に上昇し、株価にやや遅れて 1990 年から 91 年かけてピークに達した（図 5-3）。地価も当時と比べ大幅に低い水準で推移している。

　こうした資産価格の上昇の背後で、経済全体として信用量が大きく膨張し、資産価格上昇を後押しした（図 5-4）。こうした信用量の膨張を伴う資産価格バブルは、その崩壊後の経済的なコストを極めて大きなものとする（この点については、マクロプルーデンス政策について解説する第 12 章で改めて取り上げる）。

　この時期、統計として表れる物価上昇率は比較的落ち着いていたが、その間に低金利永続期待が醸成され、将来に対する経済主体の期待を著しく強気

3）　わが国の資産価格バブルの経験とその評価に関する詳細については、翁・白川・白塚（2000）を参照。

図 5-2　株価（日経平均）

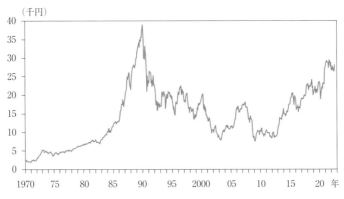

備考：株価は月末終値。
資料：日本経済新聞社

図 5-3　地価（市街地価格指数）

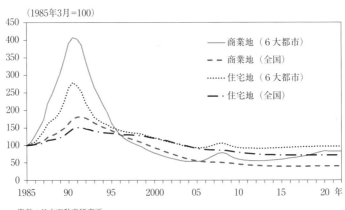

資料：日本不動産研究所

化させることにつながった（図 5-5）。

　当時を振り返ってみると、日本的経営の成功（ジャパン・アズ・ナンバー
ワン）や世界最大の債権国化、そして日本経済の高いパフォーマンスなどか
ら日本全体としての自信が強まり、人々の将来に対する期待が強気化していっ

図 5-4　信用量＝ GDP 比率

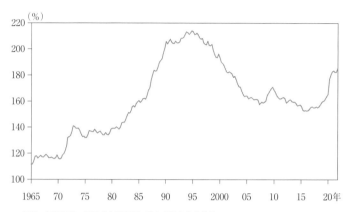

備考：信用量は、民間非金融部門に対する総与信供給量。
資料：Bank for International Settlements

図 5-5　資産価格バブルの構図

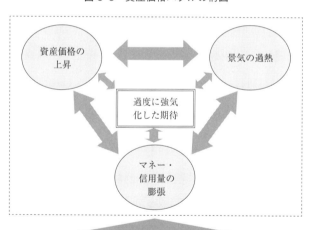

資料：翁邦雄・白川方明・白塚重典「資産価格バブルと金融政策：1980 年代後半の
　　　日本の経験とその教訓」、『金融研究』第 19 巻第 4 号、2000 年。

た。特に、日本地価は下落しないという土地神話も強まった。こうした強気化した期待が、資産価格の上昇、景気の過熱、マネー・信用量の膨張という資産価格バブルの三つの兆候の背後にあったと考えられる。

BOX5-3：大いなる安定（Great Moderation）の解釈

　大いなる安定は、1990年代半ばから2000年代初頭にかけて、産出量とインフレに代表されるマクロ経済指標に関するボラティリティの大幅な低下が観察されたことから名づけられた。

　図5-6で、この時期の米国の成長率とインフレ率をみると、1990年代以前と比べ、変動幅が大きく縮小していることがわかる。特に、インフレ率は、水準の低下とともに、変動も極めて小幅化している。

　こうしたマクロ経済指標の安定化について、2004年の講演で、当時FRB理事であったB・バーナンキ（のちにFRB議長）は、構造変化、マクロ経済政策運営の向上、幸運の三つの仮説を提示した（Bernanke［2004］）。まず、構造変化は、経済制度、技術、ビジネス慣行など、経済の構造的な特徴がマクロ経済へのショックをよりうまく吸収できるようになったことに注目する。たとえば、企業の在庫管理技術の進歩、金融市場の高度化と厚みの増大、さまざまな産業での規制緩和などが指摘される。また、マクロ経済政策運営の向上については、金融政策によって物価安定が実現されたことが強調される。幸運という仮説では、経済に生じたショックがより小さく、かつ頻度も低下したことに起因していると考える。

　さらに、これらの三つの要因は、お互いに関連している可能性も高い。特に、物価安定がもたらされた結果、相対価格や実質金利の変動の観察が容易化し、経済主体の動学的な意思決定もより安定的かつ継続的な方向に変化したと考えられる。これにより、外的なショックに対する産出量やインフレの反応もより安定化した可能性が考えられる。

　こうしたマクロ経済の安定化の中で、金利変動も安定化し、特に、2004年から06年にかけての金融引締め局面では、FF金利が漸進的に引き上げられる中、長期金利は極めて安定的に推移した（図5-7）。こうした状況を当時、

図5-6　米国の成長率とインフレ率

(1) 成長率

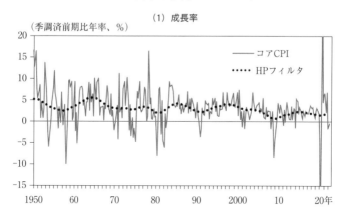

(2) インフレ率

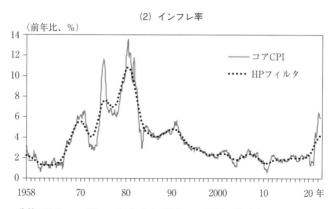

資料：US Bureau of Economic Analysis, US Bureau of Labor Statistics

FRB議長であったA・グリーンスパンは、「謎 (conundrum)」と呼んだ
(Greenspan [2005])。こうした状況が続いている背景として、バーナンキは
「世界的な貯蓄余剰 (global saving glut)」を指摘し、世界的な資金余剰から
低金利が継続するとの予想が広範化しているとした (Bernanke [2005])。

　ただし、米国においては、こうした低金利環境のもとで、グローバル金融
危機の引き金となる住宅バブルが膨張しつつあったことは見過ごされていた。
わが国の1980年代後半以降の資産価格バブルの経験と同様、低インフレ・低

図 5-7　米国金利

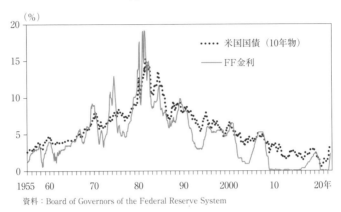

資料：Board of Governors of the Federal Reserve System

金利環境のもとで、良好な経済パフォーマンスが継続し、政策当局者も含め、
人々が先行きに対して非常に強気かつ楽観的になっていった。こうした中、
家計部門への信用供与が大きく増加し、バブルを大きく膨張させ、その崩壊
が極めて大きな経済的コストをもたらしたといえる。

2　中央銀行の独立性

　中央銀行の独立性は、金融政策を決定する権限が中央銀行にあり、かつそ
の決定が他の機関の判断によって覆されることがないという意味で使われて
いる。

（1）　政策目標独立性と政策手段独立性

　中央銀行の独立性を議論する際に、重要な論点となるのは、政策目標独立
性（goal independence）と政策手段独立性（instrument independence）の
区別である。

　政策目標独立性は、中央銀行の運営する金融政策の目標に関する独立性で
ある。金融政策の基本的な使命・責務は、マクロ経済の変動についての基本

的な考え方であり、民主主義の観点から、選挙で選ばれたわけでない中央銀行が独自に決めることは望ましくない。主要先進国では、中央銀行法で、物価の安定あるいはそれを基盤としたマクロ経済の安定や持続的な成長が金融政策の目的として規定されている。この点、わが国でも、日本銀行法の中で、「日本銀行は、通貨及び金融の調節を行うに当たっては、物価の安定を図ることを通じて国民経済の健全な発展に資することをもって、その理念とする」（第2条）と規定している。

　そのうえで、物価の安定という根源的な目標を実現するため、より具体的な政策目標となる物価安定の数値的定義は、現時点では、主要先進国の中央銀行は2%程度でおおむね共通した水準にある。しかしながら、その水準をどのような手続きで決定するかは、各国の社会・政治環境などを踏まえ、中央銀行が単独で決定する、中央銀行と政府が共同で決定する、政府が決定するという三つのパターンがみられる。

　わが国における物価安定の数値的定義としては、日本銀行は、2013年1月に「物価安定の目標」としてCPI上昇率2%とすることを決定している。法的には、目標数値を日本銀行が自主的に決定できることになっているが、この「物価安定の目標」については政府からの強い働きかけのもとで、実質的に政府と共同して制定されたと考えるべきといえる。

　他方、政策手段独立性は、物価安定の目標定義を実現するために日々遂行する金融市場調節の方針などを中央銀行が自主的に決定していくことに相当する。通常、単に中央銀行の独立性といった場合、政策手段独立性を指すことが一般的である。その意味で、政策手段独立性は、中央銀行の独立性を考えるうえで、最も基本的な要素といえよう。日本銀行法においても、「日本銀行の通貨及び金融の調節における自主性は尊重されなければならない」（第3条第1項）と規定されている。

　なお、本章補論で議論する中央銀行の最適契約理論の中では、政策目標である物価安定の数値定義自体は、中央銀行にとって与件であり、政策目標独立性は低いが、それを実現する政策手段は中央銀行が自律的に選択しており、政策手段独立性は高いと想定されている。

> ┌── **BOX5-4：法律上（de jure）か実質的（de facto）か** ──
>
> 　中央銀行の独立性をめぐっては、これまで中央銀行の独立性が法律上（de jure）も明示的に規定されているか、それとも法律上の規定ではなく、過去において、実質的（de facto）に独立的な運営がなされてきたのかという点も繰り返し議論されてきた。
>
> 　この点、法律改正が困難な状況のもとでは、実質的な独立性が重要であることを強調する議論も聞かれた。もちろん、金融政策の独立性を考えるうえでは、物価の安定を実現していく金融政策の運営について、金融市場を含めた国民からの信認を確立することが重要である。ただ、法制度が国民の選好を反映し、内生的に形成されていくという要素が大きいことを踏まえると、実質的な独立性を法律上の独立性として明確化していくことも重要と考えられる。

（2）　独立性と経済パフォーマンス

　中央銀行の独立性を考える場合、①政策の目的・責務（mandate）、②政府との関係、③政策の決定権限、④総裁等の任命過程と任期の長さといった点が論点となる。こうした中央銀行制度の特性を定量化し、国際比較を行う研究は、1980年代後半からみられ始めた。

　こうした研究での注目点として、中央銀行の独立性の度合いとマクロ経済パフォーマンスの関係がある。この点を端的に示しているのは、図5-8に示した、アレシナ＝サマーズの研究である。

　この図をみると、左パネルの中央銀行独立性とインフレ率の間には負の相関関係が存在する一方、右パネルの成長率との関係は無相関であるようにみえる。この結果をもとに、彼らは、中央銀行の独立性を高めることは、産出量減少のロスよりも大きなインフレ抑制の利益が得られると主張した。しかしながら、この図から、中央銀行独立性からインフレ率への因果関係を読み取ることは、欠落変数の影響なども想定されるため、慎重であるべきと考え

図 5-8　中央銀行独立性指数とインフレ・経済成長

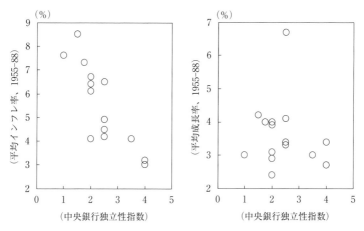

資料：Alberto Alesina and Lawrence H. Summers (1993) "Central Bank Independence and Macroeconomic Performance: Some Comparative Evidence," *Journal of Money, Credit and Banking*, 25 (2), pp. 151-162.

図 5-9　中央銀行独立性指数の変化

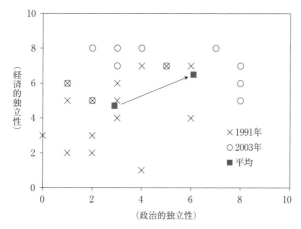

備考：政治的独立性は、委員の任命方式、任期、罷免権、政府と意見が対立した場合の対応など。経済的独立性は、政府信用供与の可否など。

資料：Marco Arnone, Bernard J. Laurens, and Jean-François Segalotto (2006) "Measures of Central Bank Autonomy: Empirical Evidence for OECD, Developing, and Emerging Market Economies," IMF Working Paper No. WP/06/228.

られる。

　この間、1990年代後半から2000年代初頭にかけて、先進各国で、中央銀行の独立性を高める方向に、中央銀行制度の改革が進められた。図5-9には、中央銀行独立性指数を政治的側面と経済的側面に分割し、1991年から2003年の変化を示している。この図からは、先進国の中央銀行制度も、この間に、主として政治的側面での独立性が大幅に向上していることが確認できる。

（3）　実践的な政策含意

　中央銀行の制度設計を考えるうえで、政治的介入を抑止し、致命的な政策判断の過ちを防ぐための中長期的な視野を確保していくために、中央銀行の独立性が重要であることはいうまでもない。しかしながら同時に、民主主義制度のもとでの正当性（legitimacy）という観点も重要であり、無条件の独立性ではあり得ないことを強調しておく。

　この場合、各国の社会政治環境を踏まえ、独立性と説明責任（accountability）のバランスをとっていくことが重要となる。また、中央銀行の物価安定の目標は、中長期的な経済の持続的な成長の基盤として重要であることを鑑みると、政府と中長期でみた政策目標を共有していると考えることもできる。こうした観点から、独立性は政府と対峙するということだけでは必ずしもないことも意識しておく必要がある。

　中央銀行は、標準的なマクロ経済モデルが仮定するように、経済構造と外生的なショックを与件として、社会的厚生関数を最大化するよう、金融政策を運営しているわけではない。むしろ、中央銀行は、関係するさまざまな主体との間で、独立性だけでなく、中長期的な観点からの協調、そしてそれを支える説明責任と透明性の向上といった視点から、多様な活動をしている。中央銀行の制度設計は、そうした関係するさまざまな主体との相互作用の中で理解していく必要がある（図5-10）。

図5-10　中央銀行の制度設計

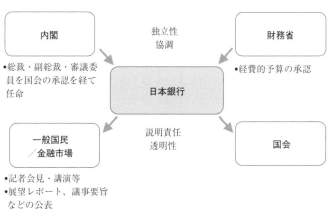

3　委員会制度

　独立した中央銀行に金融政策の運営を委託するうえでは、中長期的な視点から、専門的な知識に基づいて、金融政策に関する意思決定を行っていくことが求められる。この場合、その意思決定を誰が行うかという論点が提起される。決定主体として考えられるのは、中央銀行総裁個人か委員会（committee）のいずれかである。

　主要先進国をみると、かつては総裁による決定方式をとっていた中央銀行もみられたが、現時点では、すべての国で委員会制度による決定方式がとられるようになっている。こうした潮流の背景として、委員会制度での意思決定は、多様な意見を反映し、長期的にみて望ましい決定に至る可能性が高く、かつそうした意思決定の正当性を確保しやすいことが指摘できよう。

（1）　委員会制度の長所と短所

　委員会制度の長所として、知識・情報・予測の集積、あるいは多様な分析手法や情報処理方法の導入によって、より適切な結論に到達する可能性を高めること、相互牽制によって、トレードオフのある選択の問題などでも極端

な政策が選択されるリスクを抑制できること、委員の任期をずらすことによって、意思決定の継続性を確保しやすくなることなどが指摘される。特に、知識の限界を考慮すると、将来の不確実性が大きい金融経済環境のもとで、リアルタイムで政策決定を行っていくうえでは、多様なバックグランドを持った委員が意思決定に参加することのメリットは大きいと考えられる。

　もちろん、運用次第では委員会制度に期待される長所を引き出すことができない可能性も考えられる。特に、多数意見に異を唱えることが難しくなり、委員会が「集団思考（group-think）」に陥るリスクも考えられる。また、意思決定の継続性という点については、金融経済環境が大きく変化し、政策運営の方向性を抜本的に転換する必要がある場合には、むしろ短所となり得る点にも注意が必要である。

（2）　委員会の制度設計

　委員会制度の設計においては、メンバー数、任期、任命プロセスが大きな論点となる。

　メンバー数は、多様性の観点からはある程度の人数が必要となるが、人数が多くなりすぎると、物理的に活発な意見交換が難しくなる。主要中央銀行では、ECB は 20 名を超えるが、多くの場合、7〜9 名程度である。また、任期については、独立性の観点からは、政治的圧力の影響を抑止するために、ある程度の長さが必要とされる。主要中央銀行では、少なくとも 5 年以上の任期が設定されているが、再任の可否については、一部、認められていない中央銀行もみられる。任命プロセスは、国によって異なるが、中央銀行の行動を民主的にコントロールするという観点から、基本的に政府が任命するケースが多い。

　日本銀行では、メンバー数は、総裁 1 名、副総裁 2 名、審議委員 6 名の計 9 名で構成され、任期は全員 5 年で再任可能、衆参両院の同意を得たうえで内閣が任命することとされている。

　制度設計上の工夫として、たとえば、米国 FOMC メンバーは、大統領が指名する理事 7 人（議長を含む）と政治任用ではない地区連銀総裁 12 人によって構成されている。また、理事の任期は形式上 14 年と非常に長いが、

実態としての在任期間はより短いものとなっている。こうした複数の選任プロセスを設定し、中央銀行の独立性と民主制下での正当性のバランスを図っていると考えられる。

（3）　委員会の運営

委員会の仕組みが同様なものであったとしても、そこでの意思決定が同じように行われるとは限らない。この点について、プリンストン大の A・ブラインダー（元 FRB 副議長）は、自らの経験も踏まえ、委員会での意思決定方式について、個人主義的（individualistic）か、合議的（collegial）かという観点で分類している（Blinder［2009］）。

個人主義的なケースでは、委員一人ひとりの説明責任が尊重され、必ずしもコンセンサスでの意思決定を目指さず、コンセンサス形成が難しい場合には、なんらかの多数決で意思決定を行う。合議的なケースでは、委員会全体としての説明責任を重視し、委員全員が受入れ可能なコンセンサス形成をできる限り目指していく。

ブラインダーは、合議的なケースについてさらに、純粋合議的（genuinely collegial）なケースと強権合議的（autocratically collegial）なケースとに細分化している。後者の強権合議的なケースでは、委員会議長が強い指導力を発揮し、自分の考える方向性でのコンセンサス形成を強力に推し進める。これに対し、前者の純粋合議的なケースでは、委員会全体としての意思決定にコミットし、到達した結論を受け入れる。

こうした意思決定のあり方については、絶対的に正しい答えがあるわけではない。ただ、ブラインダーは自らの経験も踏まえながら、委員会制の長所を最大限に引き出すためには、個人主義的な意思決定を主軸として、若干の合議的な要素を加味することが望ましいとしている。ただ、その場合にも、個人主義的な委員会が、個々人の説明責任を重視する結果として、あまりにも多くの意見が表明されないようにしていく必要性を指摘している。

4 中央銀行のコミュニケーション

中央銀行の制度設計を考えるうえで、金融政策の独立性と民主制下での説明責任のバランスを確保していく観点から、コミュニケーション戦略も重要な論点となる。日本銀行法の規定に即して考えると、政策運営の独立性について「日本銀行の通貨及び金融の調節における自主性は尊重されなければならない」(第3条第1項)とすると同時に、「日本銀行は、通貨及び金融の調節に関する意思決定の内容及び過程を国民に明らかにするよう努めなければならない」(第3条第2項)とされている。

(1) 金融政策の対外的な説明

金融政策に関する対外的な説明の内容は、中央銀行により少しずつ異なるが、大きな構成要素としては、①金融政策決定内容の説明、②国会への報告・説明、③金融政策の運営方針の背後にある考え方の説明の三つである。

政策決定内容の説明については、金融政策決定会合終了後の声明文の公表、当日の総裁記者会見、議事要旨や議事録の公表などが含まれる。

国会への報告・説明は、定期的な報告書の提出と説明、国会質疑での答弁などがある。

さらに、考え方の説明には、金融政策報告書などの公表、委員会メンバーによる講演、各種の調査・分析レポートの公表などが含まれる。こうした対外的な説明は、中央銀行としての説明責任という観点からも重要であるが、金融政策の有効性を高めていくうえでも重要な要素となる。

(2) コミュニケーションの多層構造性

このとき、重要な視点は、中央銀行のコミュニケーションは、中央銀行が発信した情報がダイレクトにあらゆる主体の手に届くわけではない点である。むしろ、中央銀行が発信した情報は、各種メディアの報道記事、金融機関などの中央銀行ウォッチャーのレポートなどを経由して伝わっていくことが多い(図5-11)。これは一般国民だけでなく、市場参加者や学者について

図 5-11　中央銀行コミュニケーションの多層構造性

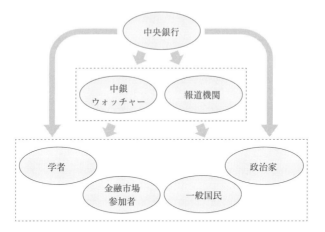

も同様である。最近では、こうした情報がさらに SNS などを通じて拡散していくことも多い。

BOX5-5：コミュニケーションの必要性：理論と実践

　金融政策の運営において、コミュニケーションの重要性は理論的にも強調される。しかしながら、よくよく考えてみると、完全情報を仮定する標準的なマクロ経済モデルの中では、コミュニケーションの役割を明示的に分析することは難しい。

　すなわち、標準的なマクロ経済モデルにおいては、需要サイド、供給サイドの経済構造はすべて共通知識であり、政策当局者だけでなく一般大衆も含めて既知の情報である。また、金融政策の目的、あるいはそれから導出される政策反応関数も共通知識である。そして、経済に対する外生的なショックも即座に識別され、共通知識となる。

　こうした設定のもとでは、あらゆる経済主体が即座にマクロ経済変数と最適な政策金利の経路を予測できることになる。つまり、コミュニケーションなしで、完全に透明性のある政策運営が実現できることになる。もちろん、現実には情報は不完全であり、中央銀行のコミュニケーションを通じ、金融

> 政策運営の背後にある考え方を説明し、金融政策運営の予見可能性を高めて
> いくことで金融政策の有効性を向上させていくことが重要となる。

5　日本銀行の金融政策決定会合の運営

　最後に、具体的な金融政策委員会の運営の事例として、日本銀行で金融政策決定会合がどのように運営されているかを簡単に紹介する。

　日本銀行の最高意思決定機関は、前述したように、総裁1名と副総裁2名、審議委員6名の合計9名の政策委員で構成される政策委員会である。政策委員のバックグランドは多様で、日本銀行出身者、官庁出身者、民間企業出身者、学識経験者などから、男女構成なども踏まえつつ、バランスよく選任されるのが慣例となっている。また、政策委員の任期は5年で、衆参両院の同意を経て、内閣が任命し、再任されることもある。

　政策委員会には、金融政策に関連する事項に特化して決議する金融政策決定会合と、それ以外の金融システム、国際関係、内部組織運営など多岐にわたる事項を議事とする通常会合の二種類がある（通常会合は原則週2回開催）。

　金融政策決定会合は、最近では、年8回、事前に公表された日程に沿って実施される（表5-1）。

　各会合は、それぞれ2日間をかけて開催される。また、四半期の期初月の会合では展望レポートが公表されるほか、各会合での議論について、主要な発言をまとめた主な意見、議事の概要を取りまとめた主な意見、議事要旨が順次公表される。

　年8回開催される金融政策決定会合は、四半期に2回ずつ、図5-12に示したようなサイクルで開催されている。

　まず、各四半期の初めには、短観が公表（第1四半期は、前年12月下旬）され、最近時点での企業の業況感を確認するとともに、支店長会議が開催され、地域経済の動向が報告される。こうしたインプットを踏まえて、四半期初の会合で最近の金融経済環境の評価と先行きの予測を行う展望レポー

表5-1　金融政策決定会合の開催予定（2022年）

決定会合開催日	資料の公表日		
	展望レポート （基本的見解）	主な意見	議事要旨
1/17（月）、18（火）	1/18（火）	1/26（水）	3/24（木）
3/17（木）、18（金）	―	3/29（火）	5/9（月）
4/27（水）、28（木）	4/28（木）	5/12（木）	6/22（水）
6/16（木）、17（金）	―	6/27（月）	7/26（火）
7/20（水）、21（木）	7/21（木）	7/29（金）	9/28（水）
9/21（水）、22（木）	―	10/3（月）	11/2（水）
10/27（木）、28（金）	10/28（金）	11/8（火）	12/23（金）
12/19（月）、20（火）	―	12/28（水）	未定

資料：日本銀行

図5-12　四半期ごとの運営サイクル

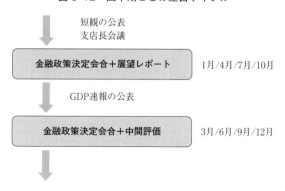

ト が作成され、政策委員の成長率・インフレ率の見通しが公表される。

　さらに、四半期中央の月に入るとGDP速報が公表され、前四半期までの経済動向が確認される。そのうえで、四半期の最終月に再び金融政策決定会合が開催され、展望レポート公表後の情報を踏まえ、想定していた金融経済情勢のシナリオについての中間評価が行われる。

　また、各回の金融政策決定会合は、図5-13に示したようなスケジュール

図 5-13　金融政策決定会合の時間配分

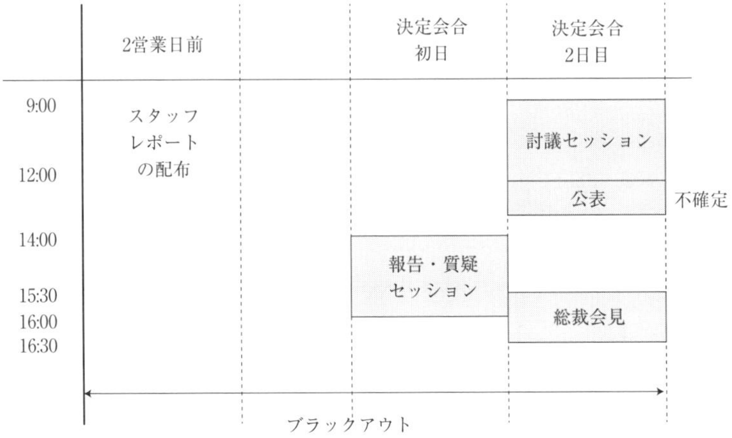

	2営業日前		決定会合 初日	決定会合 2日目

```
9:00     スタッフ                              ┌──────────────┐
         レポート                              │ 討議セッション  │
12:00    の配布                               ├──────────────┤
                                             │    公表      │  不確定
14:00              ┌──────────────┐
                   │ 報告・質疑     │
15:30              │ セッション     │        ┌──────────────┐
16:00              └──────────────┘        │   総裁会見    │
16:30                                      └──────────────┘
```

ブラックアウト

で実施される。決定会合の２営業日前に、決定会合で報告される資料が配布され、日本銀行内の関係者はブラックアウト期間といって、外部の人との接触を遮断する。

　金融政策決定会合初日は、午後２時からスタートし、この日は、スタッフから金融市場や海外経済、国内経済の情勢について報告があり、それに関する質疑が行われる。

　２日目は、朝９時から再開され、政策委員が順に金融経済情勢、政策運営について見解を述べ、討議が行われる。その結果を踏まえて、当面の金融調節方針が決定され、会合終了後速やかに公表される。その後、午後３時半から総裁の記者会見が行われる。

　以上のようなスケジュールで金融政策決定会合は実施されるため、おおむね２日目の正午前後には、会合の結果が公表される。図5-14は、金融政策決定会合の終了時刻の分布を示しており、平均終了時刻は12時11分である。このため、12時半頃を過ぎても会合が終了しないと、討議が長期化し、大きな政策変更が行われるのではないかとの憶測が流れるなど、市場が少しずつ騒がしくなっていく。

図 5-14　金融政策決定会合の終了時刻

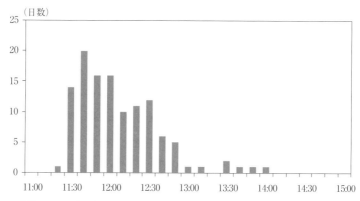

備考：2010～21年の事前に予定された2日間の会合の2日目の終了時刻。
資料：日本銀行

補論　中央銀行の最適契約理論

　ここでは、社会的厚生を捉える損失関数とインフレ予想付きフィリップス曲線を使って、中央銀行の独立性の重要性やインフレ目標政策の有効性に関する理論的な基礎を提供する中央銀行の最適契約モデルを直感的に解説する[4]。

（1）　インフレと産出量のトレードオフ

　まず、モデルの骨格を説明し、時間非整合性によってインフレバイアスが生じるメカニズムを示す。ここでは、社会的厚生を次式の損失関数によって表現する。

$$L = \beta\pi^2 + (y - y^*)^2 \tag{1}$$

ここで、π はインフレ率、y は産出量（対数値）、y^* は産出量（対数値）の

4）　本補論の説明は、白塚・藤木（1997）に基づいている。

図 5-15　社会的厚生関数

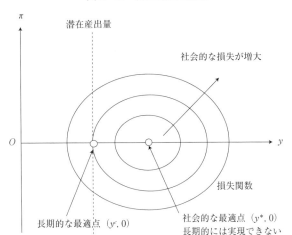

目標水準である。なお、インフレ率についての目標水準はゼロと仮定する。この損失関数は、経済政策運営の目標は、インフレ率、産出量について、目標水準であるゼロと y^* にできるだけ近づけることになる。

　ただし、この経済にはなんらかの歪みが存在し、長期的に実現可能な産出量の水準となる潜在産出量 y^c は、目標水準よりも低いと仮定する。

$$k = y^* - y^c > 0 \qquad (2)$$

　上記の関係を図5-15で整理する。社会的に望ましい産出量とインフレ率の組み合わせは $(y^*, 0)$ である。この点を中心として、楕円をいくつか描いているが、これは、社会的厚生水準が同一の無差別曲線である。同じ楕円上にある産出量とインフレ率の組み合わせはすべて無差別となる。

　また、最適点から遠くなると、損失が増加していくため、楕円が大きくなるにつれて厚生水準は低下していく。この場合、長期的に実現可能な次善の最適点は、$(y^c, 0)$ で潜在産出量の水準でインフレ率がゼロになる点となる。

（2）　時間非整合性とインフレバイアス

ここで、次式のインフレ予想修正付きフィリップス曲線を導入する。

$$\pi = \pi^e + \mu(y - y^c) \tag{3}$$

インフレ予想修正付きフィリップス曲線では、インフレ率と産出量ギャップが、右上がりの関係として規定される。また、産出量が潜在産出量と一致し、産出量ギャップがゼロのときに、インフレ率は予想インフレ率となる。

このとき、経済の均衡はどのような状況になるか、図5-16を使って考えてみたい。この図には、図5-15で示した社会的厚生関数にインフレ予想修正付きフィリップス曲線を書き加えている。

いま、経済が長期的な最適点にあったとしよう。このとき、長期的な最適点を通過するフィリップス曲線を右上方に進むと、内側にある無差別曲線に移っていくため、社会的な損失が低下する。このため、中央銀行には、金融緩和を行い、予想されないインフレを起こし、産出量を増加させる誘因が存在する。人々のインフレ予想が変化しない短期的な均衡は、無差別曲線とフィリップス曲線の接点で実現する。

しかし、この点が実現すると、現実に観察されるインフレ率はゼロよりも高く、人々は中央銀行がゼロよりも高いインフレ率を容認すると考えるようになり、長期インフレ予想が次第に上昇する。これにより、フィリップス曲線は左上方にシフトし始める。

このシフトは、潜在産出量の水準で、無差別曲線とフィリップス曲線が接する点まで続くことになる。経済の長期均衡は $(y^c, \alpha/\beta\mu)$ で実現し、潜在産出量の水準でゼロよりも高いインフレ率となり、社会的厚生も出発点であった長期的な最適点よりも低下する。

このように、金融政策が裁量的に運営されると、長期的には、産出量を改善することなく、インフレ率だけが望ましい水準よりも高い状態に行き着いてしまう。これを裁量的金融政策によるインフレバイアスという。

図 5-16　インフレバイアスの発生

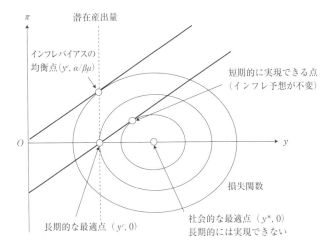

（3）　ロゴフの保守的中央銀行の提案

インフレバイアスの問題への対応として、K・ロゴフは、一般よりもインフレに対して感応度の高い社会的厚生関数を有する人に金融政策の運営を委任することを提案した（Rogoff［1985］）。

この場合、中央銀行の損失関数は、次式のように修正される。

$$L^{CB} = \beta^{CB}\pi^2 + (y - y^*)^2 \tag{4}$$

なお、中央銀行は一般よりもインフレに対して高い感応度を有するため、$\beta^{CB} > \beta$ となる。このとき、図 5-17 に示したように、中央銀行はインフレに対して感応度が高いため、無差別曲線の形状は、上下によりつぶれた形の楕円となる。この結果、潜在産出量の水準でインフレバイアスの均衡よりも低いインフレ率が実現することになる。

このロゴフ提案は、インフレファイターとしての中央銀行に金融政策の運営を任せることの重要性を指摘しており、中央銀行の独立性に対する理論的根拠を与える考え方の一つとして知られている。ただし、この提案でもイン

図5-17　ロゴフの保守的中央銀行モデル

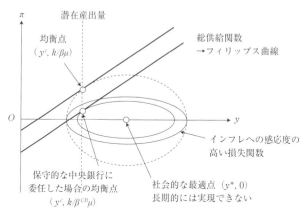

フレバイアスが完全に解消されているわけではないことに留意が必要である。

（4）　ウォルシュの最適契約モデル

インフレバイアスを完全に取り除くためには、インフレバイアスの分だけ無差別曲線を下方シフトさせ、長期的な最適点（$y^c, 0$）で、無差別曲線とフィリップス曲線が接するようにすればよい（図5-18）。その実現方式として、C・ウォルシュは、中央銀行とインフレ実績に関する出来高契約を結ぶことで、中央銀行の損失関数を下方シフトさせるとの最適契約モデルを提案した（Walsh［1995］）。この場合、中央銀行総裁には一定の固定給を支払ったうえで、インフレ率がプラス方向に進むとプラス幅に応じて減給される仕組みを導入することになる。

具体的な出来高契約は次式のとおり定式化される。

$$t(\pi) = t_0 - 2\alpha k\pi \tag{5}$$

$$E(t-L) = 0 \tag{6}$$

ここで（5）式は、この契約が中央銀行総裁に対して t_0 の固定給を支払う一方、インフレ率が1ポイント上昇すると $2\alpha k$ のペナルティを課すことを意

図 5-18　ウォルシュの最適契約モデル

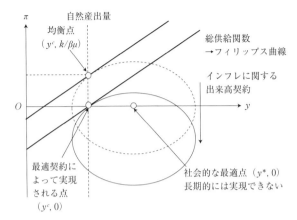

味している。また、(6) 式は、中央銀行総裁の報酬が平均的にゼロとなることを保証しており、この条件を満たすように固定給 t_0 が決定される。この結果、中央銀行は、(1) 式ではなく、(7) 式の損失関数を最小化するよう行動することになる。

$$
\begin{aligned}
L^{CB} = t - L &= (t_0 - 2\alpha k\pi) - [\beta\pi^2 + (y - y^*)^2] \\
&= -\beta\left[\pi - \left(\frac{\alpha k}{\beta}\right)^2\right] - (y - y^*)^2 + \text{constant}
\end{aligned}
\tag{7}
$$

このウォルシュの最適契約モデルは、政府と中央銀行の契約によってインフレファイターをつくり上げると解釈できる。すなわち、中央銀行にとって、インフレ率の上昇がもたらす損失が社会一般よりも高く、インフレバイアスを打ち消すよう行動することが動機づけられていることになる。

（5）　スヴェンソンの解釈

L・スヴェンソンは、これら二つの提案について、次のような解釈を示した（Svensson [1997]）。まず、ロゴフ提案については、中央銀行の損失関数のインフレに対する感応度を高めるという意味で、インフレ感応度に関して保守的な中央銀行に金融政策を委託すると解釈できるとした。また、ウォル

シュ提案は、中央銀行の損失関数のインフレ目標そのものを引き下げると解釈できるので、インフレ目標に関して保守的な中央銀行に金融政策を委託すると考えることができるとした。

このように、経済に歪みが存在し、社会的に望ましい最適点が長期的に実現できず、裁量的な金融政策運営によってはインフレバイアスが発生するような状況であっても、インフレファイターとしての中央銀行に金融政策を委託することで、インフレバイアスの問題を抑止できることになる。この点は、短視眼的な政治的介入を排除し、中長期的な視点で金融政策運営を行っていくために、中央銀行の独立性が重要であることを支持する理論的な基盤を提供していると考えられる。

ただし、このスヴェンソンの解釈では、インフレ目標に関して保守的な中央銀行に金融政策を委託することで、インフレバイアスを解消することができるが、同時に、中央銀行が目標とするインフレ率の水準は長期的にも実現されることはない。その意味で、この分析枠組みには、インフレ目標に対する信認をどう考えるかという問題が残ることになる。

◆キーワード◆

- 金融政策の失敗
- 動学的非整合性
- 知識の限界
- 中央銀行の独立性
- 政策目標独立性と政策手段独立性

- 中央銀行独立性指数
- 説明責任・透明性
- 政策委員会制度
- 政策コミュニケーション
- 中央銀行の最適契約モデル

◆練習問題◆

1. 1990年代後半以降の中央銀行の独立性をより重視する傾向をどう評価するか議論せよ。また、その場合に、政策運営における時間的な視野についてどう考えるか合わせて議論せよ。

2. ある国の中央銀行では、物価の安定を最上位の政策目標としている。そして、新しい中央銀行の意思決定の枠組みを次の二つの選択肢から選ぶことになった。最初の選択肢は、非常に識見が高い有資格者であり、厳格なインフレファイターとして知られている人を総裁に選任し、彼に金融政策の運営を一任する。もう一つの選択肢は、同様に識見が高い有資格者数名によって構成される委員会に金融政策の運営を委嘱する。どちらの選択肢が望ましいと考えるか、理由と合わせて説明せよ。

3. 金融政策の運営におけるコミュニケーション戦略について、透明性の度合いは高ければ高いほど望ましいであろうか。政策運営の透明性を高めるほど、金融政策の有効性は高まっていくであろうか。

第6章

金融政策と金利の期間構造

- 本章では金融政策分析の基礎となる債券価格と金利の関係、金利の期間構造について解説する。特に、金融政策を理解するうえで最低限必要な基本概念に絞って解説する。

- 中央銀行の金融政策の運営において、短期金利と長期金利をつなぐ金利の期間構造は、重要な役割を果たしている。まず、金融政策の波及メカニズムの中で、総需要の変動は中長期金利の変動とより密接な関係があり、短期金利の調節は、中長期の金利の変化を通じて経済全体に影響を及ぼす。また、金利の期間構造は、経済主体が予想する将来の短期金利の経路や物価上昇率に関する情報を包含しており、金融政策の運営上、重要な情報変数となる。

- こうした金利の期間構造に関する考え方は、これまでも金融論やマクロ経済理論の中で、標準的な分析枠組みとされてきた。金融政策分析においても、金融政策の波及メカニズムを考える重要な理論的基礎となる。金融政策とマクロ経済変動の動学的な関係を、金利の期間構造というフィルターを通してみることで、金融政策に関する理解もより厚みを増していくと思われる。

- 補論では、債券価格理論の応用として、為替レートと株価の決定理論についても解説する。

1 金融政策と金利の期間構造

　中央銀行の金融政策は、短期金利をコントロールすることが運営の第一歩となる。このため、短期金利と長期金利をつなぐ金利の期間構造は、金融政策の運営の中で、重要な役割を果たしている。まず、金融政策の波及メカニズムの中で、総需要の変動は中長期金利の変動とより密接な関係があり、短期金利の調節は、中長期の金利の変化を通じて経済全体に影響を及ぼす。また、金利の期間構造は、経済主体が予想する将来の短期金利の経路や物価上昇率に関する情報を包含しており、金融政策の運営上、重要な情報変数となっている。

　図6-1として、わが国の長短金利の推移を示した。政策金利であるコールレートのほかに、3年物、5年物、10年物の国債金利を合わせてプロットしている。金利は全体として、1980年代後半にいったん低下した後、1990年代初頭に大きく上昇し、その後は低下トレンドをたどり、最近時点では、いずれの満期もほぼゼロ近傍で推移している。ただ、やや仔細にみると、異なる満期の金利は異なる動きをみせている時期もある。

　金利の期間構造を介した金融政策と短期・長期金利の関係は、期待仮説とフィッシャー方程式という二つの理論的基礎に立脚している。期待仮説では、期間の長い金利は、その期間の短期金利の予想の平均に、不確実性への対価であるタームプレミアムを加えたものに等しくなると考える。また、フィッシャー方程式では、名目金利が実質金利とインフレ予想の和として定義される。

　こうした金利の期間構造に関する考え方は、これまでも金融論やマクロ経済理論の中で、標準的な分析枠組みとされてきた。また、この枠組みは、新しいマクロ経済理論の中でも、金融政策の波及メカニズムを考えるうえで重要な理論的基礎となっている。金融政策とマクロ経済変動の動学的な関係を、金利の期間構造というフィルターを通してみることで、金融政策に関する理解もより厚みを増していくと思われる。

図 6-1　長短金利の推移

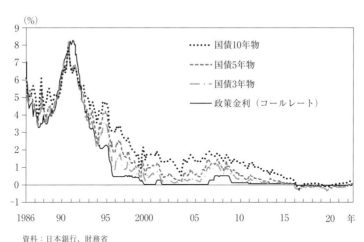

資料：日本銀行、財務省

2　債券価格と金利

金利の期間構造に関する理論的な考え方を説明する準備作業として、債券価格と金利の関係を整理しておこう。

（1）　割引債と利付債

債券には、大きく分けて、割引債と利付債の二つのタイプがある（図6-2）。割引債は、満期までの間に利払いがなく、償還時に支払われる額面金額から金利分を割り引いた価格で発行される。これに対して、利付債は、満期までの間に利払いが行われ、この利払いも含めて価格が決定される。

（2）　現在価値と将来価値

このように、債券は、種類によって将来にわたるキャッシュフローが異なる。これらの債券の価格を算出する基礎となる考え方が現在価値（present value）と将来価値（future value）である。

図 6-2　割引債と利付債

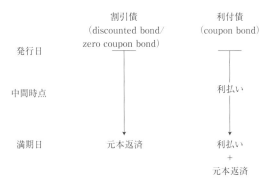

いま、100万円の預金を考える。この預金の現在価値は100万円である。この預金には、1年ごとに10%の金利が支払われ、この金利収入は預金残高に繰り入れられていくとする。このとき、1年後の預金残高は、

$$¥100×(1+0.1)=¥110（万円）$$

となる（1年後の将来価値）。さらにもう1年経過し、2年後には、

$$¥110×(1+0.1)=¥121（万円）$$

となる（2年後の将来価値）。これは、複利の考え方で、

$$¥100×(1+0.1)×(1+0.1)=¥100×(1+0.1)^2=¥121（万円）$$

と考えることもできる。これを n 年先まで繰り返すと、

$$¥100×(1+0.1)^n$$

となる（n 年後の将来価値）。

これを図式化すると、図6-3となる。なお、ここで、現在価値を PV、t 年後の将来価値を FV_t と表記している。

図 6-3　現在価値と将来価値

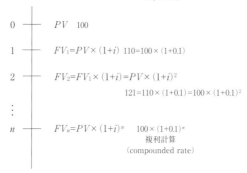

以上の現在価値と将来価値の関係から、いま 100 万円を保有していることは、1 年後に 110 万円、2 年後に 121 万円、そして n 年後に ¥1,000,000×(1+0.1)^n 円保有していることと同価値となる。言い換えると、現在価値から出発して将来に向かって複利で預金を増やしていくと、各時点での将来価値が計算できる。逆に、将来価値から出発して、経過年数分の複利で割り引くと現在価値になる。将来価値から複利計算により現在価値に割り戻すことを割引現在価値（discounted present value）という。

┏ BOX6-1：複利計算と 70 の法則 ┓

　70 の法則は、70 を年率成長率で除した値が、経済規模が 2 倍になる年数になることを指す。この法則は、長期にわたる経済成長によって、経済規模がどの程度大きくなるかの目の子の計算をする際に使われることが多い。ただ、金利の複利計算も経済成長率の累積的な効果の計算と同様に、指数関数として計算できるため、70 の法則を適用できる。

　いま、将来にわたって金利が i（％表示）で一定のとき、現在価値 PV と n 年後の将来価値 FV_n の関係は、図 6-3 にも示したように、次式のとおりとなる。

$$FV_n = PV \times (1 + i/100)^n \tag{1}$$

FV_n が PV の 2 倍となると考えると、$FV_n = 2 \times PV$ となるため、これを (1) 式に代入して整理すると、

$$FV_n = 2 \times PV = PV \times (1 + i/100)^n$$
$$\Rightarrow 2 = (1 + i/100)^n \qquad (2)$$

を得られる。この式の両辺の対数をとると、

$$ln2 = n \times ln(1 + i/100) \qquad (3)$$

となる。2 の自然対数がおおむね 0.7 であることを考慮し、この式に、$ln(1 + x) \approx x$ の近似式を適用すると、

$$n = 70/i \qquad (4)$$

が導出される。金利が 1% であれば、元本が倍になるのはおおむね 70 年後、2% であれば 35 年後、10% であれば 7 年後という計算になる。

（3）　割引債の価格

　割引現在価値の考え方を割引債に適用し、債券の価格と金利の関係を確認しておこう（図 6-4）。割引債の価格 P は、額面価格（100 円）を満期までの期間 n 年について金利 i を複利計算して、割り引いたものとなる。

$$P = \frac{100}{(1 + i)^n} \qquad (5)$$

　このため、同じ満期であれば、金利が高くなるにつれて価格が低下する。また、同じ金利であっても、満期が長くなるほど価格が低下する。たとえば、満期 10 年の割引債は、金利が 5% になると価格が 60 円近くまで低下する。一般に、割引債は、比較的満期の短い債券として発行されることが多い。

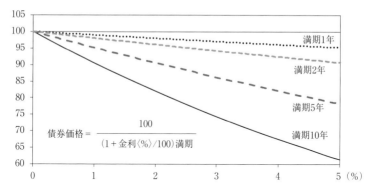

図 6-4　割引債の価格と金利

（4）　利付債の価格

では、利付債の価格はどうやって決まるのであろうか。利付債は、定期的に支払われる金利部分（クーポン、C）と満期時に償還される元本（F）に分解できる。そして、それぞれが支払い・償還時期にあたる割引債であると考え、それらの価格を計算して、すべて合算したものとなる。すなわち、償還期間 n 年の利付債の価格は、利払いも年 1 回とし、n 年先までの市場金利を i とすると、次式によって計算できる（計算式の導出については BOX6-2 を参照）。

$$P = \frac{C}{(1+i)} + \frac{C}{(1+i)^2} + \frac{C}{(1+i)^3} + \cdots + \frac{C}{(1+i)^n} + \frac{F}{(1+i)^n}$$
$$= \frac{C}{i}\left[1 - \frac{1}{(1+i)^n}\right] + \frac{F}{(1+i)^n} \tag{6}$$

図 6-5 に仮説例として、満期 2 年で、1％から 4％までの金利を年 1 回支払う利付債の価格と金利の関係を示した。これらの債券の価格は、1 年目と 2 年目のクーポン金利、元本をそれぞれ割引債とみなして、価格を計算し、それらを合算したものとなる。なお、市場金利とクーポン金利が一致しているときには、債券価格が元本価格と一致する。

図 6-5　クーポンによる利付債の価格と金利の関係

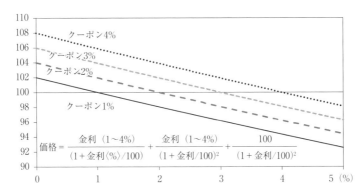

図 6-6　満期による利付債価格と金利の関係

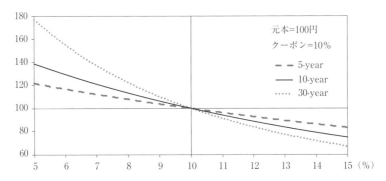

　同様に、図 6-6 として、元本 100 円、クーポン金利 10％、満期がそれぞれ 5 年、10 年、30 年の利付債について、金利の変化に応じて価格がどう変化するかを示した。この場合、市場金利が 10％のときには、すべての満期の債券価格が額面の 100 円となるが、100 円から乖離するにつれて、満期の長い債券の価格が大きく変化することがわかる。

BOX6-2：利付債計算式の導出

　ここでは、(6) 式で示した利付債価格の計算式の導出を解説する。債券価格の定義式を再掲すると次式のとおりである。

$$P = \frac{C}{(1+i)} + \frac{C}{(1+i)^2} + \frac{C}{(1+i)^3} + \cdots + \frac{C}{(1+i)^n} + \frac{F}{(1+i)^n} \tag{7}$$

この式の両辺を $1+i$ で除すと次式を得る。

$$\frac{P}{(1+i)} = \frac{C}{(1+i)^2} + \frac{C}{(1+i)^3} + \frac{C}{(1+i)^4} + \cdots + \frac{C}{(1+i)^{n+1}} + \frac{F}{(1+i)^{n+1}} \tag{8}$$

ここで、(7) 式と (8) 式の差をとると、

$$P - \frac{1}{(1+i)}P = \frac{C}{(1+i)} + \frac{C}{(1+i)^2} + \frac{C}{(1+i)^3} + \cdots + \frac{C}{(1+i)^n} + \frac{F}{(1+i)^n}$$

$$- \left[\frac{C}{(1+i)^2} + \frac{C}{(1+i)^3} + \frac{C}{(1+i)^4} + \cdots + \frac{C}{(1+i)^{n+1}} \right.$$

$$\left. + \frac{F}{(1+i)^{n+1}} \right]$$

を得る。この式を整理すると、

$$\frac{i}{(1+i)}P = \frac{C}{(1+i)} - \frac{C}{(1+i)^{n+1}} + \frac{F}{(1+i)^n} - \frac{F}{(1+i)^{n+1}} \tag{9}$$

となり、この式の両辺に $1+i$ を乗じると、最終的に

$$P = \frac{C}{i} \left[1 - \frac{1}{(1+i)^n} \right] + \frac{F}{(1+i)^n} \tag{10}$$

が導出される。

（5）　市場金利と最終利回り

　利付債の価格を計算するための (6) 式は、満期までのすべてのキャッシュフローを共通の金利 i で割り引いて計算している。この共通の金利は、一般に、最終利回り（yield-to-maturity）と呼ばれる。しかし、実際に市場

図 6-7　市場金利と最終利回り

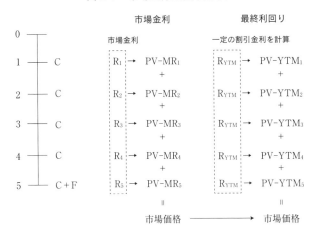

では、満期によって異なる金利が観測される。ここでは、やや技術的になる
が、市場金利から最終利回りを計算する手続きについて説明する。

　いま、図6-7で示したように、市場では1年から5年までの割引債と元本
F、クーポン C で満期5年の割引債が取引されているとする。このとき、利
付債の市場価格は、元本とクーポンをそれぞれの支払い時点までの割引債の
金利で割り引いた現在価値を合計したものとなる。そして、最終利回りは、
すべての元本、クーポンに共通の金利を適用して割引現在価値を計算したも
のが、市場価格と一致する金利となる。両者が一致しない価格で取引されて
いると、割引債と利付債の市場の間で裁定機会が生じていることを意味し、
市場が流動的であれば、裁定取引によって、両者は一致することになる。

（6）　計算例：市場金利と最終利回り

　市場金利と最終利回りの関係は、ややわかりづらいので、具体的な計算例
を使って確認しておこう。いま、額面100円で満期が1年から5年の割引債
が、表6-1に示される価格で取引されているとする。

　このとき、各満期までのスポットレートは、以下のように計算される。

表 6-1　割引債の価格例

満期	1 年	2 年	3 年	4 年	5 年
価格	97.56	94.41	90.59	87.47	83.22

1 年物　　　　　　　　$\left(\dfrac{100}{97.56}\right)^{\frac{1}{1}} - 1 = 0.02501 = 2.501\%$

2 年物　　　　　　　　$\left(\dfrac{100}{94.41}\right)^{\frac{1}{2}} - 1 = 0.02918 = 2.918\%$

3 年物　　　　　　　　$\left(\dfrac{100}{90.59}\right)^{\frac{1}{3}} - 1 = 0.03349 = 3.349\%$

4 年物　　　　　　　　$\left(\dfrac{100}{87.47}\right)^{\frac{1}{4}} - 1 = 0.04310 = 4.310\%$

5 年物　　　　　　　　$\left(\dfrac{100}{83.22}\right)^{\frac{1}{5}} - 1 = 0.03742 = 3.742\%$

　次に、この計算結果を使って、満期 5 年、クーポン 5％の債券の価格と最終利回りを計算してみよう。まず、この利付債の価格は、

$$P = \frac{5}{1 + 0.02501} + \frac{5}{(1 + 0.02918)^2} + \frac{5}{(1 + 0.03349)^3} + \frac{5}{(1 + 0.04310)^4} + \frac{5 + 100}{(1 + 0.03742)^5}$$
$$= 105.7325$$

と計算される。最後に、利付債のキャッシュフローを共通の金利で割り引いた現在価値が、計算された市場価格 105.7325 円と一致する金利が最終利回りとなる。エクセル等で探索すると、3.722％程度となる。

3　金利の期待仮説とイールドカーブ

　金融市場では、さまざまな満期の債券が取引されているが、これら異なる満期の債券金利の関係をみるとき使われるのが、イールドカーブ（利回り曲

図 6-8　イールドカーブ（概念図）

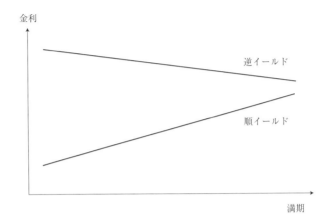

線）である（図6-8）。これは、横軸に満期、縦軸に金利をとり、各時点における金利と満期の関係をグラフ化したものになる。そして、イールドカーブは、通常の場合、満期が長くなるにつれて金利水準が上昇する右上がりの形状となる。このため、右上がりのイールドカーブの形状を「順イールド」と呼び、逆に右下がりの形状を「逆イールド」と呼んでいる。

（1）　金利の期待仮説

　こうしたイールドカーブの形状を説明する基本的な考え方は、「金利の期待仮説」と呼ばれ。ここでは、異なる満期の金利はすべて、市場での取引を通じて価格裁定が働いていると考える。

　いま、図6-9に示したように、二つの市場AとBが存在している。また、市場Aに比べBは資金需要が旺盛で、市場金利の水準が高い状況（$i_0^A < i_0^B$）から出発する。ここで、市場Aで資金を調達し、市場Bで供給する投資家が現れるとする。このとき、投資家は、市場Bでの供給金利と市場Aでの調達金利の差（利鞘）を利益として獲得する。この結果、市場Aの金利は上昇、市場Bの金利は低下し、最終的に、市場金利が一致（$i_1^A = i_1^B$）し、利鞘が解消するまで、この行動は継続する。こうした投資家の行動を金利裁定（interest rate arbitrage）という。

図 6-9　金利裁定

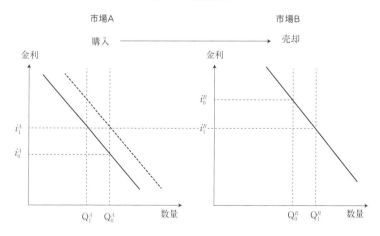

図 6-10　異なる満期間での金利裁定

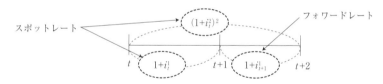

　金利の期待仮説においては、こうした金利裁定が異なる満期間で行われると考える。この点を図 6-10 で、少し掘り下げて考えみよう。

　いま、市場には 2 年先までの取引が存在するとする。現時点 t において、取引される金利は、1 年物金利 i_t^1 と 2 年物金利 i_t^2 である。また、現時点では取引されないが、1 期先の時点からの 1 年物金利の予想を i_{t+1}^1 と表記することにする。なお、現時点で取引されている金利をスポット金利（スポットレート）、1 年先からスタートする取引の金利をフォワード金利（フォワードレート）と呼ぶ。

　この場合、2 年物の金利は、1 年物金利で運用し、1 年後に再度そのときの 1 年物金利に再投資した場合に予想される金利収入と一致すると考えられる。すなわち、次式が成立していることになる。

$$(1 + i_t^2)^2 = (1 + i_t^1)(1 + i_{t+1}^1) \tag{11}$$

この式の両辺の対数をとって展開し、整理すると、次式を得る[1]。

$$i_t^2 = \frac{i_t^1 + i_{t+1}^1}{2} \tag{12}$$

　この式は、2年物の金利が現時点での1年物金利と1年後の1年物金利の予想値の平均となっていることを意味している。また、この式は同時に、イールドカーブが将来の金利であるフォワードレートの情報を包含していることを意味する。(12) 式を変形すると、1年先スタートの1年物金利は、次式のとおり計算される。

$$i_{t+1}^1 = 2i_t^2 - i_t^1 \tag{13}$$

　以上のような計算を n 年先まで繰り返すと、n 年物金利は次式により計算される。

$$i_t^n = \frac{i_t^1 + i_{t+1}^1 + i_{t+2}^1 + \cdots + i_{t+n-1}^1}{n} \tag{14}$$

　この式は、n 年物金利は、n 年先までの1年物金利の予想の平均値となることを意味している。このように考えると、長期金利は、満期までの期間の短期金利（より厳密には翌日物金利）の予想経路の平均値となる。

（2）　タームプレミアム

　イールドカーブについて、通常、満期が長くなるにつれて金利が上昇する右上がりの形状（順イールド）をしていることを説明するためには、金利の期待仮説に加え、満期が長くなるにつれて、より長期間にわたって資金を固定することへのリスクプレミアムを考える必要がある（「タームプレミアム」）。仮に、将来の政策金利が一定であると予想されている場合、金利の期

1）　この計算では、$ln(1+x) \fallingdotseq x$ との近似式が x の値が小さいときには成立することを使うと便利である。

図 6-11　タームプレミアム

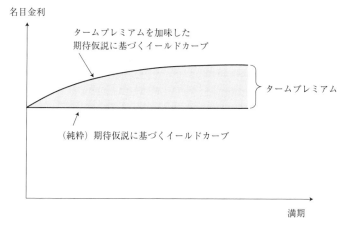

待仮説に基づくと、イールドカーブは水平となるが、これにタームプレミアムを加味すれば、イールドカーブは右上がりとなる（図6-11）。

　t 時点における n 年先までのタームプレミアム ξ_t^n を加味すると、式は次式のように修正される。

$$i_t^n = \frac{i_t^1 + i_{t+1}^1 + i_{t+2}^1 + \cdots + i_{t+n-1}^1}{n} + \xi_t^n \tag{15}$$

なお、タームプレミアム ξ_t^n は一般に、正の値をとり、満期が長くなるにつれて上昇する。

　たとえば、現在、経済が均衡状態にあり、将来にわたって均衡状態が継続される可能性が高いと予想されているとしよう。この場合、将来にわたる短期金利の予想経路は、均衡水準の短期金利で一定となると考えられる。実際に観察されるイールドカーブは、この期待仮説に基づくイールドカーブにタームプレミアムを加算したものになる（タームプレミアムを加味した期待仮説に基づくイールドカーブ）。上述のとおり、タームプレミアムは満期が長くなるにつれて上昇するため、イールドカーブは右上がりの形状となる。

図6-12　スポットレートカーブとフォワードレートカーブ

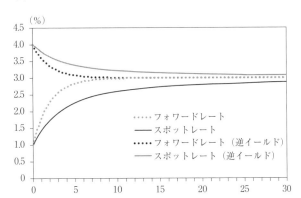

（3）　フォワードレートカーブ

　通常、イールドカーブは、各満期時点におけるスポットレートを使って描くことが多い。しかしながら、金融政策分析を行う際には、イールドカーブについて、フォワードレートを使って描くことが有効となる。これは、スポットレートから逆算した将来のフォワードレートは、市場が予想する政策金利の将来経路に関する情報を包含しているためである。ただし、市場で観察されるスポットレートから逆算されたフォワードレートは、タームプレミアムを含めた金利となっており、完全なリスクフリーレートの予測値となっているわけではない点に注意が必要である。

　図6-12は、スポットレートカーブとフォワードレートカーブの仮想例を、右上がりの順イールドのケースと、右下がりの逆イールドのケースそれぞれについて示したものである[2]。各時点におけるスポットレートは、その時点までのフォワードレートの平均となるため、順イールドの場合はスポットレートがフォワードレートよりも低くなる一方、逆イールドの場合はスポットレートがフォワードレートよりも高くなっている。

2）　図6-12は、補論1で説明するネルソン＝シーゲルモデルを使い、(21)、(22) 式のパラメータとして、順イールドは $L=3$、$S=-2$、$C=0$、$\lambda=0.5$、逆イールドは $L=3$、$S=1$、$C=0$、$\lambda=0.5$ としてグラフ化したものである。

（4）　デュレーション

　利付債については、中間時点でクーポンの利払いがあるため、キャッシュ
フロー全体の平均残存期間は満期よりも短くなる。このため、同じ満期の利
付債であっても、クーポンレートが異なれば、平均残存期間も異なることに
なる。次式で定義されるデュレーション（duration）が債券の平均残存期間
を示す指標となる。

$$Duration = \sum_{t=1}^{n} t \left(\frac{CF_t}{(1+i)^t} \Big/ \sum_{t=1}^{n} \frac{CF_t}{(1+i)^t} \right) \tag{16}$$

なお、ここで CF_t は時点 t におけるキャッシュフローであり、満期以前は
クーポンの利払い額、満期時点においては、クーポンの利払い額と元本の合
計額となる。この式は、平均残存期間について、キャッシュフローが生じる
各時点までの期間を各時点のキャッシュフローで加重平均することで計算で
きることを意味する。

　さらに、このデュレーションをグロスの最終利回りで割り引いたものを修
正デュレーション（modified duration）と呼ぶ。

$$Modified\ Duration = \frac{Duration}{1+i} \tag{17}$$

　この修正デュレーションは、最終利回りが1％ポイント変動したときに債
券価格が何％変動するかを示す債券価格の金利感応度となる。

4　イールドカーブの変動メカニズム

　では、異なる満期の金利の関係はどのようにして決まるのであろうか。こ
の点について、理論的考察を進める準備として、まず、短期・長期金利と物
価上昇率の間に、どのような関係があるかを確認しておこう。

（1） 長短金利、インフレ率の関係

　図 6-13 には、短期金利（オーバーナイト物無担保コールレート）と長期金利（10 年物新発国債金利）の前月差（左）、短期金利と長期金利の水準（中央）、長期金利と物価上昇率（CPI 除く生鮮食品）（右）の三つの散布図を示している。この図のサンプル期間は、1986 年 1 月から 1995 年 9 月までで、コールレートが 0.5％ を下回る以前の期間を対象としている。

　なお、この図は、これら三つの変数の平均的な関係を示すものであり、何らかの因果関係を示すものではない点に注意しておく必要がある。

　まず、短期・長期金利の前月差の関係には、緩やかな正の相関があり、回帰分析を行うと傾きは 0.26 となる。つまり、1986〜95 年の平均では、短期金利が 100 ベーシス・ポイント変化したとき、長期金利は 26 ベーシス・ポイント同一方向に変化していた。ただ、こうした正の相関はかなり緩やかであり、短期金利と長期金利の変化の関係には、大きなバラつきがみられる。

　また、もう一つこの図から読み取れる関係は、前月差でみると、長期金利よりも短期金利のほうが変動範囲が狭いことである。短期金利は、中央銀行の操作目標として、目標水準の近傍で安定的に推移するよう平滑化されている。これに対し、長期金利は、短期金利の予想経路の変化を反映しており、短期金利の変化幅との関係は、金融・経済環境によって変化する。

　次に、長期金利と短期金利の関係を金利水準でみると、変化幅と同様に正の相関が確認できる。ただ、①長期金利のほうが短期金利よりも変動範囲が狭いこと、②平均的にみると長期金利が短期金利よりも高く、プレミアムが存在していることもわかる。長期金利には、現在の短期金利に加え、将来の短期金利の予想が反映されているが、長期的には景気循環の影響は均されるため、短期金利の将来経路は長期的な均衡水準に収束していく。このため、短期金利よりも長期金利のほうが変動範囲は狭くなっている。また、長期金利は、こうした将来の予想の不確実性に対するプレミアムを含むため、短期金利よりも平均的に高くなる。

　最後に、長期金利と物価上昇率の関係をみると、やはり正の相関が確認されるが、傾きは有意に 1 よりも小さい。つまり、長期金利は、各時点の物価

図 6-13　長短金利の変化幅の関係

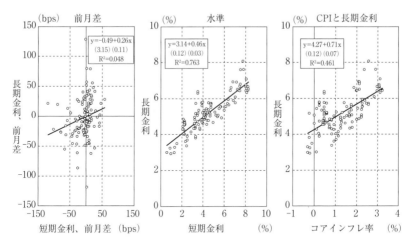

備考：サンプル期間は、1986/1 月から 1995/9 月。図中の回帰式の（　）内は、推計パラメータの標準誤
　　　差。短期金利はオーバーナイト物無担保コールレート、長期金利は 10 年物新発国債レート、コアイ
　　　ンフレ率は CPI（生鮮食品を除く総合）。
資料：日本銀行、総務省

上昇率と密接な関係があるが、完全に連動しているわけではない。つまり、長期金利には、各時点における物価上昇率だけでなく、人々の将来にわたるインフレ予想が反映されている。長期インフレ予想は、短期金利の将来経路と同様に、長期的な均衡水準へと収束していくと考えられる。このため、物価上昇率よりも長期金利のほうが変動範囲は狭くなっていると考えられる。

（2）　イールドカーブ変動と金融政策

　中央銀行は翌日物金利を操作することで、金融政策の運営を行っている。同時に、金利の期待仮説をもとに考えると、異なる満期の金利はすべて、市場取引を通じて価格裁定が働き、長期金利は、満期までの期間の翌日物金利の予想経路の平均値にタームプレミアムを加えたものとなっている。この結果、中央銀行が最も短い満期の翌日物金利を操作すると、金融市場での裁定取引を通じて、より長期の満期の金利へと影響が波及していく。

　このように考えると、中長期金利は、市場参加者が先行きの経済・物価情

勢をどう予想するか、そして、その見通しを前提として中央銀行の政策対応をどう予想するかによって決まってくることになる。このため、金融政策の効果を考えるうえでは、政策変更時におけるオーバーナイト物金利の変化幅だけでなく、すでにイールドカーブに織り込まれている将来の政策経路の予想に対し、どのような影響を及ぼしたかも重要となる。たとえば、追加的な政策金利の変更が予想され、これがすでにイールドカーブに織り込まれているとしよう。このとき、予想どおりに政策変更を行えば、イールドカーブに変化は生じず、追加的な政策効果はもたらされないと考えられる。

　こうした金利のイールドカーブに織り込まれている政策効果は、一般に、"policy effects in the pipeline" と呼ばれる。原油などを輸送するパイプラインは、出発点から原油などを投入し続けることで、終着点から過去に投入された原油が順次排出される。イールドカーブにも、同様に、金融市場における政策金利の予想経路の情報が順次織り込まれていくと考えることができる。

　したがって、先行き金融引締めで政策金利が上昇していくと予想されれば、現時点の政策金利は据え置かれていても、満期の長い金利は利上げに先立って上昇していくことになる。ただし、そうした影響は、金融政策の引締め・緩和のサイクルがおおむね景気循環に対応しているとすれば、景気循環よりも長い10年物金利は、当面の政策金利の変動には相対的にあまり大きな影響を受けないと考えられる。このため、満期の長い長期金利の変動は、満期のより短い金利の変動と比べると小さくなる。

　最後に、金利とインフレ率の関係について考えてみよう。もちろん、将来インフレ率が上昇すると予想される場合は、金融政策が引締め方向で運営され、政策金利が上昇していくため、金利も上昇していくと考えられる。

　では、長期金利を少し長い期間の平均でみた場合にはどうであろうか。一般に、インフレ率が高い国の長期金利は、低い国に比べて高い傾向がある。

　この点は、名目金利を実質金利と予想インフレ率の和として分解する「フィッシャー方程式」を使って説明される。すなわち、実質金利は、おおむね平均的な成長率に見合った水準で推移しているので、それに、予想されるインフレ率を加算したものが、長期的にみて平均的な長期金利の水準ということになる。このため、インフレ率が高い国では、長期金利も高いという

図 6-14　イールドカーブの変動メカニズム

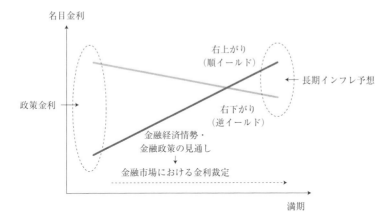

傾向が観察されることになる。

$$名目金利＝実質金利＋インフレ予想 \qquad (18)$$

　以上のような関係を図式化すると図6-14のようになる。

（3）　長期フォワードレートの解釈

　また、金融政策運営への含意を考察するうえでは、イールドカーブの終着点となるフォワードレートカーブの長期ゾーンの動きをどう解釈していくかが重要となる。フォワードレートカーブは、一般に、期先にいくに従って、一定の値に収束していく傾向があり、ここではこの水準を長期フォワードレートと呼ぶことにする。

　この長期フォワードレートは、長期的なインフレや実質成長率の予想といったさまざまなショックの影響が出尽くした定常状態に関する市場参加者の見方を反映している。このため、長期フォワードレートは、次式に示したとおり、均衡実質金利、均衡インフレ率とタームプレミアムの三つの要素に分解できる。

$$長期フォワードレート$$
$$＝均衡実質金利＋均衡インフレ率＋タームプレミアム \qquad (19)$$

　このように考えると、長期フォワードレートからは、中央銀行が長期的な物価安定の達成を通じ、安定的なマクロ経済環境を維持していくことができるかという点に対する金融市場の信認度合いを読み取ることができる。

　ただ、こうした金利の期間構造が包含する情報は、マクロ経済・金融指標の動きと合わせ、総合的に点検していく必要がある。たとえば、長期金利の上昇は、インフレ圧力の高まりに対応して、短期金利の将来経路の予想が高くなったという可能性も考えられるし、あるいは、単にインフレ予想が高まった可能性も考えられる。両者の可能性を識別するためには、たとえば、GDP ギャップやユニット・レーバー・コストの動きなどから、インフレ圧力がどう変化しているか、そうしたインフレ圧力との関係で、政策対応がどう進む蓋然性が高いかといった点をみていく必要がある。

┏ BOX6-3：米国の金利動向

　2000 年代以降の米国の長短期金利の動きをみてみよう（図6-15）。この図で、実線がフェデラル・ファンド（FF）金利と呼ばれる政策金利で、満期が翌日までの1日物金利である。このほかに、満期1年、3年、10年という三種類の異なる満期の国債金利もプロットしている。

　この図からわかることは、2000 年代初のドットコム・バブルの崩壊後、2000 年代後半のグローバル金融危機、そして 2020 年以降のコロナ危機と経済が大きなショックに見舞われると FF 金利が急激に引き下げられ、グローバル金融危機とコロナ危機ではほぼゼロにまで低下している。

　これに対して、長期金利の代表的な指標である 10 年物の国債金利は、緩やかな低下傾向にあるようにみえるが、全体としては、FF 金利に比べると変動が小さく安定して推移している。1年物と3年物の国債金利は、両者の中間であるが、やや FF 金利に近い動きをしており、満期の短い1年物のほうがより FF 金利に近い動きをしている。

図 6-15　米国長短金利の動向

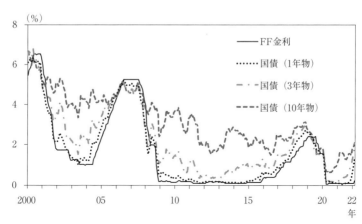

資料：Federal Reserve Board

　ただ、3 年物金利は、FF 金利の引下げ後、金融引締めへの転換よりもやや
先行して上昇が始まっている。最近時点の動きをみても、FF 金利がほぼゼロ
で推移する中、今後の FF 金利の引上げを先取りする 3 年物金利や 1 年物金
利は上昇し始めている。

補論 1　イールドカーブに関するネルソン＝シーゲルモデル

　やや技術的になるが、長期の金利が満期時点までの予想短期金利の平均で
あるという関係は、満期を連続変数であると考えると、満期 m のスポット
レート、フォワードレートをそれぞれ $R(m)$、$r(m)$ と表記することで、次
式のように示すことができる。

$$R(m) = \frac{1}{m} \int_{s=0}^{m} r(s)\,ds \qquad (20)$$

　すなわち、フォワードレートについて満期を説明変数として関数化する
と、この関数をゼロから m まで積分し、m で除すことによってスポット

レートが得られることになる。これは、満期 m 時点までのフォワードレートカーブの下側の面積を計算し、それを満期 m で除すことで、平均的な金利水準を求めるという計算をしていることになる。

　いま、フォワードレートの関数形として、ネルソン＝シーゲルモデルと呼ばれる、次式のような指数関数の組み合わせを考える[3]。

$$r(m) = L + Se^{-\lambda m} + C\lambda me^{-\lambda m} \tag{21}$$

ここで、L はフォワードレートの長期的な水準（level）を示すパラメータ、S はフォワードレートカーブの傾き（slope）を捉えるパラメータ、C はイールドカーブの歪みの度合い（curvature）を捉えるパラメータ、λ は長期水準への収束の速さをコントロールするパラメータである。

　一般に、複数の満期の金利データに対して主成分分析を行うと、上述した水準、傾き、歪みの度合いの3つの要素に対応する3つの主成分が有意に検出される。その意味で、ネルソン＝シーゲルモデルは、比較的簡便な関数形で、イールドカーブ変動を捉えることができるため、金融政策分析において広く利用されている。

　ここで、(20) 式と (21) 式から、スポットレートの関数形は、次式のように表現される。

$$R(m) = L + S \cdot \frac{(1 - e^{-\lambda m})}{\lambda m} + C\left(\frac{1 - e^{-\lambda m}}{\lambda m} - e^{-\lambda m}\right) \tag{22}$$

　また、ネルソン＝シーゲルモデルでイールドカーブを表現すると、以下のような利点がある。

$$r(0) = R(0) = L + S \tag{23}$$

$$r(\infty) = R(\infty) = L \tag{24}$$

すなわち、フォワードレートとスポットレートの満期がゼロおよび無限大に近づくとき、極限値がそれぞれ $L + S$ および L となり、関数のパラメータに

3）　Nelson and Siegel（1987）により提示されたイールドカーブモデルである。

より表現できることになる。

補論 2　為替レートの決定理論

　本補論では、金利の期間構造を考える基本的な枠組みである金利裁定の応用例として、短期と長期の為替レート決定理論について解説する。なお、以下では、簡単化のため、国際的な金融および財・サービスの取引に関する取引コストは捨象する。

　なお、（名目）為替レートは、円ドルレートが 1 ドル＝120 円といったかたちで、外国通貨 1 単位あたりの自国通貨の交換レートで表示されることが多い。また、国際的な競争力の尺度として、物価水準の変動を考慮した実質為替レートも経済分析では広く使われる。

　外国通貨単位の実質為替レートは、次のように表記される。

（実質為替レート）＝（名目為替レート）×（外国物価指数）÷（自国物価指数）

$$\tag{25}$$

　また、一国の貿易相手国は複数存在するため、複数通貨との為替レートについて貿易量をウエイトとして加重平均し、指数化した実効為替レート（effective exchange rate）も使われる。この場合、複数の為替レートを集計するため、自国通貨単位で測った為替レートを使って計算される。このため、実効為替レートは数値が大きくなると自国通貨が高く、逆に小さくなると低くなることに注意してほしい。また、実効為替レートにも、名目値だけでなく実質値も計算される。

（1）　短期の決定理論：金利平価

　国際的な金融経済取引においては、金融面での取引は、より取引コストが小さく、短時間のうちに裁定取引が働く。金利平価（interest parity）は、国際的な金融市場における金利差を利用して、金利が安い市場で調達し、高い市場で運用することで、外国為替に対する需要・供給が変動する。こうした国際的な金利裁定の結果として、為替レートが決定されるとの考え方を、

図6-16　金利平価の基本的な考え方

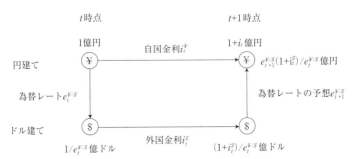

金利平価と呼ぶ。

　この点を図6-16の仮設例を使って考えておこう。今、日本の投資家が1億円の資金を日本市場か米国市場のいずれかで1年間運用しようと考えているとする。日本で運用する場合、円金利 $i_t^{¥}$ で運用し、1年後に $(1+i_t^{¥})$ 億円を受け取る。米国で運用する場合は、まず1億円を現在の為替レート $e_t^{¥/\$}$ でドルに転換し、このドル資金を米ドル金利 $i_t^{\$}$ で運用し、1年後に $(1+i_t^{\$})/e_t^{¥/\$}$ 億ドルを受け取る。さらに、このドル資金を1年後の為替レート $e_{t+1}^{¥/\$}$ で円に転換し、最終的に $(1+i_t^{\$})e_{t+1}^{¥/\$}/e_t^{¥/\$}$ 億円を受け取る。

　このとき、円での運用よりもドルでの運用の受取りが大きければ、投資資金はドルに流れるため、円を売ってドルを買う動きが強まり、ドル資金と円資金での運用の受取りが一致する水準まで円安・ドル高が進むことになる。

　この結果、最終的には次式が成立することになる。

$$1+i_t^{¥} = \frac{e_{t+1}^{¥/\$}}{e_t^{¥/\$}}(1+i_t^{\$}) \tag{26}$$

そして、この式の両辺の自然対数をとって整理することで、

$$i_t^{¥} - i_t^{\$} = \frac{e_{t+1}^{¥/\$} - e_t^{¥/\$}}{e_t^{¥/\$}} \tag{27}$$

が得られる。この式は、為替レートの予想変化率が内外金利差によって決定

図6-17　円ドルレートと日米金利差

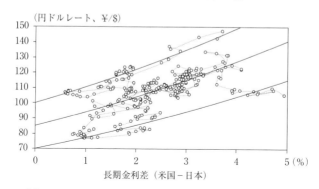

備考：データは1980年1月から2022年11月までの月中平均値。長期金利は10年
　　　物国債金利。
資料：日本銀行、財務省、Federal Reserve Board

されることを示している。

　なお、ここでは、1年後の為替レートについて、先渡し取引等を使った
ヘッジを行わないと想定している。こうしたヘッジなしの金利平価の考え方
をカバーなし金利平価と呼ぶ（UIP: uncovered interest parity）。また、将
来の為替レートをヘッジしている場合は、カバー付き金利平価（CIP:
covered interest parity）と呼ぶ。

　では、この金利平価は、どの程度、現実の為替レートの変動を説明できる
のであろうか。この点を確認するため、図6-17に円ドルレートと日米金利
差（10年物国債金利のスプレッド）を示した。この図からは、全体として
右上がりの関係が確認でき、日米金利差が拡大すると円安方向に為替レート
が変化することがわかる。ただし、この関係はかなり緩やかなものである。

　この図をみる際には、長期の為替レート予想の水準が変化している可能性
を考慮する必要がある。為替レートの予想変化率が自然対数をとった為替
レートの差分で近似できることに注意すると、(27)式は次式のように書き
直すことができる。

$$i_t^{¥} - i_t^{\$} = \ln(e_{t+1}^{¥/\$}) - \ln(e_t^{¥/\$}) \tag{28}$$

この式から、為替レートと金利差との整合的な長期為替レート予想を逆算したものを図中に合わせてプロットしている。為替レートと金利差の関係が右上がりの関係からずれているときには、為替レートの長期予想が大きく変化している可能性が考えられる点に留意する必要がある。

（2） 長期の決定理論：購買力平価

為替レートの長期的な決定理論は、金利裁定の応用として、裁定取引が金融資産ではなく、より価格の調整スピードの遅い財・サービスの実物取引で成立すると考える。この場合、二国間で取引される同様の財・サービスの価格が一致するような水準に、長期的に為替レートが決まることになる。この考え方を、購買力平価（PPP: purchasing power parity）と呼ぶ。

いま、時点 t において、ある同質的な財 i の日本、米国での価格をそれぞれ $P_{it}^{¥}$、$P_{it}^{\$}$、為替レートを $e_t^{¥/\$}$ とすると、国際的な裁定取引の結果、同一通貨で測った日米の財価格が均等化し、一物一価の法則

$$P_{it}^{¥} = e_t^{¥/\$} P_{it}^{\$} \tag{29}$$

が成立する。

（29）式は、ある特定の財 i に関する一物一価の法則を表しているが、これを一般物価水準に拡張したのが購買力平価の基本的な考え方になる。この場合、時点 t における為替レートは、

$$e_t^{¥/\$} = P_t^{¥} / P_t^{\$} \tag{30}$$

となり、為替レートが二国間の一般物価水準の比率によって決定されることになる。これを絶対的購買力平価と呼ぶ。

もっとも、国境を越えた財・サービスの価格裁定には、一般には関税や輸送コストなどの取引コストがかかるほか、国際的に取引が不可能な非貿易財も存在する。この点を考慮し、価格裁定が一般物価水準の全体的な水準ではなく、価格の変化率で働くと修正したのが、相対的購買力平価と呼ばれる考え方である。この場合、次式のように、為替レートの絶対水準ではなく、変化率が二国間のインフレ率差によって決定される。

図6-18　購買力平価の推計値

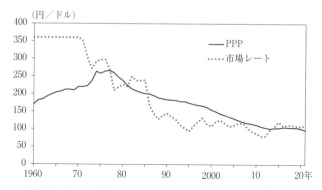

資料：Organisation of Economic Cooperation and Development、日本銀行

$$\Delta e_t^{\yen/\$} = \Delta P_t^{\yen} - \Delta P_t^{\$} \tag{31}$$

なお、Δは変化率を示す。

　図6-18に購買力平価の推計値と円ドルレートの推移を示した。円ドルレートは長期的な均衡水準と解釈される購買力平価のトレンドにおおむね沿って変動しているが、いくぶん下方に乖離（購買力平価よりも円高）する傾向があることがわかる。

　なお、購買力平価が成立している場合、(30)(31)式から名目為替レートを日米の物価水準の比率でデフレートした実質為替レートは一定の値をとることになる。しかしながら、図6-19に示した主要貿易相手国との為替レートを貿易量ウエイトで加重平均した実効為替レートをみると、名目ベースでも実質ベースでも、戦後、1990年代中頃まで増価傾向をたどった後、実質ベースは2000年代入り後むしろ減価傾向をたどっており、実質為替レートは一定の値をとっているわけではない。この点は、所得水準が急激に上昇している局面では、消費支出が財からサービスへシフトしていくが、労働生産性はサービスよりも財のほうが高いと考えられるため、一般物価水準が他国に比べて相対的に上昇し、実質為替レートが増価する傾向がある。これは、

図6-19　名目・実質実効為替レート

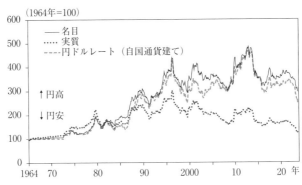

資料：Bank for International Settlements、日本銀行

バラッサ＝サミュエルソン効果と呼ばれる。

補論3　株価の決定理論

　最後に、割引現在価値の応用例として、株価の決定理論について説明する。一般に株式を発行している企業は、利益の一部を株主に配当のかたちで還元している。株価は、この配当の割引現在価値として求められる。

　今、時点 t における配当を D_t とし、金利 i とリスクプレミアム ρ は時間を通じて一定と仮定すると、時点0における株価 P_0 は、次式によって計算される。

$$P_0 = \frac{D_1}{(1+i+\rho)} + \frac{D_2}{(1+i+\rho)^2} + \frac{D_3}{(1+i+\rho)^3} + \cdots \quad (32)$$

　この式を利付債の価格決定式である（9）式と比べると、将来にわたる配当収入を割り引く点は、債券価格が将来のクーポン金利収入を割り引いていることと同様である。しかしながら、株価には満期が存在せず、満期における元本償還は想定されていない。また、将来の受取りを割り引く際の金利は、将来の配当が企業の業績に左右され不確実性があることを反映し、金利

とリスクプレミアムの和が使われることになる。

　さらに、経済成長に合わせて、配当が次式のように成長率 g で増加すると仮定すると、時点 t の配当は次式のように書ける。

$$D_t = D_1 (1+g)^{t-1} \tag{33}$$

　これを（32）式に代入すると、時点 0 の株価は次式により計算されることになる。

$$P_0 = \frac{D_1}{(1+i+\rho)} + \frac{D_1}{(1+i+\rho)}\left(\frac{1+g}{1+i+\rho}\right) + \frac{D_1}{(1+i+\rho)}\left(\frac{1+g}{1+i+\rho}\right)^2 + \cdots$$

$$= \frac{D_1}{(i+\rho-g)} \tag{34}$$

◆キーワード◆

現在価値と将来価値	金利の期待仮説
最終利回り	順イールドと逆イールド
割引債と利付債	長期フォワードレート
スポットレート	ネルソン＝シーゲルモデル
フォワードレート	金利平価
金利裁定	購売力平価
イールドカーブ	バラッサ＝サミュエルソン効果
タームプレミアム	株価

◆練習問題◆

1．3年満期の定期預金について次の三つの選択肢がある。

　　・　12％複利で年1回の利払い

　　・　11.7％複利で四半期に1回の利払い

　　・　11.6％複利で月1回の利払い

イ） 100万円の定期預金について、3年後の満期時の将来価値を計算せよ。なお、四半期・月ごとの複利計算は、年間の金利を各回に均等に分割（四半期は1/4、月は1/12）して支払う。

ロ） それぞれの定期預金の最終利回りを計算せよ。

2．いま、債券市場で観察される割引債のスポットレートが、1年物3％、2年物4％、3年物5％であったとする。

イ） タームプレミアムについて、1年債がゼロ、2年債が1％、3年債が2％であったとすると、1年後、2年後スタートの1年物金利は何％か。

ロ） タームプレミアムがすべての満期でゼロであったとすると、1年後、2年後スタートの1年物金利は何％か。

3．インフレ率を押し上げる方向でのショックに対して、政策金利が引き上げられたときのイールドカーブの反応は、次の三つのパターンに分類できる。それぞれのケースについて、長期フォワードレートの見方がどのように変化した可能性があるかを考え、金融政策の信認に対する影響を議論せよ。

図6-20　金融政策行動とイールドカーブの反応

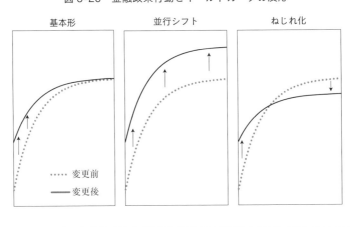

第7章

政策ルールとインフレ目標政策

● 中央銀行は、金融政策の運営にあたって、イールドカーブの中で最も短い満期の翌日物金利を操作することで金融政策を運営している。では、この短期の政策金利の水準が適切であるかどうかは、どのような基準で判断すればよいのだろうか。本章では、政策金利をどの水準に誘導するかを考える際の指針となる金融政策ルール、特にその代表的なルールであるテイラールールを取り上げる。

● テイラールールは、政策金利をインフレ率と GDP ギャップの変動に結びつける政策反応関数である。また、マクロ経済の安定化のためには、政策金利をインフレ率の変動以上に動かすことが求められる。1980 年代後半以降、先進各国の中央銀行は、おおむねこのテイラールールに沿った政策運営を行ってきている。ただし、インフレ率や GDP ギャップの統計公表までのラグやリアルタイムでのトレンド評価の難しさといった点を考慮すると、利用可能な情報を総合的に判断し、政策運営において先行きの経済経路を的確に予測していくことが重要となる。

● こうした政策ルールの理論をもとにすると、平時における金融政策運営のベストプラクティスと考えられる柔軟なインフレ目標政策は、テイラールールに沿った金融政策運営を実践していくための枠組みと解釈することもできる。

1 政策金利の指針

　中央銀行は、金融政策の運営にあたって、イールドカーブの中で最も短い満期の翌日物金利を操作することで金融政策を運営している。日本銀行が金融政策運営上、操作対象としている金利は、無担保コールレートという短期資金市場の金利である。同様に、米連邦準備制度（FRB）はフェデラルファンドレート（FF レート）という同様の短期資金市場金利を操作している。欧州中央銀行（ECB）の政策金利はリファイナンスレートと呼ばれる ECB の貸出金利であるが、金融市場調節は ESTR（European Short-term Rate）という短期資金市場金利を安定化するよう運営されている。

　では、この短期の政策金利の水準が適切であるかどうかは、どのような基準で判断すればよいだろうか。本章では、政策金利の誘導水準に関する指針となる金融政策ルール、特にその代表的なルールであるテイラールールを取り上げる。

　テイラールールは、スタンフォード大教授のジョン・テイラーが1990年代初に提唱した金融政策ルールで、政策金利をインフレ率や産出量ギャップといったマクロ経済変数の変動にどう反応させるかを表した関係式で表現される。このため、政策ルールは政策反応関数と呼ばれることもある。

　ただし、注意してほしいのは、金融政策ルールは、それに厳格に従って金融政策を運営していくことを求めるものではないという点である。むしろ、金融政策運営のための大まかな指針であり、過去の政策運営も結果として、何らかの金融政策ルールに従っていたかのようにみえると考えることが適当である。

　また、中央銀行は短期金利をコントロールすることで金融政策を運営しているが、その政策効果は、短期金利の水準だけでなく、政策金利の将来経路についての情報がイールドカーブにどう反映されていくかが重要である。このため、金融政策ルールは、マクロ経済の将来の経路をどう想定し、それに沿って、どのように金融政策を運営していくか、というコミュニケーションの基礎を提供することも重要な役割となる。

2　ルールと裁量

　金融政策の運営方法としては、大きくルール（rule）と裁量（discretion）の二つに大別される。

　まず、裁量とは、経済の変動に対して、その時どきの判断で柔軟かつ機動的に対応していくことである。これを一貫した指針を有しない「手ぶらの裁量」と呼ぶ。こうした政策運営には、常に政策ラグの問題がつきまとう。

　経済に生じたショックを認識し、政策を企画・立案、実施に移した後、さらに経済活動や物価へ効果が波及するまでには、かなりの時間を要する。政策を実行した後、政策効果が発現するまでには、1 年半から 2 年程度かかるのが一般的である。このため、現時点で機動的に政策金利を動かしたとしても、その効果が発現する時点では金融・経済情勢は大きく変わっている可能性が考えられる。景気を浮揚させるために金融緩和を行っても、緩和効果が発現する頃には、景気拡大が行き過ぎ、インフレを抑制するための金融引締めに転じる必要があるかもしれない。

　こうした政策ラグを考慮すると、裁量的に政策を運営すると、マクロ経済の変動を安定化させるのではなく、むしろ経済変動を増幅する可能性もあることになる。このため、完全に手ぶらの裁量が望ましいとはいえない。

　手ぶらの裁量と対局的な提案として、厳格なルールが提唱されることがある。代表的なものとして、毎年の通貨供給量の伸び率をある一定の値である k ％にするよう金融政策を行っていく、ミルトン・フリードマンの「k ％ルール」である。このルールの基本的な考え方は、政策ラグの問題を考慮すると、金融政策自身が経済の撹乱要因となることを避けるべきであり、そのためには、金融経済環境の変化にかかわりなく、中長期的に通貨供給量を一定のペースで増加させる政策をとるべきであると考えることになる。

　テイラールールは、k ％ルール同様に、ルールという用語が使われているが、より一般には「限定された裁量（constrained discretion）」と呼ばれる、上記二つの手ぶらの裁量と k ％ルールの間に位置する考え方になる。これは、厳格なルールではなく、経済情勢に応じた裁量的な政策運営を行う

が、そうした裁量的な政策判断を、時間を通じて一貫したものとするような政策指針に基づいて実施していくことになる。この場合、金融政策効果としては、予想されない政策のショックよりも、予想された政策変更の積み重ねがより重要であると考えることになる。

BOX7-1：金融政策運営の考え方の変遷

　テイラールールに代表される政策ルールが金融政策運営のうえで重要な役割を担うようになってきたのは、1980年代後半以降、金融政策運営に関する考え方が大きく変化したことが大きい。

　それ以前の中央銀行は、秘密主義で透明性が低い金融政策運営を行っていた。基本的な発想は「説明せず、弁明せず」で、金融政策の行動がすべてと考えられていた。中央銀行の神秘性（mystique）が尊重され、金融政策の有効性については、政策行動の予想されない側面が重視されていた。たとえば、この時期の日本銀行の金融政策は、旧法下ではあったが、「マル卓」と呼ばれる役員集会で実質的な議論が行われ、極秘裏に開催される政策委員会で政策変更が決定されており、政策変更が予想されないように運営されていた。

　これに対して、現在の中央銀行は透明性を重視する。そこでは、金融政策運営の独立性と民主制下での説明責任のバランスをどうとっていくかで、中央銀行制度の設計がなされるようになっている。また、金融政策の有効性を高めるために、人々の長期インフレ予想や将来の経済情勢、金融政策の見通しなどに関する期待制御が重要であることが強調されるようになっている。このため、金融政策の有効性を考えるうえで、政策行動の予見可能性が重視されるようになっている。

3　テイラールールの基本形

　テイラールールは、政策金利の誘導水準をインフレと産出量ギャップに結びつける政策反応関数として定義される。テイラールールは、近年、ニューケインジアンモデルを使った金融政策分析の中で広く利用されており、実践

的な政策指針であるが、前述したように、一切の裁量を排除する厳格なルールではないことに注意してほしい。この場合、テイラールールからの逸脱にも意味がある場合がある（後述 BOX7-2 を参照）。また、テイラールールは、金融政策の将来経路に関するコミュニケーションの基盤としての役割も果たしている。

　テイラールールの基本形は、(1) 式で表現される。

$$i = r^* + \pi^* + \alpha(\pi - \pi^*) + \beta(y - y^*) \tag{1}$$

なお、ここで、i は名目政策金利、r^* は均衡実質金利、π^* はインフレ目標、π はインフレ率、y は産出量（対数変換値）、y^* は潜在産出量（対数変換値）である（潜在産出量については第9章で解説する）。

　さらに、(1) 式を書き直すと、次式を得る。

$$i = r^* + \pi + (\alpha - 1)(\pi - \pi^*) + \beta(y - y^*) \tag{2}$$

政策金利は、最も満期の短い翌日物金利であるため、現在のインフレ率を控除したものを実質政策金利と考えることができる。このため、(2) 式右辺の π を左辺に移項すると、実質政策金利の水準を示す式と解釈できる。

　テイラールールにおいて望ましい政策金利の水準を決める要因は以下の三つになる。第一に、実際に観察されるインフレ率とその目標水準との差である。インフレ率が目標水準よりも高ければ、政策金利を引き上げ、逆に、インフレ率が目標水準よりも低ければ引き下げることになる。

　第二に、GDP ギャップである。GDP ギャップとは、実際に観察される実質 GDP と、経済にある資本・労働といった生産要素を効率的に活用して産出できる GDP の水準（潜在産出量と呼ばれる）の差を指す。この場合、GDP ギャップがプラス方向に大きくなっていくと、景気が改善から過熱に向かっており、逆にマイナス方向に小さくなると、景気が後退していくことを意味する。

　第三は、定数項に相当する部分である。これは、インフレ率が目標水準と一致し、GDP ギャップがゼロ（つまり、実質 GDP が潜在産出量と一致）であるときの政策金利の水準に相当する。言い換えると、経済が均衡状態にあ

るときの政策金利ということになる。

　この定数項は、名目金利を実質金利とインフレ予想に分解するフィッシャー方程式を使って、均衡実質金利と長期インフレ予想の二つの要素に分解できる。均衡実質金利は、長期的な潜在成長率と関係しており、経済成長トレンドが高ければ、均衡実質金利の水準も高くなる。また、長期インフレ予想は、金融政策に対する信認が確立されていれば、中央銀行の設定するインフレ目標近くにアンカー（釘付け）されている。このため、定数項は、一般には、均衡実質金利とインフレ目標の和であると想定される。

　テイラールールの提唱者であるジョン・テイラーは、(1) 式について、$r^* = 2.0$、$\pi^* = 2.0$、$\alpha = 1.5$、$\beta = 0.5$ と仮定することで、米国の FF 金利の1980 年代から 1990 年代初めの動きを、極めてうまく再現できることを示した。

　テイラールールで必要とされる情報は、データ公表までのタイムラグなどから、リアルタイムで利用可能でないものもある（インフレ率や産出量ギャップ）。このため、実際の Fed の政策運営がテイラールールに厳密に沿って、運営されているわけではない。ただ、事後的にテイラールールでかなりの程度、政策金利の動きを再現できるということは、リアルタイムで、先行きの経済・物価環境を予測しながら運営されている Fed の金融政策が、マクロ経済変動と一貫性の高いものであることを示している。

　なお、GDP ギャップを将来の物価変動圧力の代理変数と捉えれば、テイラールールは現在および将来の物価情勢に反応するルールと解釈することもできる。つまり、GDP ギャップがインフレの先行指標であるという意味でプリエンプティブな要素を取り込んだ、しかもシンプルなルールと考えることができる。

4　テイラー原理

　テイラールールにおいて重要なポイントは、マクロ経済の安定化のために、インフレ率にかかる係数 α が 1 よりも大きな値をとる必要がある点である[1]。これをテイラー原理（Taylor principle）という。

　いま、単純化のために産出量ギャップが不変であるとして、その影響を無視することにする。その場合、α が 1 以上であれば、インフレ率が 1% 上昇すると、政策金利は 1% 以上引き上げられることになる。その結果、名目の政策金利からインフレ率を差し引いた実質の政策金利も必ず上昇することになる。逆に、α がプラスの値であっても 1 未満であれば、1% のインフレ率上昇に対して、政策金利は 1% 未満でしか引き上げられず、実質の政策金利は、むしろ低下する結果となる。

　金利のマクロ経済への影響を考えるにあたっては、名目金利からインフレ率の影響を控除した実質金利で考える必要がある。たとえば名目借入金利が 3% のとき、インフレ率が 1% であると実質借入金利は 2%、インフレ率が 2% だと実質借入金利は 1% ということになる。このため、同じ水準の名目金利であっても、インフレ率の水準によって、借入の実質的な負担が異なることになる。

　このように考えると、景気を抑制して、インフレ率を低下させるためには、実質金利を上昇させる必要があるということになる。逆に、景気を刺激して、インフレ率を上昇させるためには、実質金利を引き下げる必要がある。そして、名目と実質の政策金利を同じ方向に動かすためには、インフレ率の変動以上に名目政策金利を変動させる必要があることになる。これが、テイラー原理が意味することになる。

　以上の関係を、図 7-1 を使って確認しておこう。ここでは、GDP ギャップを引き続き無視することとし、$\pi^* = 2.0$、$r^* = 2.0$ としたうえで、α について 1.5 と 0.8 の二種類を仮定する。縦軸に政策金利、横軸にインフレ率をとっているが、左側の名目政策金利のグラフでは、α はプラスであるため、インフレ率と政策金利の関係は両者とも右上がりとなっている。つまり、インフレ率が上昇するにつれて、名目政策金利が引き上げられ、見かけ上はいずれも金融引締めが行われているようにみえる。

　ところが、右側の実質政策金利のグラフをみると、$\alpha = 1.5$ のケースは引き続き右上がりとなっているが、$\alpha = 0.8$ のケースは右下がりとなっている。こ

---

1) テイラー原理は、理論的には、均衡の一意性の必要条件となる。

図7-1　テイラー原理

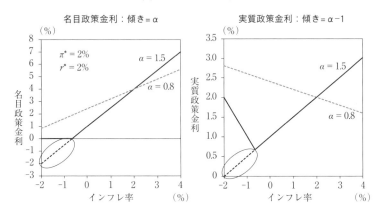

名目政策金利：傾き＝α　　　　　実質政策金利：傾き＝α−1

れは、αが1よりも小さいため、インフレ率の上昇に名目政策金利の引上げが追いつかず、インフレ率の上昇につれて、実質ベースでみると実は金融引締めではなく、金融緩和が進んでいることになる。

　なお、図7-1において、もう一つ注意すべき点は、名目金利の実効下限（ELB: effective lower bound）制約の影響である。左側の名目政策金利は、実線はゼロ以下には引き下げられないと想定して描かれている。ELB制約が存在しなければ、図中の細点線で示したように、インフレ率が−0.67％を超えて低下しても、政策金利をゼロ以下に引き下げることができる。この結果、右側の実質政策金利は、インフレ率が−0.67％で反転上昇し始めることになる。これは、インフレ率が大きく低下し、名目金利のELB制約に低触する状況に陥ると、インフレ率が低下しても政策金利を引き下げることができず、テイラー原理を充足できなくなることを意味している。この点は、第11章・非伝統的金融政策の章で改めて議論したい。

5　テイラールールの実践的な解釈

　図7-2は、日本のデータを使って、テイラールールを再現したものである。ここでは、$\pi^* = 2.0$、$\alpha = 1.5$、$\beta = 0.5$と仮定しているが、r^*については、

図 7-2　テイラールール

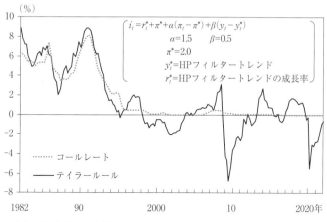

資料：内閣府「国民経済計算」、総務省「消費者物価指数」、日本銀行

バブル崩壊前後でのトレンド成長率の大幅な変化を考慮し、実質 GDP の HP フィルタートレンドの成長率を使っている。

　この図をみると、コールレートが 0.5％に低下し、名目金利の実効下限（ELB: effective lower bound）制約にほぼ到達した 1995 年までは、コールレートの動きをかなりの程度説明できることがわかる。

（1）　実質金利の水準

　オリジナルなテイラールールでは、GDP ギャップは線形トレンドからの乖離を使っており、均衡実質金利は一定と仮定されている。これに対し、図 7-2 では、GDP ギャップに実質 GDP に HP フィルターを適用し、トレンドを除去した残差、均衡実質金利に HP フィルタートレンドの前年比を使っている。

　図 7-3 には、日本の実質 GDP（対数変換値）に HP フィルターを適用し、トレンド成長率とトレンドからの乖離（GDP ギャップの代理変数）に分解した結果を示している。

　この図で注目すべき点は、1990 年代入り後のトレンド成長率の大幅な下

図 7-3　GDP 成長トレンドの分解

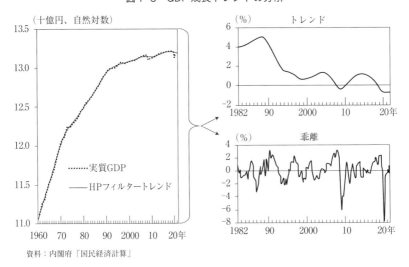

資料：内閣府「国民経済計算」

方シフトである。この場合、実質金利はトレンド成長率と密接に関係していると考えられることから、この時期のわが国の金融政策について、テイラールールをベンチマークとして評価しようとする場合、実質金利を一定と仮定した計算結果では、適切に評価できない可能性が考えられる。つまり、テイラールールを使ううえでは、均衡実質金利と GDP ギャップの計算方法の整合性に注意していく必要がある。

（2）　リアルタイムでのトレンドの判断

上述した問題は、潜在産出量の推計結果が異なれば、GDP ギャップが異なり、観測されているインフレ率、GDP 水準、およびインフレ目標値が同一であったとしても、適切な金利水準が異なることを意味している。これは、リアルタイムでの、実質 GDP の成長経路の評価の難しさを意味している。

この点を図 7-4 で考えてみよう。図に縦線で示した 1987 年第 1 四半期は、バブル期に先立つ円高不況の景気ボトムである。この時点において、1977 年第 4 四半期からの線形トレンドを引いてみると、ほぼ年率 3.5％の成長経路に相当する。しかしながら、1987 年第 1 四半期以降、1991 年央頃ま

図 7-4　トレンドの評価

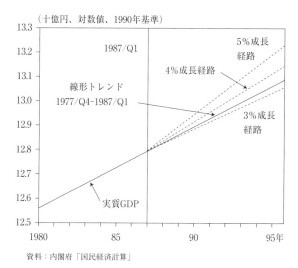

（十億円、対数値、1990年基準）

資料：内閣府「国民経済計算」

で、実質 GDP は5%の成長経路にほぼ沿って拡大している。この時期、CPI
インフレ率は極めて安定して推移しており、GDP ギャップを通じたインフ
レ圧力が抑制されているのは、潜在産出量の成長経路が上方へシフトしてい
るからであると認識された可能性が考えられる。

　もちろん、こうした GDP の成長経路の過大評価は、事後的にみれば、致
命的な判断の誤りということになる。ただし、成長経路が上方屈折していな
いとの判断に至るためには、実質 GDP データの蓄積が必要である。バブル
拡大期のユーフォリア的な時代の雰囲気の中で、リアルタイムの判断を的確
に行うことは極めて難しい作業であったと推測される。

　経済情勢の判断においては、こうしたリアルタイムでの判断を巡る問題が
常に存在していることに留意していく必要がある。

BOX7-2：テイラールールの運用

　テイラールールは、金融政策の運営を考えるうえで非常に重要な役割を果
たしている。しかし、繰り返しになるが、テイラールールに厳格に沿って政

策運営をすることが必ずしも望ましいとは限らない。

　もちろん、テイラールールの変数となっているインフレ率と GDP ギャップは、マクロ経済の変動を捉えるうえで、重要な経済指標であることは間違いない。また、この二つの経済指標は、物価の安定という金融政策の目標とも非常に密接な関係がある。ただ、その時どきの経済情勢によっては、テイラールールからあえて乖離し、より積極的な金利の引上げ、引下げを行うことが望ましい可能性も考えられる。

　たとえば、図7-2を再びみると、バブル崩壊後の1990年代前半において、コールレートが2%程度に達するまでの間、その推移は、ほぼテイラールールに沿ったものであったようにみえる。ただ、バブル崩壊によって金融システムに大きな負荷がかかり、不良債権処理に極めて長い時間を要したことを考えると、バブル崩壊直後の時期にこそ、より積極的な金融緩和が必要であったのかもしれない。

6　柔軟なインフレ目標政策

　以上みてきたようなテイラールールは、手ぶらの裁量でもなく、厳格なルールでもない、その中間に位置する限定された裁量を体化した政策ルールと考えられる。そして、それを金融政策運営の中で実践しているのが柔軟なインフレ目標政策（flexible inflation targeting）である。

（1）　金融政策のベストプラクティス

　柔軟なインフレ目標政策では、マクロ経済の変動に対して、中長期的に一貫した対応を行い、政策運営の高い透明性を確保する一方で、経済の短期的な変動に対しても柔軟に対応し、マクロ経済の安定化を図っている。

　具体的には、まず、物価安定目標の実現に強い公約を行い、それを実現することで、金融政策に対する信認を高めることを目指す。そして、政策運営に対する信認を確保した後は、短期的な外的ショックに対して柔軟に対応し、マクロ経済の安定化を図っていく。その結果として、景気と物価の変動

は安定化し、さらに金融政策に対する信認を高めていくことにつなげていく。

　また、柔軟なインフレ目標政策は、展望レポートの公表や総裁の定例的な記者会見など、情報発信の拡充策などと組み合わせて、物価安定目標に対する信認を確立することで、政策運営の有効性を高めることと、マクロ経済の安定化を実現することの相乗作用が期待できる。

　柔軟なインフレ目標政策は、限定された裁量を実践する金融政策運営のベストプラクティスということができよう。

（2）　物価水準目標政策

　インフレ目標政策とよく似た政策運営枠組みとして、物価水準目標政策がある。この政策運営枠組みは、デフレから脱却するための非伝統的金融政策の文脈で使われることが多い。

　両者のちがいについて、図7-5を使って整理しておこう。インフレ目標政策は、インフレ率に目標水準を設定するが、物価水準目標政策では、一定のペースで上昇する物価水準の経路に目標を設定する。たとえば、同一の2%の上昇を想定するのであれば、インフレ目標政策はインフレ率、物価水準目標政策は物価水準とちがったかたちで、同一の物価の経路を目標にしているようにみえる。

　ただ、両者のちがいは、大規模なデフレショックに経済が見舞われ、物価水準がいったん大きく低下した場合に顕著となる。このとき、インフレ目標政策では、デフレショックで低下した物価水準を新たな出発点として、そこからできるだけ速やかにインフレ率を2%に押し戻すよう、政策が運営される。

　これに対して、物価水準目標政策では、デフレショックで低下した物価水準を取り戻し、元の物価水準経路への復帰を目指すよう政策が運営される。この結果、インフレ率の経路で考えると、インフレ目標政策は、低下したインフレ率からできるだけスムーズに2%へと戻る経路を目指すことになるが、物価水準目標政策では、元の物価水準経路に戻るまでの間、2%を超えるインフレ率を実現し、徐々に2%に戻っていく経路を目指すことになる。

図7-5　物価水準目標政策とインフレ目標政策

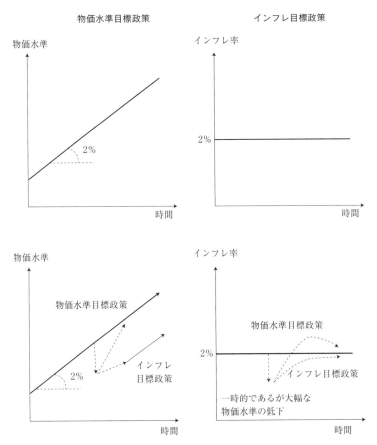

このように、いったんインフレ目標を超える水準にインフレ率を押し上げることをオーバーシュートと呼ぶ。

┌╌ BOX7-3：インフレ目標政策の初期の試み ╌┐

インフレ目標政策は、1990 年代初めに、ニュージーランド（1990 年 3 月）、カナダ（1991 年 2 月）で導入された後、英国（1992 年 10 月）、スウェーデン（1993 年 1 月）などでも導入され、その後、小国開放経済を中心に導入が進

図7-6　ニュージーランドのCPI

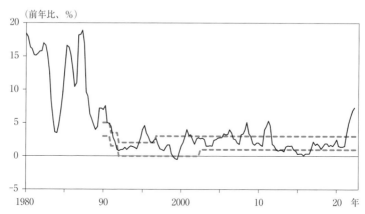

資料：ニュージーランド統計局（Stats New Zealand）

　んだ。2010年代に入ると、米国、日本でもインフレ目標の数値定義が明定され、現時点では、ほぼ世界中の中央銀行における金融政策運営の基本的な枠組みとなっている。

　導入の背景として、ニュージーランド、カナダでは、1970年代の石油危機後、財政赤字とインフレに悩まされ、停滞していたマクロ経済パフォーマンスを回復させるため、財政政策なども含めたマクロ経済政策全体の枠組みを見直す作業の一環として、インフレ目標政策が導入された。これに対し、英国とスウェーデンは、1992年の欧州通貨危機によって、ユーロの前身となる欧州通貨制度であった欧州為替相場メカニズム（ERM: Exchange Rate Mechanism）からの離脱を余儀なくされ、固定為替レートに代わるノミナルアンカーとしてインフレ目標政策が導入されたというちがいがある。

　最初の導入国であるニュージーランドのCPIの推移を確認すると（図7-6）、1990年の導入に向けて10%を超える水準にあったCPI上昇率が急速に低下し、導入後は、一時的・撹乱的な要因の影響を受け多少上下に変動しているが、総じてみると、低位安定していることがわかる。また、導入後しばらくの期間は、目標レンジが幾度か変更されているが、2002年以降は、1～3%のレンジで固定されている。

なお、この間の金融政策運営を振り返ると、導入当初は、インフレ目標政策への信認確立が優先され、インフレ率の変動に対してかなり厳格な政策対応が採られていたが、信認の確立とともに、より柔軟に経済への外生的ショックへ対応する運営へと変貌してきている。

こうした変化は、金融政策の運営枠組みとして、当初は、信認確立のため「統計上の物価安定」を重視していたが、信認確立につれて、より「持続的な物価安定」に軸足が移っていったと解釈できよう。

◆キーワード◆

裁量とルール	トレンドの評価
政策反応関数	柔軟なインフレ目標政策
テイラールール	金融政策のベストプラクティス
テイラー原理	物価水準目標政策

◆練習問題◆

1. 金融政策は物価の安定を目的として運営されている。では、その政策運営の指針となるテイラールールには、なぜインフレ率のほかに、GDP ギャップが含まれているのであろうか。

2. マクロ経済の安定のために、なぜテイラー原理を満たす必要があるのか。また、もし満たしていない場合は、どのような事態が生じ得るか。

3. インフレーションターゲティングは、物価安定の目標数値を公表し、その目標に強くコミットすることで政策を運営している。ただし、こうしたインフレーションターゲティングに基づく政策運営は、それ以外にもさまざまな仕組みによって支えられている。日本銀行での金融政策運営を題材に、どのような制度的な枠組みが重要な役割を果たしているか考えてみよ。

第8章

金融市場調節

● 本章は、技術的な要素が多く、通常、「金融政策」に特化した教科書以外ではほとんど取り上げられない金融政策の第一歩となる「金融市場調節」について理解を深めることを目的としている。

● まず、銀行間の資金過不足を調整する場であるコール市場の役割や、その市場における絶対的な資金過不足の変動について解説する。そのうえで、この絶対的な資金過不足を中央銀行が金融市場調節によってどのように対応しているかを説明する。また、そうした金融市場調節を通じて、政策金利を安定的に目標水準に誘導するための制度的枠組みについて解説する。

● こうした説明は、金融政策運営の基本形として、短期金利が有意にゼロよりも高いことを前提として、中央銀行は、どのようにして最も短い満期の金利を政策金利としてコントロールしているかというものである。ただし、こうした点は、ゼロ金利のもとでの非伝統的金融政策の運営を考える際にも有用な視点を提供する。

1 金融市場調節とは

日本銀行が金融政策運営上、操作対象としている金利は、無担保コールレートという短期資金市場の金利である。同様に、米連邦準備制度（FRB）はフェデラルファンドレート（FF レート）という同様の短期資金市場金利を操作している。欧州中央銀行（ECB）の政策金利はリファイナンスレートと呼ばれる ECB の貸出金利であるが、金融市場調節は ESTR（European Short-term Rate）という短期資金市場金利を安定化するよう運営されている。

図 8-1 に、これら日米欧の政策金利の動向をプロットしている。日本では、1995 年にコールレートが 0.5％まで低下した後、一貫してゼロ近傍で推移している。また、米欧も、2008 年のグローバル金融危機、2020 年の新型コロナウィルス感染症拡大という二度の大きなショックに直面した後、ゼロ％近くで推移している。ただし、米国では、2022 年に入り、高進するインフレに対応するため FF レートを急速に引き上げている。

金融市場調節は、原則年 8 回開催される金融政策決定会合で決定された「金融市場調節方針」（図 8-2、ディレクティブと呼ばれることもある）を受け、政策金利である無担保コールレート・オーバーナイト物を目標水準へと誘導していく金融政策運営の第一歩である。日本銀行は、債券売買などのオペレーション（公開市場操作と呼ばれることもある）によって、コール市場の需給バランスを調節しながら短期金利を誘導している。

この金融市場調節方針は、2006 年 3 月に量的金融緩和政策を修了し、金融政策の誘導目標が短期金利に変更された後、ゼロ％であった目標水準を初めて引き上げたときのものである。このとき、図 8-3 に示したように、コールレートは、目標水準とされた 0.25％に即座にジャンプしている。

日本銀行は、金融市場調節によって、短期金利を目標水準に即座に誘導できるのであろうか。この問いの答えは、短期金融市場の需給をバランスさせることができるのは、中央銀行による中央銀行マネーの供給だけであるということである。

図 8-1　主要中央銀行の政策金利

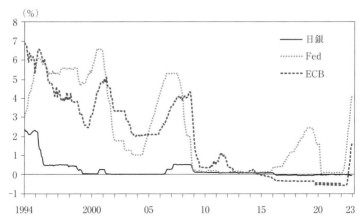

備考：ECB の政策金利は、2019 年 10 月以降は ESTR。従来の EONIA（European Overnight
　　　Index Average）は 2021 年末で作成中止。
資料：日本銀行、Federal Reserve Board、European Central Bank

図 8-2　金融市場調節方針（ディレクティブ）

2006 年 7 月 14 日
日　本　銀　行

金融市場調節方針の変更について

1．日本銀行は、本日、政策委員会・金融政策決定会合において、次回金融政策決
　定会合までの金融市場調節方針を、以下のとおりとすること（公表後直ちに実施）
　を決定した（全員一致）。

　　　　無担保コールレート（オーバーナイト物）を、0．25％前後で推移する
　　　よう即す。

資料：日本銀行

図8-3 政策金利（コールレート）の目標水準への誘導

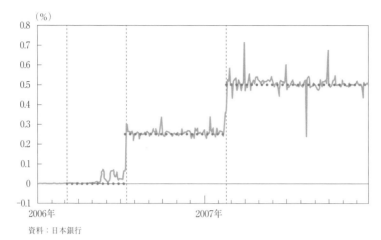

資料：日本銀行

2 コール市場と金融市場調節

コール市場は、金融機関同士が短期的に資金を融通し合う市場である[1]。金融機関は、日々、日本銀行当座預金（以下、日銀当預）を通じてさまざまな資金決済を行っている。その過程では、日銀当預残高が過小になったり、過剰になったりする。そうしたとき、過小になった金融機関が過剰の金融機関から資金を借りることで、各金融機関の日銀当預残高を適正水準に維持しようとする。このように、コール市場は、金融機関同士が日銀当預残高を調整する場であり、金融市場調節の場として、日本銀行にとって最も身近にある市場といえる（図8-4）。

コール市場は、日銀当預残高を貸し借りする市場であり、そこでの資金需給には、日銀当預の増減が影響する。日銀当預増減の基本的な要因は、銀行券要因（日銀との間での銀行券の受払い）と財政要因（租税・社会保険料の納付、国債の発行・償還、公共事業費・地方交付税交付金の支払いなど）の

---

1) 本章で取り上げるコール市場を中心とするインターバンク市場については、東短リサーチ（2019）がより詳細な説明を行っている。

図 8-4　コール市場と金融市場調節

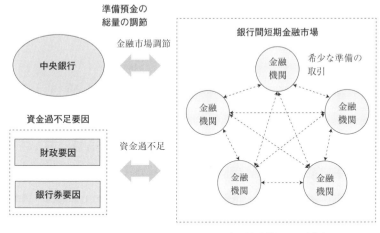

二つとなる。これら二つの要因は、金融機関にとって外生的なものであり、金融機関が全体として保有している日銀当預の残高を増減させる。このため、コール市場の中で絶対的な資金過不足を埋め合わせることはできない。

　この絶対的な資金の過不足（資金過不足）を埋め合わせるのが、日本銀行による金融市場調節である。日本銀行が資金供給を行うと、金融機関が全体として保有している日銀当預の残高は増加する。このため、コール市場において、他の金融機関から資金を調達し、資金決済に充当しようとする資金の取り手が減少する一方、他の金融機関に資金を貸し付けようとする資金の出し手は増加する。結果として、日本銀行の資金供給は、コール市場金利を低下させることになる。同様にして、日本銀行の資金吸収は、コール市場金利を上昇させることになる。

　このように、日本銀行は、最も身近な市場であるコール市場の需給を調整することで、金利を操作している。

　では、なぜその中でも特に翌日物（オーバーナイト物）金利を対象としているのであろうか。コール市場での取引は、オーバーナイト（O/N）物以外

図 8-5　コール市場取引残高

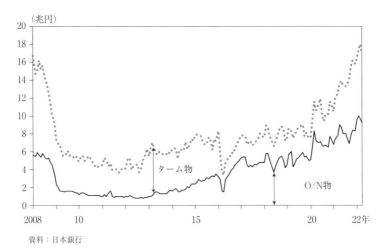

（兆円）

資料：日本銀行

にも、2日以上のターム物という取引も行われている。この場合の取引期間
は、長い物では3カ月程度のものまで存在している。図8-5に無担保コール
市場での取引期間別の残高をプロットしている。もちろん、オーバーナイト
物の取引残高が最も大きく、市場の厚みも大きい。

BOX8-1：コール市場の取引残高

　コール市場の取引残高は、やや長い時系列でみると、市場環境の変化に応
じてかなり大きく変動している。短期金融市場は1980年代中頃から整備が進
み、コール市場の取引慣行の整備が進み、1990年代半ばにかけて残高が大き
く膨らんだ。その後、1999年2月にゼロ金利政策が開始されると大きく低
下、ゼロ金利政策の解除後、いったん持ち直したあと、2001年3月の量的金
融緩和政策開始後、再び大幅に縮小した。

　量的金融緩和政策の解除に向けて残高が徐々に増加したが、2008年秋の
リーマン・ショック後、再びコールレートの目標水準が0.1％までに引き下げ
られるにつれて、残高も大きく減少した。その後、2013年4月の量的質的金
融緩和政策が開始された後も低水準で推移したが、2016年2月のマイナス金

図 8-6　コール市場取引残高

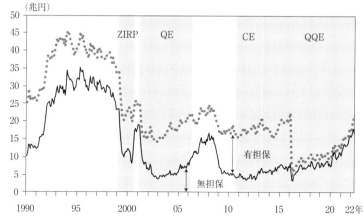

備考：ZIRP（ゼロ金利政策、1999 年 2 月～2000 年 8 月）、QE（量的金融緩和政策、2001 年 3 月～
　　　2006 年 3 月）、CE（包括的な金融緩和政策、2010 年 10 月～2013 年 4 月）、QQE（量的質的
　　　金融緩和政策、2013 年 4 月～）
資料：日本銀行

利政策の適用開始以降、担保の受渡し等のコストを要する有担保コール取引
はほぼ消滅状態となった。

　ただ、そうした中で、マイナス金利での裁定取引が徐々に活発化し、無担
保コール取引の残高も緩やかに回復している（図 8-6）。

3　資金過不足の要因

　資金過不足の要因は、すでに述べたとおり、銀行券要因と財政要因であ
る。これらの要因と資金過不足の関係を表 8-1 に示したが、この場合、資金
過不足の方向は、日銀当預の増減と同じ方向になる。すなわち、資金余剰は
日銀当預が増加する方向であり、銀行券要因だと民間金融機関による日銀へ
の銀行券預入（銀行券の還収と呼ぶ）、財政要因では、公共事業費・地方交
付税交付金の支払いや国債の償還など、財政資金支払いになる。同様に、資
金不足は日銀当預が減少する方向であり、銀行券要因は、民間金融機関によ

表 8-1 資金過不足要因

	資金余剰	資金不足
当座預金残高	増加	減少
銀行券	預入	引出
財政資金	支払	受取

る銀行券引出し（銀行券の発行と呼ぶ）、財政要因は、租税・社会保険料の納付、国債の発行などになる。

（1） 年間を通じた資金需給の変動

これらの資金過不足要因については、年間を通じた季節性がみられることが特徴である。図 8-7 に、2010 年から 2021 年までの各月の平均値を使って、資金過不足要因の平均的な年間変動を示した（プラス方向が資金余剰、マイナス方向が資金不足）。

銀行券要因については、1 月と 5 月が資金余剰要因、4 月と 12 月が資金不足要因となっている。これは、年末年始、ゴールデンウィークの銀行券需要が高まる時期に向かって、ATM からの引出しに対応するため、民間金融機関が日銀から銀行券を調達する一方、需要期が終了すると、引き出された銀行券が民間金融機関に還流し、これがさらに日銀に持ち込まれることになる。

財政要因として、資金余剰方向には年金の支払い、国債の償還・利払い、資金不足方向には租税の納付などの要因が大きい。たとえば、年金は偶数月に支払いが行われるほか、国債の償還・利払いは四半期末月（3、6、9、12 月）に集約されている。また、租税の納付としては、夏冬のボーナス分の源泉所得税が 1 月、7 月、8 月に納付されるほか、法人税は 6 月に最大の納付となる。ただし、財政要因はさまざまな要因が組み合わされるため、月単位でみると打ち消し合う結果となることも多い。

（2） 月中の資金需給の変動

そこで、図 8-8 で日次の変動をみておこう。この図は、2021 年 12 月の日

図 8-7　資金過不足（年間変動）

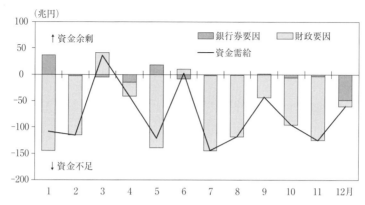

備考：図中の計数は、2010 年から 2021 年までの平均値。
資料：日本銀行

図 8-8　資金過不足（月中変動）

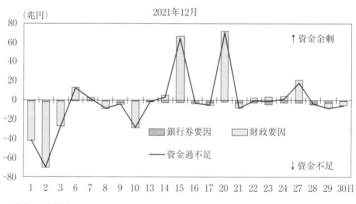

資料：日本銀行

次での資金過不足要因の推移をプロットしている。銀行券要因は、財政要因に比べ日々の変動が小さいが、12 月は、年末年始に向けての銀行券発行が膨らむ月で、銀行券要因が恒常的に資金不足方向に寄与している。ピークは 12 月 23 日であった。この間、財政要因は、月初の 12 月 2 日に、法人税中

間納付で大幅な資金不足要因となった後、15日に年金給付、20日に国債の償還・利払いで大幅な資金余剰要因となっている。

財政要因は、月中でみると、資金余剰・不足要因が相殺されるが、日次の変動は、特定日に資金余剰・不足要因のいずれかが集中するため、非常に変動が大きい。

4　金融市場調節

では、こうした資金需給の日々の変動を均す金融市場調節はどのように運営されているのであろうか。資金需給の変動を平準化させるためには、資金不足要因と資金余剰要因の双方に対応する必要がある。このため、日本銀行のオペレーションは、資金不足要因に対応する資金供給オペレーションと資金余剰要因に対応する資金吸収オペレーションを組み合わせることで、運営されている。

（1）　短期的な資金需給への対応

図8-9で、資金供給オペと資金吸収オペについて、日本銀行と金融機関の間の資金フローを整理している（CBは中央銀行、FIsは金融機関を意味する）。

ここで、ポイントになるのは、資金供給オペも資金吸収オペも短期の資金需給変動を平準化させる目的で実施される場合には、オペレーションに終期が設定されることである。オペレーションの始期において、資金供給オペレーションでは日本銀行が金融機関から有価証券を買い入れ、資金を供給するが、終期においては逆に日本銀行が金融機関に有価証券を売り戻し、資金を受け入れる。このため、オペレーションの始期と終期では資金フローが逆転し、資金供給オペの終期では、資金吸収が行われることになる。資金吸収オペも同様で、始期では資金吸収が行われるが、終期では資金供給が行われることになる。

金融市場調節の運営においては、先行きの資金需給の見通しを踏まえて、こうしたオペレーションの始期と終期で資金フローが逆転することを活用し

図 8-9　オペレーションと資金フロー

図 8-10　オペ手段の組み合わせ

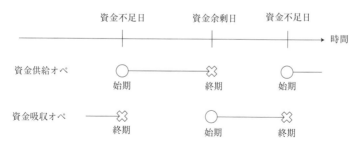

て、オペレーションが運営されている。概念図を図 8-10 に示しているが、資金不足日を出発点とする資金供給オペは、次の資金余剰日に終期を設定することで、追加的なオペレーションを行わずにある程度の資金余剰を自動的に吸収する。

　逆に、資金余剰日を始期とする資金吸収オペの終期を、次の資金不足日とすることで、自動的に資金供給を行うことをあらかじめ組み込むことができる。もちろん、資金不足日の不足幅と資金余剰日の余剰幅が一致するとは限らないため、追加的なオペレーションも組まれることになる。

（2） オペレーション手段

　表8-2に、各年度末時点において、オペレーション手段別の残高の推移を示している。2013年に量的・質的金融緩和政策（QQE: Quantitative and Qualitative Monetary Easing）が開始され、大規模な長期国債買入れオペが実施される以前においては、短期的な資金需給の変動を平準化させる中核的なオペ手段としては、共通担保資金供給オペが活用されていた。しかし、最近時点では、長期国債を中心とする大規模資産買入れオペ（LSAP: large-scale asset purchase program）が実施される中、貸出支援基金オペや新型コロナ対応特別オペなどの残高も膨らみ、共通担保資金供給オペの残高は大幅に減少している。

　なお、QQE開始以前の主力の資金供給オペ手段であった共通担保資金供給オペは、金融機関から日本銀行に差し入れられた共通担保を裏づけとして、対象先である金融機関に対して貸付を行うかたちで実施される。期間は1年以内であったが、2016年9月のイールドカーブ・コントロール政策導入後、10年まで延長されている。

　また、貸付利率は当初、金利の競争入札方式で実施されていたが、2010年に固定金利方式が導入されて以降、徐々に固定金利方式のウエートが高まり、2012月6月以降、金利競争入札方式はオファーされていない。

　マイナス金利政策開始以降、固定金利方式の適用金利はゼロ％となっている。

（3） 長期オペレーション

　QQEのもとでの金融市場調節ではちがいが不明瞭になっているが、金融市場調節を時間的視野のちがいに分けて整理しておくことも有用である。金融市場調節には、ここまで説明した短期的な資金需給の振れを調整する短期オペレーションに加え、長期的にみて、経済の成長に対応した趨勢的な中央銀行マネーへの需要の拡大に対応する長期オペレーションが実行されてきた（図8-11）。

　銀行券は、満期のない中央銀行の負債であり、その供給を短期オペレー

表 8-2　オペレーション手段

(年度末、単位：兆円)

年度	2012	2013	2014	2015	2016	2017	2018	2019	2020	2021
長期国債	91.3	154.2	220.1	301.9	377.1	426.6	459.6	473.5	495.8	511.2
CP	1.2	1.9	2.0	2.0	2.0	2.1	2.0	2.6	2.9	2.5
社債	2.9	3.2	3.2	3.2	3.2	3.2	3.2	3.2	7.5	8.6
ETF	1.5	2.9	4.5	7.6	12.9	18.9	24.8	29.7	35.9	36.6
J-REIT	0.1	0.1	0.2	0.3	0.4	0.5	0.5	0.6	0.7	0.7
貸出支援基金	3.4	11.8	27.0	30.1	43.4	45.6	46.1	60.0	60.0	61.6
買入短期国庫証券	16.4	31.6	37.9	36.9	32.6	18.8	7.9	34.2	34.2	12.7
被災地金融機関支援	0.4	0.4	0.3	0.3	0.5	1.5	0.7	0.5	0.5	0.5
新型コロナ対応特別オペ	—	—	—	—	—	—	—	3.4	64.8	86.8
共通担保資金供給	21.7	14.1	6.8	3.7	0.7	0.4	0.7	1.2	0.5	0.5
気候変動対応オペ	—	—	—	—	—	—	—	—	—	2.0
資産計	164.3	241.6	323.6	405.6	490.1	528.3	557.0	604.5	714.6	735.8
銀行券	83.4	86.8	89.7	95.6	99.8	104.0	107.6	109.6	116.0	119.9
当座預金	58.1	128.7	201.6	275.4	342.8	378.2	393.9	395.3	522.6	563.2
売現先勘定	14.5	13.4	17.6	0.2	3.4	0.3	0.2	24.1	0.6	0.9
負債・純資産計	164.3	241.6	322.6	405.6	490.1	528.3	557.0	604.5	714.6	735.8
マネタリーベース	146.0	219.9	295.9	375.7	447.3	487.0	506.3	509.8	643.6	673.4

資料：日本銀行

図 8-11　短期オペと長期オペ

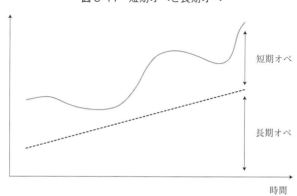

ションだけで行おうとすると、日々、膨大な金額のオペレーションを行う必要に迫られる可能性がある。この場合、経済成長に対応した銀行券の趨勢的な需要拡大に対しては、長期オペレーションで対応することは、金融市場調節の円滑な運営という観点からも有効性が高い。

日本銀行では、かつてから「成長通貨の供給」のために長期国債買切りオペを実施してきた。この点について、2001年3月に量的金融緩和政策を導入するにあたり、長期国債買切りオペの上限を、銀行券のフローではなく、発行残高とする歯止めを設けることが議論された。これは、円滑な量的拡大を実現していくために、短期オペレーションの札割れといった事態に対処するために、長期国債買切りオペ増額の余地を残すためである。こうした上限の設定は、日本銀行保有資産の固定化を回避し、金融市場調節の柔軟性を確保すると同時に、国債の買支えや財政ファイナンスを目的とするものではないことを明確にすることが目的であった。

その意味で、長期国債の買入れは、日本銀行にとって、円滑に銀行券を供給するために実施してきた伝統的金融政策手段といえる。ただし、その規模は、銀行券発行残高の範囲であり、その範囲を超えた長期国債の買入れは、非伝統的金融政策手段として位置づける必要がある（第11章 BOX11-6 を参照）。

5　政策金利の安定化メカニズム

こうした金融市場調節によって、政策金利を安定的に目標水準に誘導していくために、主要先進国の中央銀行では、ほぼ共通して、準備預金制度とコリドーシステムを組み合わせた制度的枠組みが構築されている。

準備預金制度は、金融機関に対して、その債務の大きさに応じて設定された所要準備を一定期間の間（日本では当月16日から翌月15日までの1カ月間）に積み立てることを求める制度である。この制度のもとで、所要準備を決済需要よりもやや高い水準に設定し、積み期間内で準備需要を平準化させ、準備需要曲線をフラット化させることで、準備需要の短期的な変動に対する金利の変動を抑制する。

図 8-12　政策金利の安定化メカニズム

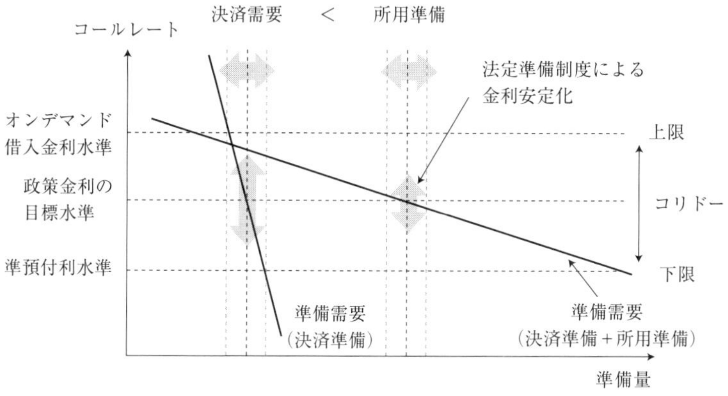

また、コリドーシステムでは、政策金利の上限・下限を設定する常設ファシリティを導入することで、政策金利の変動を上限・下限の範囲内に収めようとする。上限はオンデマンドでの中央銀行貸出、下限は準備預金付利制度を使うことが一般的である。これらを組み合わせた政策金利の安定化メカニズムの概念図を図 8-12 に示した。ただしグローバル金融危機後、各国で大規模な非伝統的金融政策がとられ、準備預金残高が大幅に増加したため、準備預金制度による準備需要曲線のフラット化の有効性は低下しており、コリドーシステムやその修正形であるフロアーシステムの重要性が増している。

（1）　準備預金制度

準備預金制度は、対象となる金融機関に対して、受け入れている預金等の一定比率（準備率）以上の金額を日本銀行に預け入れることを義務づける制度である。なお、預入れの最低金額を、法定準備預金額（または所要準備額）という。

準備預金制度は、1957（昭和 32）年に施行された「準備預金制度に関する法律」により、当初金融政策の手段として導入された。しかしながら、金融市場の整備が進み、政策金利をコントロールすることで金融政策が運営されるようになっており、準備率操作は、現在では、金融政策手段として利用

図 8-13　準備預金制度の機能

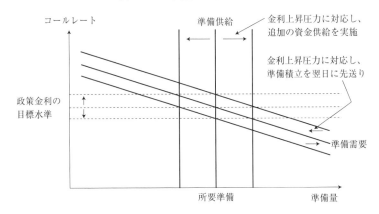

されていない。むしろ、政策金利のボラティリティを抑制する金利安定化機能としての役割が中心となっている。

　この金利安定化機能は、図 8-12 に示したように、日々の決済需要よりも少し高い水準に所要準備額を設定し、この水準を 1 カ月間（当月 16 日から翌月 15 日まで）平均で達成を求めることがポイントになる。

　民間金融機関は、日々、膨大な金額の資金決済を日銀当預により行っている。銀行間での決済不履行は、信用の失墜につながる可能性があるため、決済資金の準備需要は金利弾力性が低い。このとき、所要準備額を決済需要に対応する日銀当預残高よりも少し高い水準に設定することで、準備需要の金利弾力性を高めることができる。さらに、所要準備額について、1 カ月間の平均での達成を求め、日々のベースでは積み不足になってもかまわないとすることで、準備需要の金利弾力性をさらに高めることができる。

　この点について図 8-13 を使って確認しておこう。日々の準備預金需要は一時的な要因によって増減し、準備需要曲線が左右に変動する。需要が増大し、準備需要曲線が右方向にシフトすると、政策金利には上昇圧力がかかる。しかし、積み期間を通じて、平均的に政策金利の目標水準が実現するように準備供給が行われると予想されるため、準備積立を先送りすると、準備需要曲線は、再び左方向へシフトし、政策金利は目標水準に戻っていくこと

になる。逆に、一時的に需要が減少し、政策金利に低下圧力がかかれば、準備積立が前倒しされ、政策金利は目標水準に戻ることになる。

　もちろん、決済需要が大きく増減した場合には、中央銀行が追加的なオペレーションを実施し、資金供給量を増減させることで、準備に対する超過需要・超過供給を調整する必要が生じる可能性もある。ただ、積み期間を通じて考えると、中央銀行が予想される準備需要に見合ったかたちで資金供給を行うことで、政策金利を目標水準に誘導していくことができる。このように考えると、準備預金制度の中核的な役割は、中央銀行の当座預金に対する需要を安定的に予測可能とし、金融市場調節による政策金利の誘導を円滑に進めていくことにある。

BOX8-2：準備預金の積立ペース

　わが国の準備預金制度では、準備預金対象金融機関に対して、当月16日から翌月15日までの1カ月間で、所要準備を積み立てることが求められている。

　日本銀行が当座預金残高を所要準備残高とほぼ一致するように金融調節を行い、超過準備がほぼ存在しない状況においては、金融機関は、基本的には

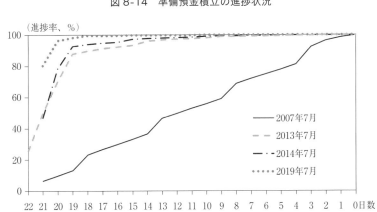

図8-14　準備預金積立の進捗状況

備考：日本銀行HPには5年前までのデータしか掲載されていないが、それ以前のデータは東京短資HPから入手できる。
資料：日本銀行、東京短資

毎日ほぼ同じ金額を積み立てていく。こうした状況では、短期金融市場環境や自らの資金ポジションなどを踏まえて、多少、積みのテンポを早めたり、遅らせたりするが、準備預金積立の進捗率は、積み期間に入る前日のゼロ％を出発点に、最終日に100％となるよう、ほぼ均等なペースで進む（図8-14の2007年7月のケース）。

しかしながら、QQE開始後は、大規模資産買入れによって大量の超過準備が恒常的に存在するようになっており、積立期間に入るとすぐほぼ100％となり、多くの金融機関が数日で積立を完了している（図8-14の2013年7月以降）。しかも、その傾向は、時間の経過とともに強まっている。こうした状況においては、準備預金制度による準備需要の平準化機能は、重要性が大きく低下している。

（2） コリドー方式

準備預金制度による金利安定化機能を補完する制度的枠組みとして、近年、広く利用されるようになってきたのが、コリドー（corridor）方式である。この制度では、政策金利に対し、変動の上限と下限を規定する常設制度を導入することで、政策金利の変動をその範囲内に収めようとする。コリドーは、回廊、通路といった意味があり、政策金利が上限・下限の範囲内で変動する姿を捉えている。

ここで、上限を規定するロンバート型貸出制度は、中央銀行に対して的確な担保を事前に差し入れておくことで、その範囲内で、金融機関が希望するタイミングで、政策金利に若干の割増金利を支払うことで、貸出を受けることができる。日本では、補完貸付制度と呼ばれている。

また、下限を規定するのは準備預金への付利制度である。オーバーナイトの市場金利が付利水準を下回ると、金融機関は余剰資金を市場で運用することをやめ、準備預金として預け入れたままとするため、市場金利の低下に歯止めがかかる。日本では、補完当座預金制度と呼ばれている。

以上のようなコリドー方式は、図8-15に示したように整理できる。中央

図 8-15　コリドー方式の機能

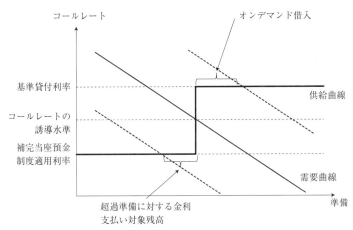

図 8-16　コリドーシステムの運用事例

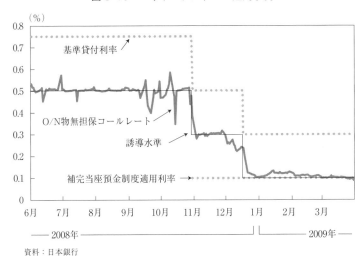

資料：日本銀行

　銀行の準備供給曲線は、所要準備額で垂直となっているが、金利が補完貸付
制度の適用金利となる基準貸付利率に達すると、それ以上の金利で市場から
資金を調達する代わりに、中央銀行からオンデマンドの借入を行おうとする

ため、その水準で水平となる。逆に、金利が補完当座預金制度適用利率の水準まで低下すると、市場での資金運用を見合わせ、準備預金に預け入れたまとまとするため、準備供給は再び、この金利水準で水平となる。この結果、準備需要が多少大きく左右に変動したとしても、金利変動は、上限・下限水準の範囲内で変動することとなる。

わが国では、2008年10月末に補完当座預金制度が導入され、超過準備に対する付利が開始された。その後、12月にコールレートの目標水準が1%に引き下げられ、付利金利と同一水準となるまでの間、ごくわずかの期間であるが、コリドー方式が運用された（図8-16）。

━ BOX8-3：フロア方式 ━

上述したコリドー方式は、中央銀行が当座預金残高を所要準備残高とほぼ一致するように金融調節を行っていくことを前提としている。これに対し、所要準備残高を大幅に上回る当座預金残高を供給し、大量の超過準備が恒常的に存在する状況では、市場金利に常に低下圧力が加わるため、下限水準近くで政策金利を安定化させるフロア方式がとられる。

図8-17　超過準備の推移

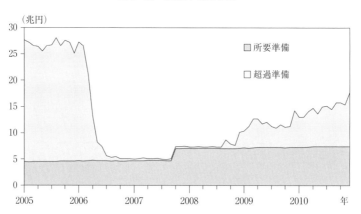

備考：図中の計数は、積み期間の平均残高。2007年10月以降、所要準備残高が増加しているが、これは、ゆうちょ銀行が準備預金対象金融機関に組み込まれたため。
資料：日本銀行

前掲図8-16に示したわが国の事例では、2008年12月にコールレートの目
標水準が0.1％に引き下げられ、付利金利と同一水準となって以降、実質的に
フロア方式に移行したと考えることもできる。実際、図8-17に示したよう
に、2008年12月以降、超過準備が大幅に拡大し、コールレートに低下圧力
が加わり続けていることがわかる。

　フロア方式は、大量の超過準備が存在するもとでの金利引上げにおいて
は、現実的な選択肢となると考えられる。非伝統的金融政策によって中央銀
行のバランスシートが大きく膨張しているとき、バランスシートを縮小し、
超過準備を解消するためには、資産サイドに保有している金融資産を大量に
売却する必要があるほか、超過準備を一気に縮小した場合の金融機関の資金
繰りにも懸念が残る。こうしたリスクを考慮すると、膨張したバランスシー
トをある程度維持したまま、金利を引き上げていくために、コリドー方式に
おける金利下限を活用していくことが考えられる。

　図8-18には、グローバル金融危機後、米国において、2015年12月から

図 8-18　米国のフロア方式での利上げ

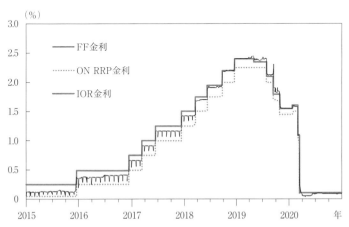

資料：Federal Reserve Board

始まった金利引上げの状況が示されている。米国 Fed は、2019 年 1 月にか
けて、FF 金利の目標水準を 9 回にわたり 2.5％まで引き上げている。この
間、FF 市場には、準備預金対象金融機関以外の参加者が多く、FF 金利は
当初、準備預金の付利水準を下回って推移していたが、金利水準の上昇とと
もに準備預金の付利水準程度で安定するようになっていった。このため、当
初、FF 金利の下限としては、Fed の余剰資金吸収手段であるオーバーナイ
ト・リバースレポ金利が利用されていた。

補論　外国為替市場介入と金融市場調節

　資金需給に影響を与える要因として、外国為替市場への介入資金が取り上
げられることがある。主要先進国では、為替市場介入の実施は、為替レート
が急激かつ大幅に変動したケースに限定されるが、実施した場合の介入額は
大規模なものとなり、大きく報道されるため、注目度も高い。

　外国為替市場への介入の仕組みを図 8-19 に示した。わが国では、外国為
替市場介入の決定権は、財務省が有している。日本銀行は、市場と直接対峙
しており、市場情報の収集等を担い、常日頃から財務省と協調して市場のモ
ニタリングを行っている。そうした中で、財務省が為替介入を実施すること
を決定すると、日本銀行は、それを代理人として遂行する。東京市場が稼働
している時間であれば、日本銀行から東京市場の参加者に直接、介入取引が
オファーされるが、東京市場が稼働していない時間帯は、海外の中央銀行に
委託して介入が実施される。

　外国為替市場介入は、大きく類型化すると、急速かつ過度な為替レートの
増価に対し、変動を緩やかにするスムージング（smoothing）介入と、相場
を反転させることを目指す逆張り（lean-against-the-wind）介入がある。
また、為替レートのトレンド変化の節目において、変化を後押しする順張
り・後押し（lean-in-the-wind）介入が実施されることもある。

　ただし、その有効性については議論が分かれており、明確な結論が出てい
るとはいえない。一般的には、外国為替市場の規模は非常に大きい一方で、
介入頻度はごく稀に行われるため、市場の需給に与える直接的な影響は限定

図 8-19　外国為替市場介入の仕組み

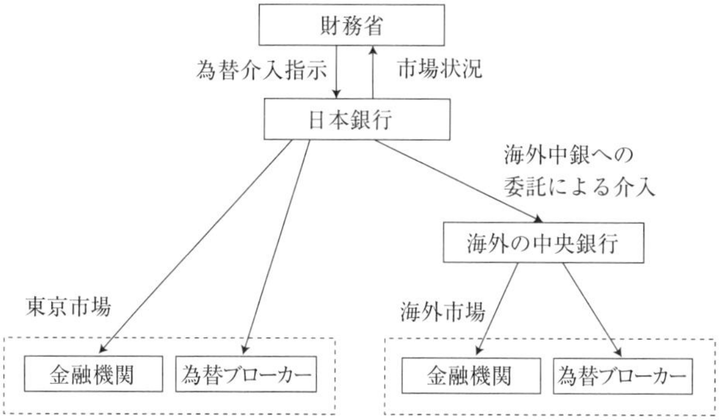

的と考えられる。

　図 8-20 は、円ドルレートと東京市場での出来高、為替介入額をプロットしている。為替介入の規模は、平均的な市場出来高と比べても大きく、介入当日の出来高は大きくジャンプする。ただ、その為替レートに及ぼす影響はかなり限定的である。

　この点、為替介入の効果としては、複数の中央銀行が協調して実施する協調介入によるシグナリング効果が強調されることもある。協調介入の象徴的な事例として、1985 年 9 月のプラザ合意とその後の主要先進国による協調介入により、ドル高が大きく修正された経験がある。

　外国為替市場介入の有効性と金融市場調節の関係で議論されることが多いのは、為替介入資金が不胎化（sterilized）されたか、非不胎化（non-sterilized）され放置されたかという点である。介入資金を不胎化することで、外国為替市場介入の効果がその分、減殺されるとの議論である。

　この点、金融市場調節の実務上の観点から考えると、金融市場調節は介入資金も活用して実施されているということになる。

　図 8-21 には、最近時点で外国為替市場介入が実施された 2011 年 10 月から 12 月までの日次の資金需給を示している。日次の資金需給では、財政要因の内訳は公表されていないが、外国為替市場介入が実施されると、2 営業日後に資金決済が行われる。このため、2011 年 11 月 2 日の財政要因による

図 8-20　外国為替市場規模と介入額

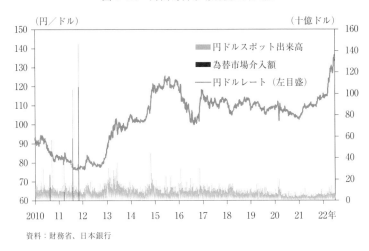

（円／ドル）　　　　　　　　　　　　　　　　　　（十億ドル）

凡例：
- 円ドルスポット出来高
- 為替市場介入額
- 円ドルレート（左目盛）

資料：財務省、日本銀行

　大幅な資金余剰は、その 2 営業日前に実施された外国為替市場介入の資金決済要因が大きいと推測される。この資金余剰幅は、12 月 20 日の国債償還・利払いによる資金余剰よりはやや小さいが、全体としてみれば、大幅な資金余剰要因となっている。

　この時期、日本銀行の包括的な金融緩和政策のもとで、コールレートは0.1％を下回る水準にあったが、介入資金を放置すると、限りなくゼロに近い水準にまでコールレートが低下した可能性がある。金利水準が有意にゼロよりも高い状況では、介入資金を放置することの影響は一段と大きくなる。

　金融市場調節は、金融政策の第一歩として、金融政策決定会合で決定された政策金利の目標水準近くに金利を誘導するよう運営されている。このため、日々の金融市場調節の運営においては、為替介入資金も含めた資金需給を平準化させ、コールレートを平準化させていることになる。言い換えると、金融市場調節の実務的な観点を踏まえると、為替介入は常に不胎化されており、不胎化と非不胎化を区別した議論は意味がないといえる。

　この点を踏まえると、金融政策との関係を考える際には、非不胎化介入は、不胎化介入と資金供給オペレーションの組み合わせに分解して考える必

図 8-21　外国為替市場介入と資金需給（日次ベース）

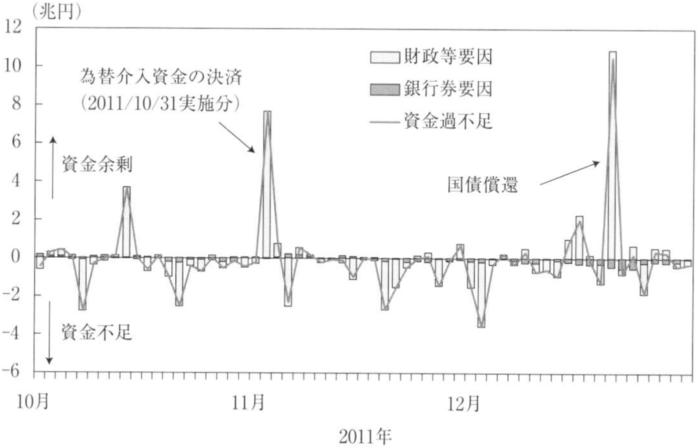
(兆円)
12
10
8
6
4
2
0
-2
-4
-6
為替介入資金の決済
(2011/10/31実施分)
財政等要因
銀行券要因
資金過不足
資金余剰
国債償還
資金不足
10月
11月
12月
2011年

資料：日本銀行

要がある。非不胎化介入は、不胎化介入と合わせて、金融緩和方向への資金供給オペレーションが組み合わされて実施されることになる。このように考えると、外国為替市場介入の有効性は、外国為替市場介入と金融政策がともに金融緩和方向に進められているかという点が重要と考えられる。金融政策が引締め的に運営されている中で、外国為替市場介入だけで為替レートを減価させることは難しい。

◆キーワード◆

政策金利
インターバンク市場
資金過不足
財政要因と銀行券要因
オペレーション手段
資金供給手段と資金吸収手段
オペレーションの始期と終期
金利安定化メカニズム
準備預金制度
コリドー方式
フロア方式
非不胎化介入と不胎化介入

─ ◆練習問題◆ ─

1. ある日の日本銀行のバランスシートをみると、負債サイドで当座預金残高が100億円前日から減少していた。同時に、資産サイドで長期国債保有残高が100億円減少していた。日本銀行はどのようなオペレーションを実施したのであろうか。また、民間金融機関のバランスシートはどのように変化したであろうか。

2. 日本銀行の金融市場調節は、長期国債の売買として実施されるものが多い。もし、日本政府が政府債務を全額返済し、国債残高がゼロとなった場合、日本銀行は金融市場調節を継続できるであろうか。同様に、日本銀行が市場に存在する長期国債を全額買い上げてしまった場合はどうであろうか。

3. 中央銀行が設立される以前、各国の金利には強い季節性が存在していた。なぜ季節性が生まれ、経済活動にどのような影響を与えていたであろうか。また、中央銀行の設立によって、季節性が消滅したのはなぜで、どのような影響があったのであろうか。

第 9 章

金融政策分析の基本モデル

● 本章では、金融政策の制度的な側面の理解を踏まえ、金融政策は通貨供給量ではなく金利をコントロールすることで運営されているという、現実に即した理論的分析枠組みを考えていく。

● まず総需要サイドについては、IS-LM 分析では不明確であった名目金利・実質金利の区別を明確化し、実質金利に統一して分析する。その際、政策金利をコントロールする伝統的金融政策について、テイラールールと関連づけ、その効果の分析枠組みを構築していく（IS-MP 分析）。

● さらに、この IS-MP 分析に基づく需要サイドの分析を、経済の供給サイドを描写するフィリップス曲線（総供給曲線）と組み合わせることで、経済変動と金融政策対応の動学的な関係を理解していく枠組みを考えていく。

1 総需要と潜在産出量

国民経済計算では、ある国で一定期間の間に生産された付加価値の総額を国内総生産（GDP: gross domestic product）と呼ぶ。GDP は、長期的には、技術水準、労働人口、資本ストックといった供給サイドの要因によって決定される。このとき、技術水準を与件として、労働力と資本ストックを長期的にみて持続可能な水準で利用したときに産み出すことができる GDP の大きさを潜在産出量（potential output）あるいは潜在 GDP と呼ぶ。

短期的には、経済の総需要（経済全体での財・サービスへの需要）は潜在 GDP から乖離し、景気循環が生じる。これは、経済は常にさまざまなショックの影響を受けているが、価格や名目賃金が硬直的なことから、こうしたショックの影響を瞬時には調整できないためである。

こうした短期的な変動をもたらすショックは、需要サイドの要因が大きいが、供給サイドの要因によっても生じる。たとえば、金融市場の価格調整、政府支出の拡大、海外経済の景気拡大・後退などは需要サイドの要因と考えられるが、原油価格の急激な変動や新しい革新的な技術の普及などは供給サイドの要因である。

今までの議論を整理すると、(1) 式に示したように、現実に観察される実質 GDP（Y）は、長期的な均衡水準である潜在 GDP（Y^*）と景気変動による短期的な乖離（$\tilde{Y}$）に分解できる。

$$Y = Y^* + \tilde{Y} \qquad (1)$$

このとき、短期的な経済変動は、短期的な乖離と実質 GDP の比率である産出量ギャップ（output gap）あるいは GDP ギャップによって表されることになる。

$$\text{GDP ギャップ} = \frac{\tilde{Y}}{Y} = \frac{Y - Y^*}{Y} \qquad (2)$$

現実の経済は、時間の経過とともに成長していくため、潜在 GDP も上昇

図 9-1　経済変動

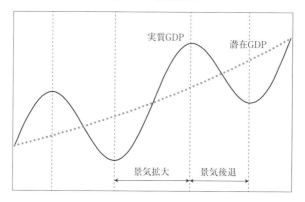

トレンドを持っており、実質 GDP はその成長トレンドの周りを上下に変動している姿となる。そして、こうした景気循環を、実質 GDP と潜在 GDP の乖離である GDP ギャップとして捉えていくことになる（図 9-1）。

✄ BOX9-1：GDP ギャップの推計方法

　本文でも説明したとおり、GDP ギャップは、実際の GDP が潜在 GDP からどの程度乖離しているかを示す指標である。図 9-2 に示したように、わが国では、内閣府と日本銀行がそれぞれ独自の方法で推計した結果を公表している[1]。

　この指標は、GDP が一般に労働投入量、資本投入量およびそれらの利用効率を表す全要素生産性（TFP：total factor productivity）の三つの変数で決定されるというマクロ生産関数の考え方に基づいて構築されている。具体的には、次式のようなコブ＝ダグラス型生産関数が仮定される。

$$Y_t = A_t L_t^a K_t^{1-a} \tag{3}$$

1）　内閣府の推計値は、https://www5.cao.go.jp/keizai3/getsurei/getsurei-index.html から、日本銀行の推計値は、https://www.boj.or.jp/research/research_data/gap/index.htm/ からそれぞれ入手できる。

図 9-2　GDP ギャップの推移

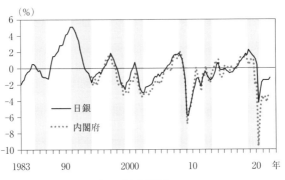

備考：シャドーをかけた期間は景気後退局面。
資料：内閣府、日本銀行

ここで、Y_t は実質 GDP、A_t は TFP、L_t は労働投入量、K_t は資本投入量で、α は労働分配率を示す。各変数の対数をとったものを小文字で表すこととし、この式を対数変換すると、

$$y_t = a_t + \alpha l_t + (1-\alpha) k_t \qquad (4)$$

を得る。

　景気循環の影響を均した経済全体の平均的な産出量の水準を示す潜在 GDP を Y_t^* とし、TFP、労働投入量、資本投入量の潜在 GDP に対応する水準をやはり ＊ をつけて表記することにすると、同様の生産関数が成立する。

$$Y_t^* = A_t^* L_t^{*a} K_t^{*1-a} \qquad (5)$$

　この式を対数変換すると、

$$y_t^* = a_t^* + \alpha l_t^* + (1-\alpha) k_t^* \qquad (6)$$

を得る。なお、小文字で表記した変数は、大文字で表記した変数の対数値である。

　したがって、GDP ギャップは、(4) 式と (6) 式の差として計算される。

$$y_t - y_t^* = (a_t - a_t^*) + \alpha(l_t - l_t^*) + (1 - \alpha)(k_t - k_t^*) \tag{7}$$

　このとき、潜在 GDP と GDP ギャップを計算する方法としては、大きく分けて二種類のアプローチが使われている。第一のアプローチは、まず労働投入量、資本投入量のデータから平均的な投入量 l_t^*、k_t^* と TFP のトレンド a_t^* を推計し、(6) 式から潜在 GDP を算出したうえで、実際の GDP との差として GDP ギャップを計算する。

　第二のアプローチは、(7) 式を使って労働投入ギャップと資本投入ギャップから GDP ギャップを直接推計したうえで、別途 TFP のトレンド成長率（a_t^* の前年差）を推計し、潜在成長率（y_t^* の前年差）を計算する。図 9-2 に示した GDP ギャップ推計値は、内閣府は第一のアプローチ、日本銀行は第二のアプローチで推計している。

2　IS 曲線

　まず需要サイドの分析を行うため、財市場の均衡を表す IS 曲線を導入する。IS 曲線は、投資の借入コストに信用リスクプレミアムを考慮した拡張を行う点以外は、通常のマクロ経済学の教科書で解説されているものから大きな変更はない。

　ここでは、海外との貿易を考慮しない経済モデルを考えるため、以下の三つの項目が総需要を構成する。

　　消費支出（C）：家計の財・サービスへの総需要
　　投資支出（I）：企業の新規投資支出
　　政府支出（G）：政府の財・サービスへの総支出（移転支出は含まない）

　そして、総需要（Y^{AD}）は次式によって表される。

$$Y^{AD} = C + I + G \tag{8}$$

　以下、消費支出、投資支出、政府支出の三つの構成要素について整理す

る。まず、消費支出は、可処分所得（Y_D）に依存しており、可処分所得は、総需要 Y と税 T の差（$Y-T$）として定義される。このとき、消費支出は、以下のような消費関数で表される。

$$C = \bar{C} + cY_D = \bar{C} + c(Y-T) \tag{9}$$

ここで $\bar{C}$ は外生的な独立消費支出を表し、可処分所得には依存しない。c は限界消費性向で、追加的に可処分所得が増加したときに消費支出がどれだけ増加するかを示している。限界消費性向は一般にゼロから1の間の値をとる。

次に、企業の新規投資は、設備と在庫の二つの要素から成っている。設備投資は生産設備（機械やコンピュータ）や建物（工場やオフィスビル）、在庫は原材料や製品の手持ちの増加に相当する。一般に、在庫投資は、設備投資に比べ規模が小さいが変動は大きく、景気変動の中で重要な役割を果たす。

投資支出は、実質金利 r に依存しているが、現実には金融面での摩擦が存在しているため、追加的な借入コストである外部資金調達プレミアム（external financing premium）$\bar{f}$ を考慮した実質借入金利に依存すると考える。

$$I = \bar{I} - d\,(r+\bar{f}) \tag{10}$$

ここで、$\bar{I}$ は外生的な独立投資、d は投資の実質金利感応度である。

最後に、政府支出と税については、ここでは、いずれも外生変数であると考える。

$$G = \bar{G} \tag{11}$$

$$T = \bar{T} \tag{12}$$

以上の消費支出、投資支出、政府支出と税の三つの要素をまとめると、財市場の均衡は次式のとおり示される。

$$Y = C + I + G = [\bar{C} + c(Y-\bar{T})] + [\bar{I} - d\,(r+\bar{f})] + \bar{G} \tag{13}$$

　さらに、この式を Y について整理し直すと、（14）式のとおり、産出量 Y と実質金利 r の関係として、IS 曲線が導出される。

$$Y = \frac{\bar{C} + \bar{I} + \bar{G} - d\bar{f} - c\bar{T}}{1-c} - \frac{d}{1-c}r \tag{14}$$

　標準的な IS 曲線と同様に、実質金利が低下すると産出量が増加し、両者の間に負の関係があることを確認できる。

　図 9-3 として、横軸を産出量、縦軸を実質金利とした図に IS 曲線を示している。IS 曲線は、実質金利が低下するにつれて、産出量が増加する右下がりの直線として示されている。

　ここでポイントになるのは、均衡状態において、IS 曲線が潜在産出量と均衡実質金利の交点を通過する点である。これは、MP 曲線と組み合わせた IS-MP 分析において、経済への外生的なショックや金融政策の対応について、検討していく際の出発点となる。

　ここで、IS 曲線を示す（14）式において、図 9-3 における横軸で示される産出量が左辺、縦軸の実質金利が右辺にあることに注意すると、IS 曲線は、限界消費性向の低下と投資の実質金利感応度の低下によって、傾きが急になることがわかる[2]。また、これも標準的な IS 曲線同様、独立消費や独立投資の増加、政府支出の増加と税の減少によって、IS 曲線が上方シフトすることも確認できる。

　さらに、ここでの定式化では、金融面での摩擦を導入した結果として、外部資金調達プレミアムの低下によっても IS 曲線が右上方シフトする。

　なお、図 9-3 では、経済の長期均衡状態（steady state）が均衡実質金利 r^* と潜在産出量 Y^* の組み合わせで規定されると仮定して描かれている。これに合わせて、（14）式の IS 曲線を書き直すと、以下のとおりとなる。

2）　このため、ここでは簡単化のために、限界消費性向は一定であると仮定しているが、消費支出に関する恒常所得仮説のように、将来にわたる所得・消費の意思決定メカニズを考慮すると、一時的な所得増加に対する限界消費性向は小さく、恒久的な所得増加に対する限界消費性向は大きいとすれば、IS 曲線の傾きが変化することも考慮に入れる必要があることになる。

図9-3　IS曲線

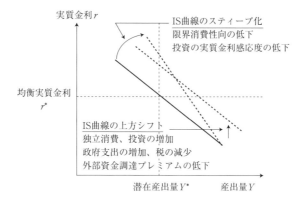

実質金利 r

IS曲線のスティープ化
限界消費性向の低下
投資の実質金利感応度の低下

均衡実質金利
r^*

IS曲線の上方シフト
独立消費、投資の増加
政府支出の増加、税の減少
外部資金調達プレミアムの低下

潜在産出量 Y^*　　産出量 Y

$$Y - Y^* = -\frac{d}{1-c}(r - r^*)$$

$$Y^* = \frac{\bar{C} + \bar{I} + \bar{G} - d\bar{f} - c\bar{T}}{1-c} + \frac{d}{1-c}r^*$$

(15)

　ここで、実質金利と均衡実質金利の差を実質金利ギャップと呼ぶことにすると、IS曲線は、GDPギャップと実質金利ギャップの間の右下がりの関係として規定される。また、潜在GDPは、均衡実質金利の水準で実現するGDPの水準となる。

BOX9-2：金融面の摩擦の重要性

　企業が設備投資などを行うために資金調達する場合、内部留保など自前の資金で賄う内部資金調達と、銀行借入など外部から調達する外部資金調達の二つの選択肢がある。この場合、企業の債務返済能力に関する情報について、金融機関と企業の間には非対称性が存在するため、一般的に、外部資金調達のコストは、内部資金調達よりも高くなる。このコストの差が外部資金調達プレミアムに相当する。

　外部資金調達プレミアムは、企業の財務状況によって変動する。借入企業が十分な自己資本を有していたり、不動産などで十分な担保を差し入れたり

図 9-4　米国社債・国債スプレッド

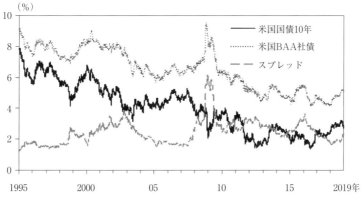

備考：社債・国債スプレッドは、BAA 格付社債金利と国債 10 年物の差。
資料：The FRED database.

することができれば、外部資金調達プレミアムも小さくなる。そして、こうした借入企業のバランスシートの状況は、景気変動によって、時間を通じても変化する。景気が好転し企業の売上が増加すると、収益性が向上し、自己資本も厚みを増すと考えられる。また、資産価格が上昇すれば、担保価値も上昇する。このように、景気変動を通じて企業のバランスシートの状況が変化すると、外部資金調達プレミアムも変化し、金利変動の効果が増幅される。こうしたメカニズムは、フィナンシャル・アクセラレーター（financial accelerator）と呼ばれている。

　フィナンシャル・アクセラレーターは、平時における金融政策の波及メカニズムとしてだけでなく、金融危機時の影響においても、極めて重要な役割を果たしている。特に、金融危機時には、金融機関の財務状況が悪化し、自己資本制約や流動性制約が大きく高まると、外部資金調達プレミアムが大幅に上昇する可能性がある。実際、図 9-4 にプロットした米国の社債・国債スプレッドの推移を見ると、2000 年代初頭のテックバブル崩壊後や 2008 年のグローバル金融危機時などでは、政策金利の引下げを反映して、長期国債金利が低下傾向をたどる中、社債金利は下げ渋っていたり、むしろ上昇したりしており、社債・国債スプレッドが上昇していることがわかる。

3　金融政策(MP)曲線

　次に、本章の分析の根幹を成す金融政策（MP）曲線を導入する。これは入門的なマクロモデルで広く利用されている IS-LM 分析における、LM 曲線をより現実の金融政策運営と整合的なかたちに修正するものである[3]。

　金融政策は、名目短期金利である政策金利を調整しているが、マクロ経済の変動との関係で重要なのは、実質金利を名目金利と同じ方向に調整させることで、実体経済活動に影響を与え、最終的に物価変動を制御していくことにある。一般に、物価変動やインフレ予想が短期的には粘着的であることを考慮すると、金融政策は短期的には物価変動やインフレ予想に影響を及ぼさない。このため、短期的にインフレ率が不変のもとで、中央銀行が政策金利を調整すると、同方向に実質金利が動くことになる。

　ただし、この現実のインフレ率が一定ではなく、上昇もしくは下落基調にあるときは、名目政策金利と実質政策金利が同方向に動くとは限らない。この点は、標準的な金融政策ルールであるテイラールールにおいて、マクロ経済の安定化を図るために、インフレ率変動に対するパラメータが1以上である必要があるとするテイラー原理を充足する必要があることからも確認できる。

　この点について、(16) 式に示したフィッシャー方程式を使って整理しておこう。フィッシャー方程式では、名目金利 (i) を実質金利 (r) と予想インフレ率 (π^e) の和として分解する。このとき、政策金利は、最も短期の金利であり、予想インフレ率は、現時点のインフレ率 (π) とみなしてよい。政策金利の調整は名目ベースで行われるが、インフレ率の変動を想定し、実質ベースの政策金利がどう動くかを考えながら、名目政策金利の水準を設定していくことになる。

$$i = r + \pi^e = r + \pi \tag{16}$$

3）　LM 曲線に代わり MP 曲線を導入したマクロ経済分析の枠組みを提示している教科書として、たとえば、Jones (2021)、Mishkin (2021) などがある。

図9-5　MP曲線（実質金利＝インフレ率バージョン）

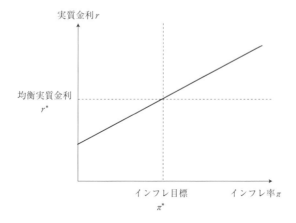

具体的に、MP曲線は、実質政策金利 r のインフレ率 π に対する反応関数として（17）式のとおり定式化される。

$$r = r^* + \lambda(\pi - \pi^*) \tag{17}$$

ここで、r^* は均衡実質金利、π^* はインフレ目標であり、外生的な与件となる。また、λ は金融政策のインフレ率に対する感応度で、プラスの値をとる。テイラールールでは、政策金利は、インフレ率と GDP ギャップの双方に反応するかたちで定式化されていたが、ここでは、単純化のため、政策金利はインフレ率に対してのみ反応すると考える[4]。

図9-5では、横軸をインフレ率、縦軸を実質金利として MP 曲線を示した。この図において、MP 曲線は、インフレ率が上昇するにつれて、実質金利が上昇する右上がりの直線として示されている。ここでのポイントは、均衡状態における MP 曲線は、インフレ目標と均衡実質金利の交点を通過することである。

繰り返しになるが、ここでの MP 曲線は、実質金利に対して規定されて

4）　MP曲線のパラメータ λ は、テイラールールのインフレ率に対するパラメータから1を差し引いた値に相当する。

いるが、これは金融政策が実質金利の水準を直接調整していることを意味しているわけではない。政策金利の調整はあくまでも名目金利ベースで実施されるが、その際に、インフレ率の動向を踏まえながら、実質金利がどう変動するかを見極めることで、実質金利を適正な水準に誘導するよう、名目金利を調整していることになる。

4 IS-MP 分析

次に、ここまでに導入した IS 曲線と MP 曲線を組み合わせて、総需要の変動と金融政策の関係を分析する枠組みを構築する。

図9-6 に、横軸を産出量、縦軸を実質金利として、IS 曲線と MP 曲線を示した。IS 曲線は、図9-3 と同一であるが、MP 曲線は、横軸がインフレ率から産出量に変更されているため、図9-5 から修正され、横軸と平行な直線として示されている。

いま、IS 曲線が外生的なショックによって上方シフトしたとする。この場合、金融政策が不変であると、産出量は潜在産出量の水準を超えて拡大する。産出量を長期均衡水準に維持させるためには、政策金利を引き上げ、実質金利を均衡水準よりも上昇させる必要がある。

ただし、ここで追加的に考慮すべき点として、MP 曲線はインフレ率が上昇すると上方シフトすることである。これは、(17) 式の λ がプラスであることに相当する。また、この点は、マクロ経済の安定化のために、テイラー原理が成立する必要があると解釈することもできる。この点は、IS-MP 分析とフィリップス曲線の組み合わせの分析例として検討する。

5 インフレ予想修正付きフィリップス曲線

この節では、経済の供給サイドを表現するために、インフレ予想修正付きフィリップス曲線を導入する（図9-7）。

経済の供給サイドは、長期的には、経済に存在する生産資源と技術を効率的に利用して産出できる潜在産出量の水準に依存する。そして、短期的に

図9-6　IS-MP分析

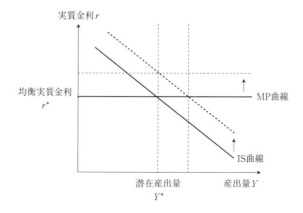

図9-7　インフレ予想修正付きフィリップス曲線

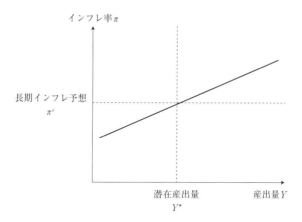

は、景気変動に応じて、産出量が潜在産出量から上下に乖離することになるが、本章の最初で説明したように、この乖離を産出量ギャップ（GDPギャップ）という。

　ここで、産出量ギャップが拡大するとインフレ率は上昇する。また、産出量ギャップがゼロとなり、産出量が潜在産出量と一致する均衡状態で、イン

フレ率は、長期インフレ予想 π^e と一致することになる。

　以上の関係を整理すると、インフレ予想修正付きフィリップス曲線は、(18) 式のように、インフレ率と産出量ギャップの間の右上がりの関係として規定される。

$$\pi = \pi^e + \mu(Y - Y^*) \tag{18}$$

ここで、μ はインフレ率の産出量ギャップに対する感応度でプラスの値をとると想定する。

　インフレ予想修正付きフィリップス曲線は、供給サイドのショックが生じた場合、上下にシフトする。原油の供給が制限されるといったマイナスの供給ショックは、経済の供給能力を制約するため、フィリップス曲線を上方シフトさせ、インフレ率を押し上げる方向に作用する。逆に、経済の生産性が向上するようなプラスの供給ショックは、フィリップス曲線を下方シフトさせる。

6　テイラー原理の解釈

　ここまでに導入した IS-MP モデルとインフレ予想修正付きフィリップス曲線を組み合わせ、マクロ経済の変動と金融政策の対応について考えることで、テイラー原理の意味を考えてみたい。

　図 9-8 を使って、外生的な要因によって、インフレ率が上昇したケースを考えてみよう。経済は均衡状態にあり、実質産出量が潜在産出量水準に、実質金利が均衡実質金利に、インフレ率が長期インフレ予想（インフレ目標）の水準に一致している状況から出発する。

　ここで、いま、外生的な要因によってインフレ率のみが上昇したと想定する。これは、図 9-8 (2) において、インフレ予想修正付きフィリップス曲線（以下、単に「フィリップス曲線」と表記）が上方シフトすることを意味する。このとき、金融政策が名目政策金利を変更しないと、インフレ率の上昇によって実質金利が低下し、図 9-8 (1) の IS-MP 分析において、IS 曲線は不変であるが、MP 曲線が下方シフトする。このため、経済は IS 曲線に

図9-8　IS-MP曲線とフィリップス曲線を組み合わせた分析

（1）IS-MP曲線　　　　　　（2）インフレ予想修正付きフィリップス曲線

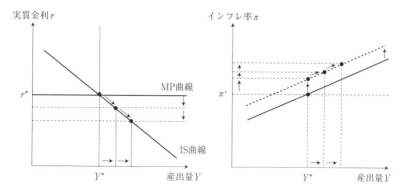

沿って右下方に遷移し、実質産出量が増加する。

　次に、再び（2）のフィリップス曲線で考えると、実質産出量の増加によって、上方シフトしたフィリップス曲線上を経済はさらに右上方に遷移し、インフレ率が上昇する。再び、（1）のIS-MP分析に移ると、実質金利がさらに低下し、MP曲線がもう一段下方シフトし、経済はIS曲線上をさらに右下に遷移、実質産出量がさらに増加する。（2）のフィリップス曲線に移ると、産出量の増加に連れて、経済はフィリップス曲線上をさらに右上方に遷移、インフレ率が上昇する。

　このように、外生的なフィリップス曲線の上方シフトが解消しない限り、名目政策金利を不変に保ち続けると、インフレ率の上昇が実質金利を低下させ、実質産出量が増加し、これがさらにインフレ率を上昇させるというプロセスが繰り返されることになる。

　インフレ率の上昇に対して名目政策金利を調整せず、実質金利の低下を容認するよう金融政策が運営されている状況は、（17）式のMP曲線において、インフレ率に対する実質金利の感応度がマイナスであることを意味する。この場合、インフレ率の上昇が実質金利の低下をもたらし、産出量を増加させ、インフレ率をさらに押し上げるというプロセスが繰り返される。この結果、経済は、当初の均衡状態から乖離する方向に進み続け、均衡状態を

回復することができない。

　ここでは、長期インフレ予想は変化しないと想定した。しかしながら、金融政策がインフレ率の上昇に対して、名目政策金利を引き上げず、インフレ率上昇の加速を容認する状態が続ければ、人々は金融政策がより高いインフレ率を容認すると考え、長期インフレ予想が上昇する可能性も考えられる。この場合、長期インフレ予想の上昇につれてフィリップス曲線がさらに上方シフトし、インフレ率の上昇が一段と加速する結果となる。

　これに対し、外生的なインフレ率の上昇に対して、実質金利を不変に保つよう名目政策金利を引き上げれば、MP曲線は不変となり、経済は均衡状態を維持することができる。完全に外生的なショックでインフレ率だけが上昇したのであっても、その経済活動に対する影響を中立化させるには、実質金利を低下させないよう名目政策金利を調整する必要があることになる。

7　基本モデルの使い方

　ここまでの議論について、図9-9を使って整理しておこう。金融政策は、インフレ率の変動に応じて名目政策金利を調整していくが、そのとき、インフレ率の変動によって実質金利がどのような水準になるかを想定して、名目金利の水準を決定していくことになる（MP曲線）。

　次に、設定された実質金利の水準に対して、消費、投資などの総需要が反応し、実質GDPが変動する（IS曲線）。このとき、経済の変動は、潜在GDPからの乖離として定義されるGDPギャップによって捉えられることになる。ここまでが需要サイドの変動である。

　そのとき、インフレ予想を与件として、GDPギャップの水準に応じて、供給サイドとのバランスで、インフレ率が決定される（フィリップス曲線）。そして、GDPギャップやインフレ率の変動に応じて、名目政策金利が調整されたり、実質金利の変化によって総需要の変動がもたらされたりすることになる。

　このとき、この金融政策分析の基本モデルには、短期的に高い産出量を実現しようとすると、インフレ率も上昇するとのトレードオフ関係が組み込ま

図9-9　金融政策の短期動学分析の枠組み

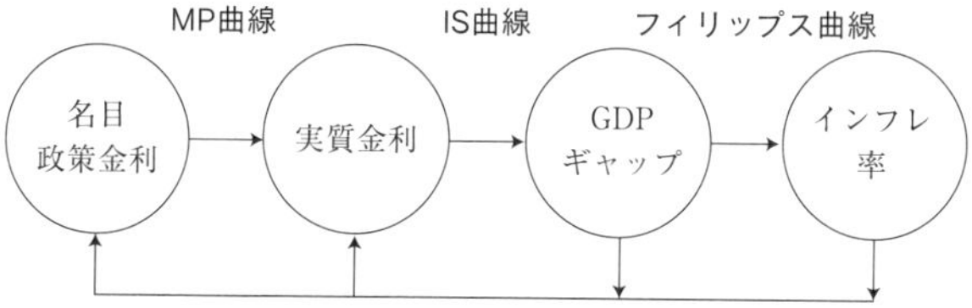

れていることに注意してほしい。金融政策の運営は、名目政策金利の調整を通じて、実質金利を適切な水準に誘導することで、産出量とインフレ率のバランスをとっていくことになる。

　ここで重要なポイントは、本章で提示した金融政策分析の基本モデルは、静学的なモデルであるが、その構成要素間での相互作用を考慮し、金融政策に対する経済活動の動学的な反応を分析していくかたちで利用していくことである。

　次の章では、基本モデルの中のIS-MPモデルから総需要曲線を導出し、インフレ予想修正付きフィリップス曲線を総供給曲線と解釈し直し、総需要＝総供給曲線分析の枠組みを提示し、これを使って、金融政策の動学的な分析をより深めていく。

◆キーワード◆

産出量（実質GDP）　　　　　　MP曲線
潜在産出量（潜在GDP）　　　　金融面の摩擦
産出量（GDP）ギャップ　　　　インフレ予想修正付きフィリッ
総需要　　　　　　　　　　　　　プス曲線
IS曲線　　　　　　　　　　　　長期インフレ予想

── ◆練習問題◆ ──────────────────────

1．以下のようなマクロ経済の変化を考えたとき、IS 曲線を使うとどのように
　　解釈できるか、また GDP が短期的にどのように変化するかを考えよ。
　　(1)　中央銀行が緩和措置をとり、実質金利を低下させた。
　　(2)　消費者が将来の経済情勢に対して非常に楽観的になった。
　　(3)　情報技術革新が大きく進展し、資本の生産性が上昇した。
　　(4)　海外の金融危機によって、わが国の金融機関が大きな損害を被り、企
　　　　業融資に対して消極的になった。

2．いま、あなたが中央銀行総裁に任命されたとする。与えられた責務は、低
　　位安定したインフレ率の維持とマクロ経済活動の安定化（実質 GDP を潜在
　　GDP 近くで安定化させる）の二つである。これら二つの責務が、金融政策
　　の目的として妥当かどうか、IS-MP モデルとインフレ予想修正付きフィ
　　リップス曲線を使って検討せよ。

第 10 章

総需要＝総供給分析への拡張

● 本章では、IS-MP モデルをもとに総需要曲線を導出し、インフレ予想修正付きフィリップス曲線（総供給曲線）と組み合わせることで、経済変動と金融政策対応の動学的な関係を考察していく。

● テイラールールに沿った系統的な金融政策の運営を描写した MP 曲線を IS 曲線と組み合わせることで、総需要（AD: aggregate demand）曲線が導出される。また、インフレ予想修正付きフィリップス曲線は、総供給（AS: aggregate supply）曲線と解釈し直すことができる。

● AD 曲線と AS 曲線を組み合わせることで、マクロ経済の短期的な変動を直感的に捉える枠組みを提供できる。この枠組みは、マクロ経済変動に対する金融政策の政策対応を考察していくうえで極めて有用である。その際、特に、長期インフレ予想の制御の重要性を強調しておきたい。

1 総需要曲線と総供給曲線

(1) 総需要曲線の導出

前章で検討した金融政策分析の基本モデルは、次の三つの式で構成される。

IS 曲線 $\qquad Y - Y^* = -\dfrac{d}{1-c}(r - r^*)$ $\qquad$ (1)

MP 曲線 $\qquad r = r^* + \lambda(\pi - \pi^*)$ $\qquad$ (2)

フィリップス曲線 $\qquad \pi = \pi^e + \mu(Y - Y^*)$ $\qquad$ (3)

ここで、この金融政策分析の基本モデルには、短期的に高い産出量を実現しようとすると、インフレ率も上昇するとのトレードオフ関係が組み込まれていることに注意してほしい。金融政策の運営は、名目政策金利の調整を通じて、実質金利を適切な水準に誘導することで、産出量とインフレ率のバランスをとっていくことになる。

基本モデルの中で、経済の需要サイドを描写する IS 曲線と MP 曲線に注目すると、MP 曲線は、金融政策によりマクロ経済の安定化を実現するため、インフレ率の上昇下落に応じて同じ方向に実質金利を上下させる（テイラー原理）。この関係を踏まえると、インフレ率の上昇下落に応じて、経済は IS 曲線上を左上方・右下方に変動する。この結果、総需要曲線として、インフレ率と産出量の間の右下がりの関係が導出される（図 10-1）。

以上の関係をよりフォーマルな形で示すため、（1）式の IS 曲線と（2）式の MP 曲線を連立させて整理すると、次式のような総需要（AD: aggregate demand）曲線を得る。

総需要曲線 $\qquad Y - Y^* = -\dfrac{d}{1-c}\lambda(\pi - \pi^*)$ $\qquad$ (4)

この式からは、IS 曲線をスティープ化させる限界消費性向の上昇、投資の実質金利感応度の上昇によって AD 曲線もスティープ化するほか、λ の低

図 10-1　IS-MP 分析から AD 曲線の導出

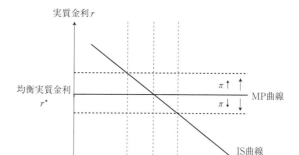

下によって金融政策がインフレ率に対してより消極的に反応するようになると、AD 曲線がスティープ化することになる。また、消費や投資、政府支出などの独立的な需要の増減は、IS 曲線の上下のシフトを通じて、AD 曲線も上下にシフトさせることになる。この点は、総需要に対する外生的なショックと解釈することができる。

　以上の関係を図として整理すると、図 10-2 となる。

（2）　総供給曲線

　次に、経済の供給サイドについては、前章で導入したインフレ予想修正付きフィリップス曲線で引き続き描写されることになる。ただし、以下では、AD 曲線との対応を明確にするため、フィリップス曲線を総供給（AS: aggregate supply）曲線と呼ぶことにする。

　この関係は、(5) 式および図 10-3 で表現されるが、産出量とインフレ率の間の右上がりの関係として示される。また、AS 曲線は、外生的なインフレ率に対するショックによって上下にシフトするほか、長期インフレ予想が変化することでも上下にシフトする点に注意してほしい。

　　　総供給曲線　　　　　　　　　$\pi = \pi^e + \mu(Y - Y^*)$　　　　　　　　　(5)

図 10-2　AD 曲線

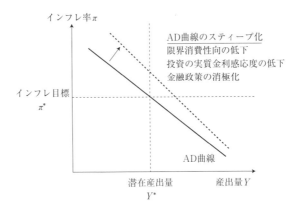

図 10-3　AS 曲線

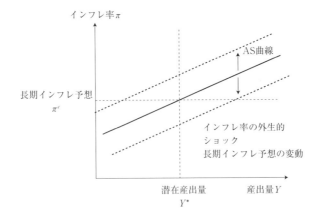

2　総需要＝総供給分析

　以上の AD 曲線と AS 曲線を組み合わせることで、産出量とインフレ率の変動を捉え、金融政策の動学的なメカニズムを考察していく枠組みを構築する（図 10-4、総需要＝総供給（AD-AS）分析）。

　この図は、総需要曲線は右下がり、総供給曲線は右上がりで、両者の交点が均衡状態を表しており、ミクロ経済学の標準的な需要＝供給分析で使われる図と非常によく似ている。ただし、AD-AS 分析においては、縦軸は価格ではなく、インフレ率（価格の変化率）となっているほか、横軸の数量は、経済の総需要・総供給を捉える産出量となっている。

　分析の出発点となるのは、経済に総需要・総供給両面で外生的なショックが生じていない経済の長期的な均衡である定常状態（steady state）に対応する AD 曲線と AS 曲線の交点である。このとき、産出量は潜在産出量に、インフレ率は長期インフレ予想と中央銀行のインフレ目標の両者に一致している。

　短期的な経済変動は、AD-AS 曲線がさまざまな外生的な要因によってシフトし、実質 GDP とインフレ率が変動することで描写される。たとえば、需要サイドの要因を考えると（図 10-5）、景気拡大に伴って AD 曲線が右上方にシフトすれば実質 GDP が増加し、インフレ率も上昇する。景気後退局面では、AD 曲線が左下方シフトし、実質 GDP が減少、インフレ率も低下する。

　また、供給サイドの要因を考えてみると（図 10-6）、経済の生産性が上昇し、AS 曲線が右下方にシフトすれば実質 GDP は増加するが、インフレ率は低下する。逆に、原油価格の上昇などによって AS 曲線が左上方にシフトすると、実質 GDP は減少し、インフレ率が上昇する。

　こうした実質 GDP とインフレ率の変化の方向の組み合わせは、景気・物価変動において需要サイドの要因と供給サイドの要因のどちらが重要かを識別するポイントになる。そして、この点は、金融政策でインフレの変動にどう対応していくべきかを考える出発点となる。

図 10-4　AD-AS 分析

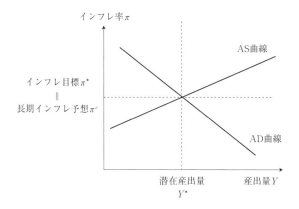

図 10-5　総需要ショック

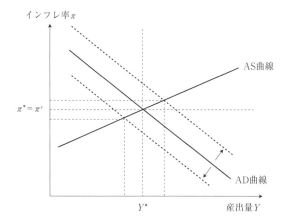

　需要サイドの要因でインフレが生じているのであれば、金利を引き上げ、総需要を抑制することでインフレに対処する必要がある。

　これに対し、インフレが供給サイドの要因によるものであれば、実質GDP も減少しており、金利引上げは一段の景気悪化につながる。このため、金融政策の対応として、インフレへの供給サイドの要因を完全に相殺するよ

図 10-6　総供給ショック

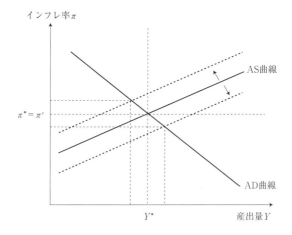

う運営することは、一般には望ましくない。ただ、こうした需要サイド・供給サイドの物価変動要因をその持続性も含めてリアルタイムで的確に識別し、政策対応を判断していくことは、実は極めて難しい作業となる。

3　総需要＝総供給ショックと政策対応

（1）　AD ショックと金融政策の内生的な反応

　AD ショックと金融政策の反応の関係について、図 10-7 を使って、AD 曲線の背後にある IS-MP 分析に立ち戻り、検討しておこう。

　図 10-7 で、経済は、産出量が Y^*、実質金利 r^* の長期均衡状態から出発すると考える。プラスの AD ショックは、プラスの IS ショックが生じ、IS 曲線が上方シフトした状況と置き換えることができる。このとき、IS 曲線の上方シフトに対して、金融政策が反応せず、実質金利が不変にとどまった場合、産出量は Y' まで拡大する。

　これに対し、金融政策が政策金利を引き上げ、実質金利を r' まで上昇させると、IS ショックが完全に相殺され、産出量は Y^* のまま不変にとどまる。その後、IS ショックが減衰するにつれて、実質金利の水準を引き下げ

図 10-7　AD ショックと IS-MP 分析

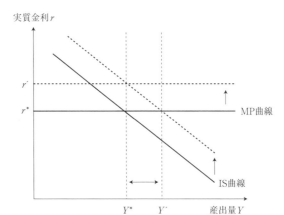

る方向で金融政策は調整されていく。

　一般に、経済に生じたショックを即座に識別し、政策対応を行うことは困難であるほか、政策効果波及のラグ（政策ラグ）を考慮すれば、IS ショックによって IS 曲線が上方シフトすることになる。ただし、シフトの度合いは、金融政策の対応によっても変化し得ることになる。

　以上の考察を図 10-8 に示した AD 曲線に立ち戻って整理しておこう。同一の大きさの AD ショックが生じたとしても、金融政策の対応によって、産出量への影響は変化する。これは、AD ショックによる AD 曲線のシフトの大きさも、金融政策の対応によって変化することを意味する。つまり、金融政策が不変にとどまれば、AD ショックがそのまま AD 曲線のシフトにつながる。

　これに対し、金融政策が AD ショックを即座かつ完全に相殺するように運営されれば、AD 曲線は不変にとどまる。この状況は、正の AD ショックによって AD 曲線はいったん上方シフトするが、金融引締めによって AD ショックが完全に相殺され、AD 曲線が即座に元の位置にシフトバックしたと考えることもできる。

　ここでの考察を踏まえると、マクロ経済の安定という観点からは、AD

図 10-8　総需要ショックと金融政策対応

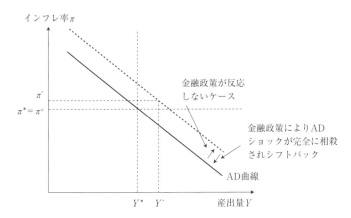

ショックをリアルタイムで完全に識別できるのであれば、これを完全に相殺するよう、金融政策を運営することが望ましい。

　ただし、現実には、経済に生起したさまざまなショックを認識し、ショックの種類を識別したうえで、政策行動につなげていくまでには、時間を要するだけでなく、そうした判断の的確さについて不確実性も伴う。また、政策行動をとった後、それがマクロ経済に波及するまでの政策ラグも大きい。こうした点は、リアルタイムで金融政策の運営を考えていく際には、極めて重要な論点となる。

（2）　ASショックに対する政策対応

　では、ASショックに対する金融政策の対応はどう考えればよいだろうか。図 10-9 で、負の AS ショックが生じ、AS 曲線が左上方シフトした場合の対応を考えておこう。

　負の AS ショックは、インフレ率を押し上げる正の価格ショックと考えることもできる。このとき、経済は AD 曲線上を左上方に A から B へと移動し、インフレ率が上昇（$\pi^* \to \pi'$）する一方、産出量が減少（$Y^* \to Y'$）する。このとき、AD 曲線の背後にある IS-MP モデルでは、インフレ率の上昇に対応した内生的な金融政策の対応によって MP 曲線が上方シフトする

図 10-9　AS ショックへの政策対応

（1）AD-AS分析

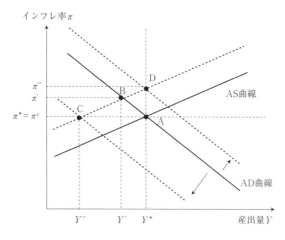

（2）IS-MP分析

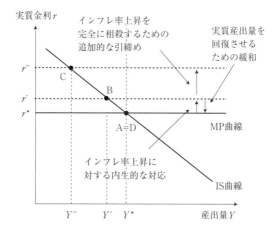

結果、実質金利が上昇（$r^* \to r'$）し、産出量が減少していることに注意してほしい。

　ここで、上昇したインフレ率をインフレ目標水準にまで引き戻すためには、追加的な金融引締めを行い、実質金利をさらに引き上げる（$r' \to r''$）必要がある。これにより AD 曲線は左下方シフトし、産出量は一段と減少する（$Y' \to Y''$）。

　逆に、減少した産出量を潜在産出量の水準にまで回復させるためには、実質金利を引き下げ、均衡実質金利の水準にまで低下させる必要がある。これにより、AD 曲線が右上方シフトし、産出量が増加すると同時に、インフレ率が一段と上昇する（$\pi' \to \pi''$）。このため、実質金利の引下げのためには、名目政策金利をそれ以上に大幅に引き下げる必要があることになる。

　以上みたような AS ショックは、インフレ率と産出量を逆方向に変化させるため、金融政策の対応を考える際に、インフレ率と産出量のトレードオフの問題に直面することになる。負の AS ショックに直面した場合、インフレ率を低下させるためには、産出量のさらなる低下を甘受する必要がある一方、産出量を回復させるためにはインフレ率の加速を許容する必要がある。このため、AS ショックをリアルタイムで完全に識別していたとしても、金融政策によって、ショックの影響を完全に相殺することはできない。

4　インフレ予想制御の重要性

　最後に、長期インフレ予想がインフレ目標にアンカーされていることの意味について考えておこう。

　図 10-10 の上段は、長期インフレ予想がインフレ目標にアンカーされているケース、下段はアンカーされなくなってしまったケースを示している。

　長期インフレ予想がアンカーされているケースでは、正の AD ショックによって AD 曲線が右上方シフトすると、経済は A 点から B 点へ移動し、インフレ率が上昇（$\pi^* \to \pi'$）、産出量も増加（$Y^* \to Y'$）する。この状況に対処するため金融引締めが行われると、AD 曲線は左下方にシフトバックし、AS 曲線に沿って、インフレ率が低下、産出量も減少する。

図 10-10　総需要ショックと長期インフレ予想

（1）長期インフレ予想がアンカーされているケース

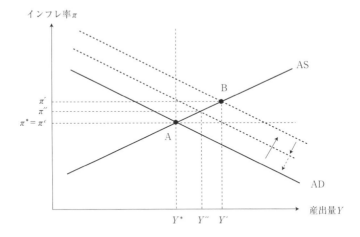

（2）長期インフレ予想がアンカーされていないケース

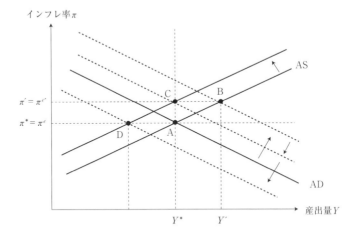

　ただし、AD ショックは一般に一時的な要因であると考えられるため、時間の経過とともに、AD ショックも減衰し、AD 曲線はさらに左下方にシフトしていく。このとき、金融政策は、AD ショックの減衰に合わせて実質金

利の水準を徐々に引き下げていくことになる。ここでポイントになるのは、長期インフレ予想がインフレ目標水準にアンカーされており、AS 曲線が不変であることである。

　これに対し、長期インフレ予想がアンカーされていないケースでは、正のAD ショックによって AD 曲線が右上方シフトすると、まず、アンカーされているケースと同様、経済は A 点から B 点へ移動し、インフレ率が上昇（$\pi^* \rightarrow \pi'$）、産出量も増加（$Y^* \rightarrow Y'$）する。

　ここで、金融引締めが遅れ、長期インフレ予想が実現したインフレ率の水準にシフトしたとする。これにより、AS 曲線は、長期インフレ予想の上昇に伴って左上方シフトする。その後、アンカーされているケースと同様の金融引締めが実施され AD 曲線が左下方にシフトバックすると、経済は C 点に移動し、インフレ率は不変のまま、産出量だけが低下する。このとき、インフレ率をインフレ目標水準にまで低下させるためには、さらに金融引締めを強化し、AD 曲線をさらに左下方シフトさせる必要がある。この結果、経済は D 点に移動し、潜在産出量よりも低い水準にまで落ち込むことになる。

　このように、長期インフレ予想がインフレ目標水準近くでアンカーされているかどうかで、金融政策の有効性には大きなちがいが生じることになる。

BOX10-1：長期インフレ予想と金融政策に対する信認

　いったん、高いインフレ予想が定着してしまうと、長期インフレ予想を低下させるためには、金利を引き上げ、景気の後退を容認し、インフレ率を低下させる必要に迫られる。長期インフレ予想を再びインフレ目標近くにアンカーさせるためのコストは極めて大きい。言い換えると、金融政策の運営においては、短期的・一時的なショックであったとしても、人々の長期インフレ予想への影響を未然に抑止していくことが求められる。その意味で、長期インフレ予想が物価安定目標の近くで安定化されているかは、金融政策の信認を測るメルクマールとなる。

　図 10-11 に、米国エコノミストに対するサーベイ調査結果を示している。これをみると、長期インフレ予想は、Fed のインフレ目標水準である 2％近くでかなり安定的に推移してきていたが、2021 年後半からジリジリと上昇し

図 10-11　米国の長期インフレ予想

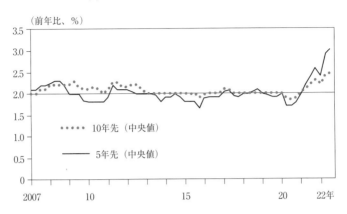

資料：Federal Reserve Bank of Philadelphia, "Survey of Professional Forecasters"

図 10-12　日本の長期インフレ予想

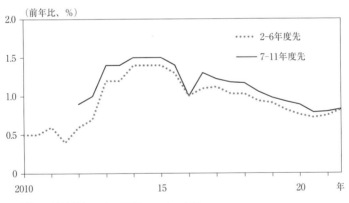

資料：日本経済研究センター「ESP フォーキャスト」

始めている。これは、米国金融政策に対する信認が低下しつつあるシグナル
と読むこともできる。

　では日本はどうであろうか。図 10-12 に、わが国エコノミストの長期イン
フレ予想のサーベイ調査を示した。この図をみると、2013 年春の量的質的金
融緩和開始後、長期インフレ予想は 1.5% 程度まで上昇したが、その後、再び

低下し、1％をいくぶん下回る水準で推移している。残念ながら、日銀の物価
安定目標 2％は信認を獲得しているとはいえない。

BOX10-2：わが国の第一次石油危機と第二次石油危機の経験

　わが国を取り巻く国際的な経済環境は、1970 年代に入るとニクソンショッ
クとそれに続く変動相場制移行など大きく変化した。そうした中で、二度の
石油危機に見舞われ、物価が大きく上昇する局面を迎えた。

　第一次石油危機時には、列島改造ブームの中で物価上昇率がすでに高まっ
ていたところに、原油価格上昇が追い打ちをかけ、賃金上昇と物価上昇のス
パイラルが生じ、「狂乱物価」と呼ばれる平和時としては空前のインフレが発
生した。これに対し、第二次危機時には、第一次危機時の教訓から早めの引
締め策がとられたことなどから、ホームメードインフレ化が抑止され、物価
面への影響は相対的に軽微にとどまった。

　こうした物価パフォーマンスの違いを需要段階別物価と賃金の推移で確認
しておこう（図 10-13）。川上・川中の素原材料、中間財の物価上昇率は、第
一次・第二次危機時でほぼ同程度であった一方、川下の最終財物価、消費者
物価、賃金の上昇率は、第二次が第一次を大幅に下回っている。このことは、
第二次危機時は、物価上昇が主として輸入素原材料の上昇による直接的な影
響にとどまり、第一次危機時のように国内要因が物価上昇を増幅させる事態
は回避されたことを示している。

　第二次危機時には、第一次危機時の教訓を踏まえ、金融政策面で早めの引
締め措置がとられたほか、企業・家計の行動にも落ち着きが維持された。こ
の結果、インフレ予想の加速化が阻止され、賃金の上昇も相対的に抑止され、
物価上昇率が比較的マイルドなものにとどまった。

　こうした二度の石油危機時における物価・賃金変動の相違は、現在の日本
の物価情勢について考えるうえで、重要な示唆を与えてくれる。わが国にお
いて、長期にわたり物価上昇率が CPI 上昇率 2％の物価安定目標を下回って
推移していた背景としては、経済活動が長期的に停滞する中、物価も賃金も
据え置かれ続けるとの予想が支配的であり、物価も賃金も引き上げづらい状

図 10-13 石油危機時の物価動向

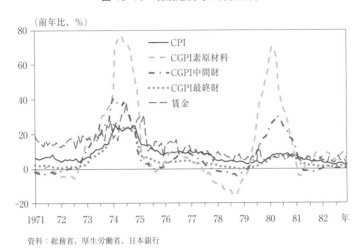

資料：総務省、厚生労働省、日本銀行

況が続いていたことが指摘できる。このため、物価安定目標をまず実現するためには、物価と賃金の双方が上昇していくとの予想が形成されていく必要がある。

　ただし、物価安定目標を持続的かつ安定的に実現するためには、物価と賃金の予想がいったん上昇し始めた後、それらを CPI 上昇率 2％と整合的な水準で安定化させていかなければならない。二度の石油危機の経験は、こうした予想のコントロールが極めて難しいことを示している。

◆キーワード◆

総需要（AD）曲線　　　　　総供給（AS）ショック
総供給（AS）曲線　　　　　金融政策の内生的な反応
AD-AS 分析　　　　　　　アンカーされた長期インフレ予
総需要（AD）ショック　　　　想

◆練習問題◆

1．次の事象について、総需要ショックと総供給ショックのいずれに分類されるかを考え、金融政策の変更が行われなかった場合、インフレ率と実質産出量はどうなるかを考察せよ。また、これらのショックに対して、金融政策はどう対応すべきかを検討せよ。

(1)　金融面での摩擦が増大した

(2)　人々が将来の経済情勢に対して楽観的になった

(3)　工場労働者が 1 カ月間のストライキに入った

(4)　ICT 技術革新が大きく進展した

2．大規模な負の総需要ショックに見舞われたと考える。その際、誰も気づかないうちに、総供給能力にも恒久的かつ大幅な低下が生じていた。このとき、金融政策はどう対応し、インフレと産出量にはどのような影響が生じたであろうか。また、望ましい政策対応はどのようなものであったであろうか。

第 11 章

非伝統的金融政策

● 本章では、非伝統的金融政策について取り上げる。

● 非伝統的金融政策は、金利政策を拡張した政策手段と、量的緩和政策（大規模資産買入）手段に大別される。こうした分類に基づき、フォワードガイダンスや量的緩和など、さまざまな政策手段の基本的な考え方や政策効果のメカニズムについて、日米欧の政策運営の実践に即したかたちで解説する。

● また、非伝統的金融政策の効果を分析するために、総需要・総供給分析に名目金利の実効下限（ELB: effective lower bound）制約を取り込んだ分析枠組みについて解説する。非伝統的金融政策の効果は、総需要曲線を大幅にシフトさせたり、インフレ予想を大きく押し上げたりといった政策効果が期待できない限り、その有効性には限界があると考えておく必要がある。

1 　非伝統的金融政策：概観

　わが国では、1995 年 9 月に日本銀行がオーバーナイト物無担保コールレート（政策金利）の誘導目標を 0.5 ％に引き下げて以降、四半世紀以上にわたって短期金利がゼロ近傍で推移している（図 11-1）。言い換えると、わが国では、名目金利の実効下限（ELB: effective lower bound）制約のもと、政策金利の調整により経済変動と物価を安定させる伝統的金融政策が機能しない状態が常態化し、金融政策は、「非伝統的金融政策」の新たな運営枠組みや手法を漸次生み出すことで運営されてきた[1]。

　その後、2008 年秋のリーマン・ブラザーズ破綻を契機とするグローバル金融危機への対応の中で、日本以外の多くの主要先進国中央銀行が政策金利を迅速かつ果敢に引き下げた結果、ELB 制約に抵触し、非伝統的金融政策の実施を余儀なくされることとなった。こうした中、各国中央銀行は、購入対象とする金融資産の範囲とその購入規模の両面で、非伝統的金融政策手段を採用し、バランスシートを大きく拡大させた（図 11-2 左）。この状況下において、日銀のバランスシートが経済規模と比べて突出して巨額であることがわかる（図 11-2 右）。

　本章では、非伝統的金融政策の政策手段とその政策効果について、金利と量の二つの側面に分けて整理・検討していく。

┏ BOX11-1：わが国の非伝統的金融政策の歴史 ┓

　わが国の非伝統的金融政策は、1997〜98 年の金融危機時に、金融市場安定化のため、やや長めの資金を大量に供給しつつ、同時に、政策金利を若干プラスの誘導目標近くで推移させるため、主としてオーバーナイトで資金吸収を行う両建てオペが始まりである。その後、ゼロ金利政策（1999 年 2 月〜2000 年 8 月）、量的緩和政策（2001 年 3 月〜2006 年 3 月）、そしてグローバ

---

1 ）　政策金利の下限制約は、当初、ゼロ下限制約（ZLB: zero lower bound）と呼ばれていた。しかしながら、欧州や日本などでマイナス金利政策が実行されて以降、下限が必ずしもゼロではないという意味合いを込めて、実効下限制約（ELB 制約）と呼ぶことが定着した。

ル金融危機下での市場安定化政策を挟んで、包括的な金融緩和政策（2010 年10 月〜2013 年 3 月）、量的質的金融緩和政策（QQE、2013 年 4 月〜）へと変遷してきた。

　現在の QQE 自体も、レジームチェンジによりインフレ予想を押し上げ、2%の物価安定目標を短期間のうちに達成する短期決戦型から、マイナス金利付き（2016 年 1 月）、長短金利操作付き（2016 年 9 月）と徐々に持久戦型にマイナーチェンジされた。これにつれて、政策の操作目標も当初のマネタリーベースの伸び率から短期・長期金利の水準へと変わり、量的指標へのターゲティングから金利ターゲティングに回帰している。

　こうした長期にわたる非伝統的金融政策運営の過程で、政策手段も新たな手法が取り入れられてきた。ゼロ金利政策で初めて導入されたフォワードガイダンス（forward guidance；当初は時間軸効果と呼ばれていた）は、将来の政策経路に対してコミットメントを行い、長期金利の低下を促すものであった。その後、政策金利をマイナス水準に誘導するマイナス金利政策、短期の政策金利のみならず、長期金利にも目標水準を設定するイールドカーブコントロール（YCC）政策などが導入され、金利コントロール手段の多様化が進展した。オペの対象も、当初は、短期資金供給オペ手段の多様化が中心であったが、ドル資金供給オペなどの外貨供給、そして長期国債買切りオペの拡大、ETF や REIT などのリスク性資産の買入れなど購入資産の多様化と資産購入規模の拡大が進んだ。

　2020 年以降は、コロナ禍での危機対応で、追加的な資金供給が拡大し、日銀のみならず、各国中銀のバランスシート規模は再び大きく拡大した。そして、2021 年後半以降の物価の急速な上昇に対応し、2022 年に入ると、各国中銀は金融引締めに転換し、政策金利を急激に引き上げ始めた。

　わが国でも、CPI 上昇率が 2%を超えて上昇しているが、日銀はなお、安定的に 2%を達成する見通しにはないとして、政策金利をマイナス圏で据え置いたまま、大規模緩和を継続している。この結果として、為替レートの大幅な円安傾向が定着しつつあるなどの影響も顕著となりつつある。

図 11-1　政策金利の推移

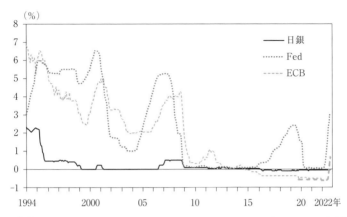

資料：Board of Governors of the Federal Reserve System、European Central Bank、日本銀
行

図 11-2　中央銀行のバランスシート規模

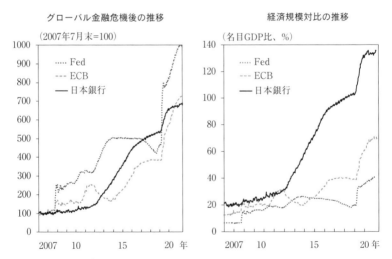

資料：Board of Governors of the Federal Reserve System、European Central Bank、日本銀行

2　非伝統的金融政策の類型化

　本節では、非伝統的金融政策について概念整理を行ったうえで、時間の経過とともに非伝統的金融政策によって働きかける対象が変化していくことや、その出口戦略の考え方について解説する。

（1）　政策手段の概念的な整理

　非伝統的金融政策は、政策金利が名目金利の実効下限（ELB: effective lower bound）制約に抵触した後に、さらに追加的な緩和措置が必要とされる状況で実行される。この場合の政策手段は、概念的には、将来の政策金利の予想に働き掛けるフォワードガイダンスの経路とさまざまな金融資産を購入し、資産価格やそこに含まれるプレミアムに働きかける量的緩和の経路の二種類に大別される。

　この点を図 11-3 で整理しておこう。この図において、i_t^p、τ_t、i_t^B はそれぞれ、t 時点における政策金利、プレミアム、両者を合算した借入金利を表している。t 時点で名目金利の ELB 制約に抵触すると、中央銀行は、それ以上、政策金利を引き下げることができない。ただし、その場合でも、将来の政策金利を ELB 制約の水準に維持するよう政策を運営することを公約（コミットメント）し、より長期の金利を低下させることができる。

　また、政策金利が ELB 制約に抵触したとしても、市場で観察される金利や、金融機関の貸出金利などにはプレミアムが含まれ、ELB 制約水準よりも高い金利が設定されている。この場合には、こうした金利と関連する金融資産を購入することで、プレミアム自体を縮小させることが考えられる。ここで、前者がフォワードガイダンス、後者が量的緩和に相当する。

　なお、マイナス金利政策は、ELB 制約を若干押し下げる政策手段と理解できる。ただし、現時点で実現可能なマイナス金利政策は、1% 未満の小幅なマイナス金利を実現するものであり、ELB 制約を完全に取り除くものではない点に留意する必要がある。

図 11-3　非伝統的金融政策の基本的な考え方

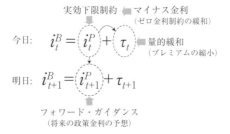

今日:　$i_t^B = i_t^P + \tau_t$

明日:　$i_{t+1}^B = i_{t+1}^P + \tau_{t+1}$

（2）　政策手段によって働きかける対象

　非伝統的金融政策手段を類型化する際のもう一つの視点は、政策手段によって働きかける政策目的である。

　非伝統的金融政策は、グローバル金融危機の主要先進国での政策対応に象徴されるように、大規模な金融危機に対応して、大幅な金利引下げを実施し、名目金利の実効下限（ELB: effective lower bound）制約に抵触してしまう結果として発動される可能性が考えられる。この場合、非伝統的金融政策は、当初、マクロ経済安定化よりも、金融市場の安定確保や企業金融の円滑化といった金融システム安定化により力点を置いたかたちで発動されることになる。これは、広い意味での最後の貸し手（LLR: lender of last resort）としてのオペレーションと考えることができる。その後、時間の経過とともに、当初の金融システムの不安定化が落ち着くと、こうした最後の貸し手としてのオペレーションの必要性が後退し、政策の対象としては、金融危機によって落ち込んだ経済活動水準の押上げが意識されるようになる。

　このように、非伝統的金融政策は、金融経済環境の変化に対応し、時間の経過とともに性格が変化していくことに注意が必要である。この点は、量的緩和政策の中で、中央銀行バランスシートの構成変化と合わせて、より掘り下げて解説していく。

（3）　非伝統的金融政策の出口戦略

　非伝統的金融政策は、極めて大規模な外的ショックによって政策金利が実

図 11-4：量的金融緩和政策からの撤退

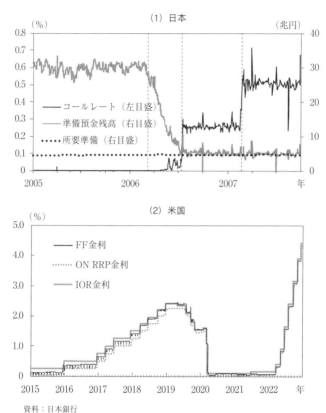

資料：日本銀行

効下限（ELB: effective lower bound）制約に直面するという異例の事態での対応策である。したがって、こうした非常事態対応の目処がつけば、金融環境を正常化させていく方向性を探る必要性がある。この場合、非伝統的金融政策からの出口戦略として、中銀バランスシート規模の縮小と政策金利のゼロ以上への引上げの二つの要素についての順序づけ（sequencing）が論点となる。

　この点は、非伝統的金融政策を解除した後、超過準備が存在しないグローバル金融危機以前の政策運営枠組みに戻るのであれば、まずバランスシートを縮小し、超過準備をほぼ解消したうえで、政策金利を引き上げるという手

順を踏むことになる。2006年3月の日本銀行の量的緩和政策からの撤退時には、この順番で量的緩和政策の解除からゼロ金利解除へと進んだ（図11-4 (1)）。

もっとも、グローバル金融危機、コロナ禍を経て、主要先進諸国中銀のバランスシートは極めて大規模なものとなった。この場合、大規模な資産買入オペの規模を徐々に縮小した（テーパリング）後、超過準備に付利をすることで、政策金利を引き上げていくという手順を踏むことになる（図11-4 (2)）。この場合、政策金利の引上げは、大量の超過準備が存在した状態のもとで進められるため、中銀の金利支払いが急速に拡大し、逆ざやとなるリスクが高いことに注意が必要である。

3　非伝統的金融政策の手段（1）：金利政策の拡張

本節では、非伝統的金融政策手段の中で、金利政策の拡張として整理されるフォワードガイダンス、マイナス金利政策、イールドカーブコントロール政策について解説する。

（1）　フォワードガイダンス

フォワードガイダンスは、中央銀行が先行きの金融政策の運営方針を示し、一定の条件を満たすまでその運営方針を続けることを約束する非伝統的な政策手段として、近年、広く使われている。名目金利の実効下限（ELB: effective lower bound）制約に抵触している状況では、政策金利そのものを低下させることはできないが、将来も低金利が継続するとの期待が形成されれば、長期金利が低下し、追加的な金融緩和効果を得ることができる。その意味で、フォワードガイダンスは、非伝統的な金融政策手段の中では、政策金利を操作する伝統的金融政策の自然な拡張と考えられる。

こうしたフォワードガイダンスの緩和メカニズムについては、学界でも、1990年代終わり頃から急速に理論的な研究が進展した[2]。基本的な考え方

---

2 ）　Eggertsson and Woodford（2003）、Jung, Teranishi, and Watanabe（2005）など。

は、名目金利の ELB 制約によって、現在の政策金利の低下幅が不足する
分、通常想定されるよりも長期に低金利を継続することで、将来の金融緩和
効果を前借りするというものである。

　図 11-5 の仮設例では、経済に大きなマイナスのショックが生じ、政策金
利を ELB 制約よりも引き下げる必要が生じたケースを想定している。この
場合、実際には、政策金利を ELB 制約以下に引き下げることができず、
ショックに対応するために必要な緩和効果を実現できない[3]。このため、時
間の経過とともにショックが減衰し、政策金利を ELB 制約以上の水準に引
き上げることが望ましい状況になった時、ELB 制約に服し緩和効果が不足
した分を考慮せずに政策金利を引き上げていくと、政策金利の経路全体とし
て、緩和効果が不足する結果となる。

　このときの対応として、政策金利を引き下げることができない分、ELB
制約に服している期間を延長し、望ましい政策金利がプラスになった局面で
も、当面の間、ELB 制約に服した状況を継続することを事前にアナウンス
しておくことが考えられる。これは、ELB 制約に服して緩和効果が不足し
た分を、将来の緩和効果によって帳消しにしようとすることになる。見方を
変えると、将来の緩和効果を前借りする政策であるということができる。
フォワードガイダンスが有効に機能すれば、イールドカーブは、短期から中
期のゾーンにかけてフラットニングが進展することになる。

　日本経済への適用を考える際に重要となるのは、長期金利の水準、特に、
大きなマイナスのショックが解消され、平時に戻った場合の標準的な金利水
準である。これは、理論的には、均衡実質金利と長期インフレ予想の和の水
準に相当する[4]。長期金利の水準が高ければ、フォワードガイダンスによる
将来の緩和効果の前借りの余地は大きい。

　しかしながら、長期金利が低下している状況では、前借りの余地は限られ

---

3)　これは、第 7 章で取り上げたテイラールールにおいて、ELB 制約に抵触している状況では、
　　インフレ率の低下に応じて政策金利を引き下げることができず、テイラー原理が充足できな
　　いことに対応している。本章 5 節で AD-AS 分析に ELB 制約を組み込むことでフォーマル
　　な分析枠組みを提示する。
4)　テイラールールで、インフレ率が目標水準に一致し、GDP ギャップがゼロである状況の政
　　策金利の水準を意味する定数項に相当する。

図 11-5　フォワードガイダンスのメカニズム

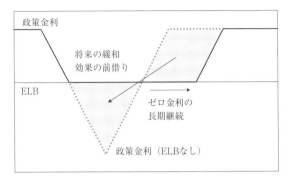

図 11-6　フォワードガイダンスの限界

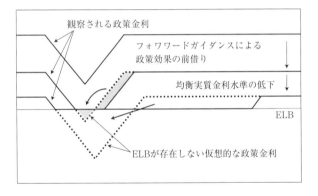

る。特に、将来にわたって、低成長・低インフレが継続し、名目金利は
ELB 制約に抵触し続けると予想される状況においては、前借りの余地はな
くなる。つまり、イールドカーブが短期から長期ゾーンまでゼロ％近傍でフ
ラット化している「永遠のゼロ」の状況においては、残念ながらフォワード
ガイダンスの有効性に期待できない。フォワードガイダンスも、通常のマク
ロ経済安定化政策が機能する時間的な視野を超えることはできないといえる
（図 11-6）。

BOX11-2：フォワードガイダンスの実践的な課題

　このBOXでは、フォワードガイダンスを遂行する過程での課題として、解除条件とフォワードガイダンス・パズルの二点について取り上げる。

(1) フォワードガイダンスの解除条件

　フォワードガイダンスを実践していくうえでは、解除条件をどう設定し、それをどう解釈・運営していくかという課題があげられる。

　1999年に導入されたゼロ金利政策では、前述のとおり「デフレ懸念の払拭」が条件とされた。この条件を巡っては、経済情勢が好転し始めた2000年春頃から、デフレ懸念の払拭をどう定義するかが大きな論争となった。この経験を踏まえ、2001年からの量的緩和政策では、「コアCPI上昇率が安定的にゼロ％以上」と明確化が図られた。ただし、この条件についても、安定的とは具体的に何カ月ゼロ％以上が続けばよいのかといったかたちで再び定義を巡る論争となった。

　その意味では、解除条件をどこまで詳細に記述するかは、運用の柔軟性とのバランスの考え方次第ということになる。最近では、フォワードガイダンスの表現にあえて解除条件を言及しないことも多い。

(2) フォワードガイダンス・パズル

　フォワードガイダンスについては、理論面・実証面から、フォワードガイダンス・パズルという問題が指摘されている[5]。

　これは、標準的なニューケインジアン型マクロ経済モデルを使ってフォワードガイダンスの分析を行うと、フォワードルッキングな期待形成のもと、先行きの金利予想の変化に対して実体経済が極めて強く反応する。この結果、大きなマイナスのショックに見舞われても、フォワードガイダンスの信認が確立されれば、その時点で、極めて強力な金融緩和効果が発現し、GDPギャップが解消、インフレ率もプラスに転じていくことになる。もっとも、現実に

---

5)　たとえば、Del Negro, Giannoni, and Patterson（2012）を参照。

観察されるフォワードガイダンスの政策効果を時系列データ分析などの手法
を活用して検証すると、政策効果発現までのラグが大きく、かつ政策効果も
より限定的なものであることが指摘されている。

（2） マイナス金利政策

　非伝統的金融政策の手段には、中央銀行当座預金にマイナスの金利を課す
ことで、若干でも名目金利の実効下限（ELB: effective lower bound）制約
を押し下げるマイナス金利も含まれている[6]。

　マイナス金利実現のメカニズムについて、図11-7を使って整理しておこ
う。マイナス金利導入以前は、現金と準備預金が完全代替となる名目金利ゼ
ロが名目金利の下限であり、右下がりの準備預金の需要曲線は、名目金利ゼ
ロの水準で屈折し、水平になると考えられていた。このとき、中央銀行が準
備供給を需要曲線がゼロに到達する水準を超えて拡大させると、名目金利は
ゼロのまま、超過準備が増加していく。

　マイナス金利は、準備需要曲線について、ゼロ以下の水準でも右下がりの
形状をつくり出すことによって実現できる。具体的には、超過準備の一定部
分に対してマイナス金利を適用する。これは、中央銀行が超過準備の保有に
対してペナルティを課すと考えることができる。限界的な資金調達金利をマ
イナスにすることで、短期市場金利をマイナス圏内に誘導する。このとき、
制度設計として、ゼロに到達した残高水準を超えると速やかにマイナス金利
を適用することもできるが、一定の水準までは適用対象外として、それを超
えた段階からマイナス金利を適用することもできる。

　では、こうしたマイナス金利での取引が行われているインターバンク短期
資金市場の状況はどうであろうか。金利がプラスの世界においては、準備預
金という希少な財が取引されており、個別金融機関の資金余剰・不足の状況
を反映し、通常の市場メカニズムが機能している。これに対し、マイナス金

---

6)　このマイナス金利というアイデアは、Gesell（1918）まで遡ることができる。

図 11-7　マイナス金利実現のメカニズム

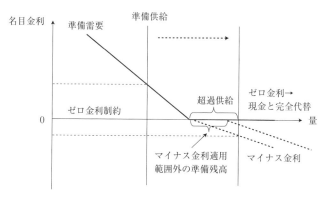

利の世界では、超過準備にはマイナス金利というペナルティが徴求され、コストを発生させる不要なものとなる。このため、短期金融市場での取引は、希少であった準備預金があたかも産業廃棄物のようにお金を払って引き取ってもらうものに転化することになる。

　ただ、こうしたマイナス金利の世界が世間一般の人々に受け入れられるかは、なお検討の余地がある。検討のポイントは、マイナス金利を政策手段として有効に機能させるために取り払うべき金融面での摩擦が現金だけなのかという点である。実際、金融面での摩擦により「リバーサル金利（reversal interest rate）」を超えた金利引下げが金融機関の利鞘を縮小させ、緩和効果を発揮し得ない可能性が指摘されている[7]。その意味で、マイナス金利政策は、名目金利の下限水準を若干押し下げることはできるが、これを完全に撤廃することができない点に注意する必要がある。

┈ BOX11-3：日欧のマイナス金利 ┈

　図 11-8 で、日本とユーロ圏について、マイナス金利政策導入後の政策金利の推移を確認すると、日本銀行は、政策金利の下限を超過準備への付利水準（補完当座預金制度適用利率）であるマイナス 0.1％に設定しているが、政策

7）　Abadi, Brunnermeier and Koby（2022）を参照。

図 11-8 マイナス金利政策下の政策金利

（1）日本

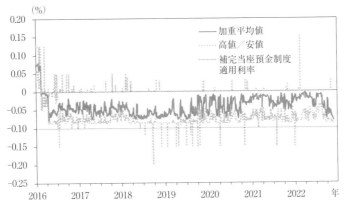

（2）ユーロ圏

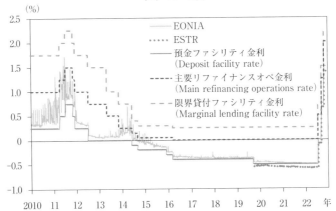

備考：ECB の政策金利は 2019 年 10 月以降 ESTR（Euro short-term rate）。従来の EONIA
（European Overnight Index Average）は 2021 年末で作成中止。
資料：日本銀行、European Central Bank

金利であるオーバーナイト物無担保コールレートはゼロ％に近い水準で推移
している時期もみられる。これに対し、欧州中央銀行では、政策金利のコリ
ドーの下限を規定する超過準備への付利水準（預金ファシリティ金利）近く
で、オーバーナイト金利を安定的に推移させていた。

図 11-9　日銀当座預金残高の推移

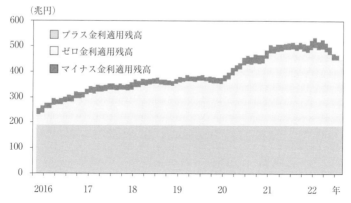

備考：データは補完当座預金制度適用先の合計値。
資料：日本銀行

　これは、日銀は、金融機関の収益に配慮し、マイナス金利を適用する準備預金の範囲をマイナス金利実現のために最低限の水準にとどめてきたことによる。日銀では、マイナス金利政策導入時に当座預金を三分割する「三層構造」と呼ばれる制度を導入した。第 1 階層は、当座預金を 0.1％のプラスの付利を維持するプラス金利適用残高（基礎残高）、第 2 階層は、ゼロ金利を適用する残高（マクロ加算残高）、第 3 階層は、マイナス金利が適用される残高（政策金利残高）である。政策金利残高を極力抑制することで、ネットでみた付利水準をプラスに維持している。

　図 11-9 に示したマイナス金利が適用される金融機関（補完当座預金制度適用先）の日銀当座預金残高の推移をみると、マクロ加算残高を調整することで、マイナス金利を実現するために最低限必要な政策金利残高を維持していることがわかる。この結果、マイナス金利を実現するための金利裁定の余地は限定され、オーバーナイト金利もゼロに近い水準で推移している。

図 11-10　長期金利の制御可能性

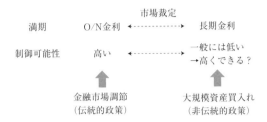

（3）　イールドカーブコントロール政策

　フォワードガイダンスでは、中央銀行が将来の政策金利の経路に対して強くコミットメントすることで、将来も低金利が継続するとの期待を形成し、長期金利低下を促した。この長期金利に目標水準を設定し、長期金利そのものを誘導することも考えられる。

　第6章で解説したように、イールドカーブは、異なる満期間の金利裁定によって形成されていく。伝統的な金融政策の運営において、中央銀行はイールドカーブの最も短い満期であるオーバーナイト金利を政策金利としてコントロールしたうえで、長期金利を含めた金融資産価格の形成は、市場に委ねることを原則として金融政策を運営している。

　しかしながら、こうした伝統的金融政策運営は、グローバル金融危機後の大規模な非伝統的金融政策の中で大きく変節した。長期金利については、短期金利のような精緻なコントロールはできないが、大規模な市場介入を行えば、ある程度までコンロール可能となる（図11-10）。

　わが国における政策効果を考える場合、フォワードガイダンスの緩和効果と同様の限界が存在する。均衡実質金利と長期インフレ予想が低下したわが国経済の現状では、10年までの満期の金利はほぼゼロで変動せず、イールドカーブの変動は主として10年を超えるゾーンで生じている（図11-11）。この結果、イールドカーブ変動を通じた有効需要刺激効果は極めて限定的で、金融政策により、成長率とインフレ率を能動的に押し上げることができない状況が続いている。イールドカーブコントロール政策も、フォワードガ

図 11-11　イールドカーブコントロール政策の効果

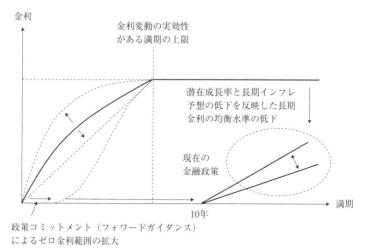

イダンス同様、通常のマクロ経済安定化政策が機能する時間的な視野を超えることはできない。

BOX11-4：日本銀行によるイールドカーブコントロール政策の経験

　日銀は、2016 年 9 月に、短期の政策金利と長期の 10 年物国債金利の双方に誘導目標を設定する「長短金利操作」、いわゆる「イールドカーブコントロール（YCC）」政策を導入した。この枠組みは、短期から長期までの金利を低位安定化させ、超緩和的な金融環境を粘り強く維持するうえで、一定の効果をあげているようにみえる。

　図 11-12 で、イールドカーブコントロール政策下でのイールドカーブの推移を確認すると、2016 年 1 月のマイナス金利政策導入後に、オーバーナイトから 10 年を超える満期までマイナス圏内に大きく低下した。しかしながら、2016 年夏場にかけてイールドカーブは若干上昇し、10 年物金利がゼロ近傍となり、緩やかな右上がりの形状が形成されるようになった。その後、YCC 政策のもとで、オーバーナイト金利 −0.1％、10 年物金利 0.0％ 近くでおおむね安定的に推移していた。もっとも、2022 年春以降、円安や物価上昇を

図 11-12　イールドカーブの推移

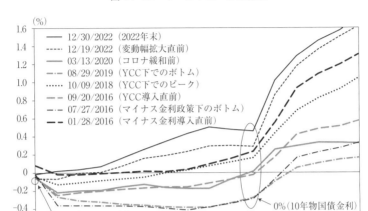

資料：財務省、日本銀行

　眺め、YCC 政策が解除されるとの思惑が広がり、満期 10 年周辺でイールド
カーブの形状が歪み始めている。こうした中、日銀は、2022 年 12 月に 10 年
物金利の変動レンジを 0.5％に拡大し、長期金利の誘導目標を実質的に引上げ
ている。

　YCC 政策の経験は、長期金利について、短期金利のような精緻なコント
ロールはできないが、大規模な市場介入を行えば、ある程度コントロール可
能であることを示した。YCC 政策は、資源配分に積極的に介入する非伝統的
金融政策の性格そのものを象徴する政策運営の枠組みといえる。

4　非伝統的金融政策の手段（2）：量的緩和政策[8]

　本節では、非伝統的金融政策手段の中で、量的緩和政策と称される中央銀

8）　本節の説明は白塚（2010）を基にしている。

図 11-13　量的緩和政策：概念図

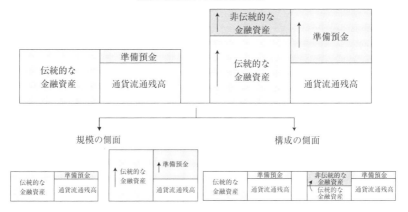

実際に観察される量的緩和政策

行のバランスシートを使った政策運営について解説する。

（1）　量的緩和政策と中央銀行バランスシート

　非伝統的金融政策の運営においては、購入対象とする金融資産の範囲と規模の双方の面で、非伝統的金融政策手段を採用し、量的緩和政策と総称されるように、バランスシートを大きく膨らませてきた。

　こうした中央銀行のバランスシートを使った量的緩和政策は、概念的に二つの要素に分解される（図 11-13）。第一の要素は中央銀行バランスシートの規模に注目し、第二の要素はその構成に注目する。

　仮想的なケースでは、第一の要素は、金融市場調節を伝統的な政策手段に限定し、伝統的な金融資産の購入のみで中央銀行バランスシート規模を拡大させることに相当する。第二の要素は、中央銀行バランスシートの規模を一定に保ったまま、伝統的金融資産を非伝統的金融資産に入れ替え、構成のみを変化させることに相当する。

　実際の量的緩和政策の経験を踏まえると、中央銀行は、政策運営上の経済的・政治的・社会的な制約を与件として、バランスシートの資産・負債サイドをめぐる二つの要素を組み合わせ、非伝統的金融政策全体としての有効性

を高めようとしてきたと考えられる。この観点からみると、量的緩和政策は、政策運営上の制約を与件として、経済に及んだショックに対処するために、中央銀行バランスシートの資産・負債サイド両面を最大限に活用する非伝統的金融政策手段のパッケージと考えることができる。

（２）　量的緩和の政策効果波及メカニズム

　量的緩和政策のメカニズムについては、当初、中央銀行バランスシートの構成と規模の変化によって生じるポートフォリオリバランス効果に注目して整理されてきた。投資家が短期政府証券と長期国債を不完全代替であるとみなしていれば、中央銀行は、保有資産構成を短期政府証券から長期国債にシフトさせることで、タームプレミアムやイールドカーブ全体に影響を与えることができる。同様に、中央銀行は、マネタリーベースが他の金融資産と不完全代替であれば、マネタリーベースを拡大させることで、マネー以外の金融資産の価格や金利に影響を及ぼすことができる。

　もっとも、グローバル金融危機への政策対応を振り返ると、中央銀行バランスシートの資産・負債サイドはいずれも、ポートフォリオリバランス効果と異なる追加的な役割を担っている。資産サイドは、たとえば、クレジット商品の買切りなどを通じて、民間金融仲介の代替として機能する。他方、負債サイドは、特に超過準備の拡大を通じ、短期金融市場における資金流動性リスクのバッファーとして機能する。さらに、金融仲介の機能不全は、金融機関の資金流動性リスクと密接に関連しており、超過準備の需要を高めるため、資産・負債サイドはお互いに密接に結びついていると考えられる。

　さらに、グローバル金融危機直後の金融市場の混乱から、市場が安定を取り戻すにつれて、非伝統的金融政策の目的は、金融システムの救済策から、主として総需要喚起策へと遷移して行った。これにつれて、量的緩和の政策手段も、個別金融市場への直接介入策から、長期国債や不動産担保証券などの大規模買入れへと変化している。このように、量的緩和政策の目的・手段は時間の経過とともに変化する点には注意を要する。

BOX11-5：Fed と日銀のバランスシート

　量的緩和政策における中銀バランスシートの規模と構成の変化について、日米の中央銀行のバランスシートの時系列的な変動をみることで確認しておこう。

　まず、図 11-14 で Fed のバランスシートをみると、サブプライム住宅ローン関連証券化市場の悪化が懸念される中、2008 年初から大手投資銀行のベアスターンズの経営危機の高まりを踏まえ、Fed のバランスシートは、資産面で変化をみせ始める。この時期、バランスシートの規模は不変のまま、資産サイドでサブプライム住宅ローン関連証券化市場に対する直接的な介入が始まっている。さらに、2008 年 9 月には、大手投資銀行リーマン・ブラザーズの破綻を契機に、金融市場が一気に不安定化し、Fed のバランスシートは資産・負債両建てで大きく拡大する。

　資産サイドは、サブプライム住宅ローン関連証券化市場に対する直接的な介入に加え、米国以外の中央銀行に対するドル供給の拡大など、グローバルな金融市場の不安定化への対応が拡大した。また、負債サイドは、金融市場不安定化を鎮静させるため、大量の超過準備が供給された。その後、金融市

図 11-14　Fed のバランスシート

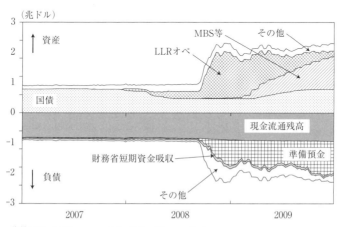

資料：Board of Governors of the Federal Reserve System

図 11-15　日銀のバランスシート

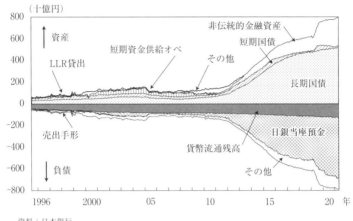

資料：日本銀行

　場が安定を徐々に取り戻すにつれて、資産サイドの構成は、金融市場への直接介入がだんだんと縮小され、代わりに、長期国債や不動産担保証券などの買入れへとシフトしている。

　次に、図 11-15 で、日銀のバランスシートの変化を確認すると、まず 1997～98 年の金融危機時に、両建てオペのもと資産サイドと負債サイドの両面が拡大している。資産サイドでは、金融危機対応の最後の貸し手としての貸出（LLR 貸出）が増加する一方、コールレートがゼロ％まで低下することを防ぐため、売出手形オペによって資金吸収を図る金融市場調節が行われた。さらに、2001 年から 2006 年にかけての量的金融緩和政策のもとで、日銀当座預金残高を拡大させたが、そのための資金供給オペは主として短期資金供給オペの拡大とオペ期間の拡大によって対応された。

　この時期までの日銀バランスシート拡大は、2013 年 4 月以降の量的質的金融緩和政策（QQE）のバランスシート拡大と比べると極めて限定的であったことがわかる。その後、QQE のもとで、日銀のバランスシートは急速に膨張し、資産サイドでは長期国債の保有残高が急拡大したほか、ETF や REIT などリスク性資産の保有残高も拡大した。この間、負債サイドは当座預金残高が大幅に拡大している。

BOX11-6：長期国債買入れオペの解釈

　図11-16 に、日銀のバランスシートの規模に加え、長期国債保有残高と銀行券発行残高をいずれも名目 GDP 比で示している。

　この図からもわかるように、日銀は、銀行券を円滑に流通させるため、満期が長く、安全かつ流動性の高い金融資産として、長期国債の買入れを従来から行っていた。ただし、これはあくまでも、銀行券の円滑な流通のためであり、財政ファイナンスとの明確な線引きをするため、長期国債の保有残高の上限を銀行券発行残高とする銀行券ルールのもとで運営されてきた。これは、伝統的金融資産として長期国債を買い入れていたと解釈できる。

　この理解に立つと、同じ長期国債買入れオペであっても、銀行券発行残高を超える長期国債の買入れは、銀行券ルールのもとで買い入れられていた伝統的金融資産と異なる性格のものと整理できる。この場合、日本銀行が現在保有している長期国債のうちの8割程度は非伝統的金融資産ということになる。

図 11-16　長期国債の買入れ規模

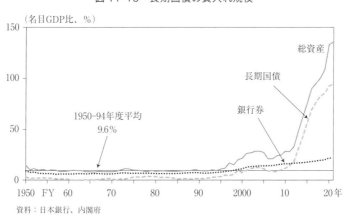

資料：日本銀行、内閣府

5 非伝統的金融政策の効果：総需要＝総供給分析の拡張

本節では、前節までで整理した非伝統的金融政策について、総需要＝総供給分析の枠組みを拡張することにより、その政策効果について考えていく。

（1） 名目金利の実効下限制約と総需要曲線

第7章でテイラールールについて解説した際、名目金利の実効下限（ELB: effective lower bound）制約に抵触すると、インフレ率の低下に応じて政策金利を引き下げることができなくなり、テイラー原理を充足できない状況に陥ることを指摘した。こうした状況を、IS-MP分析の枠組みで整理し直すことで、AD曲線にどのような変化が生じるかを検討しておこう（図11-17）。

まず、左側のIS-MP分析の図において、インフレ率がプラスで、政策金利も有意にゼロから高い状況にある場合、金融政策は、インフレ率の低下に対しその低下幅以上に政策金利を引き下げることで実質金利を引き下げ、総需要を喚起することができる。この場合、テイラー原理を充足しており、右側の図のとおりAD曲線は通常の右下がりの形状として描くことができる。

しかしながら、インフレ率がさらに低下し、名目政策金利がELB制約に抵触してしまうと、インフレ率がそれ以上低下しても、名目政策金利を引き下げることができず、インフレ率が低下すると、むしろ実質金利が上昇する状況に陥る。この状況では、テイラー原理を充足することができず、AD曲線は、ELBに抵触するインフレ率 π^{ELB} において右上がり（左下がり）の形状に変化する。

以上の考察をまとめると、ELB制約を考慮したAD曲線は、ELB制約に抵触した時点で屈折し、逆L字型の形状となる。

（2） 大規模な総需要ショックの影響

ELBを考慮したAD曲線とAS曲線を組み合わせることで、大規模なADショックに見舞われたケースについて考えてみよう（図11-18）。

図 11-17　ELB 制約を考慮した AD 曲線の導出

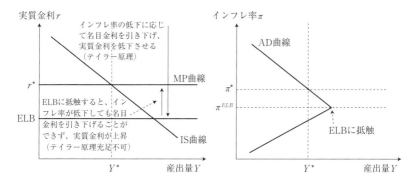

図 11-18　ELB 制約を考慮した大規模な AD ショックの影響

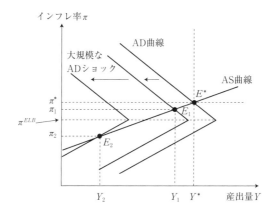

　いま、経済は、潜在産出量 Y^*、均衡実質金利 r^* の長期均衡状態 E^* にある。この状態で、負の AD ショックが生じると、AD 曲線が左方向にシフトし、経済は AS 曲線上を左下に遷移する。この結果、産出量とインフレ率がそれぞれ Y_1、π_1 まで低下し、E_1 が実現する。ただし、このときは、AD 曲線が右下がりの形状の部分で AS 曲線と交わるため、通常の AD-AS 分析と同様である。

　しかし、極めて大規模な負の AD ショックに見舞われた場合、AD 曲線は

さらに左方向にシフトし、AS曲線と右上がりの部分で交わり、E_2が実現する。このとき、インフレ率はπ_2に低下するが、産出量はY_2までさらに大幅に低下する。金融政策は、インフレ率が名目金利の実効下限制約に抵触するπ^{ELB}以下に低下するため、インフレ率の低下に応じて政策金利を引き下げることができず、産出量が大きく低下する結果となる。

（3） 非伝統的金融政策の効果

ELB制約に抵触してしまうと、金融政策は、通常の金利政策によってマクロ経済を安定化させることができなくなり、非伝統的金融政策の発動を余儀なくされる。非伝統的金融政策としては、すでに整理したように、フォワードガイダンスに代表される金利政策を拡張した政策と大規模金融資産買入れなどの量的緩和政策の二通りの政策対応が考えられる。

これらの政策対応の効果について、図11-19に示した。まず、金利政策を拡張した政策対応は、たとえば、フォワードガイダンスを考えると、より長期間低金利を継続することを公約し、長期金利の低下を促す。また、マイナス金利政策は、ELB制約そのものを若干ではあるが押し下げることができる。この結果、AD曲線の屈折点がπ^{ELB}以下に低下し、右下がり部分が延長される。ELB制約をAS曲線と一致する水準まで引き下げることができれば、経済はE_2からE_3へとAS曲線上を右上方に遷移する。

また、量的緩和政策は、基本的にはリスクプレミアムに働きかける政策である。こうした政策は、借り手の外部資金調達プレミアムを低下させるよう作用し、AD曲線を右方向にシフトさせる。AD曲線の屈折点がAS曲線と一致するところまでAD曲線を右方シフトさせることができれば、経済はE_4へとAS曲線上をさらに右上方に遷移する。

なお、長期国債の大規模買入れなどは、満期の近い社債等の金利を引き下げ、外部資金調達プレミアムを低下させると同時に、長期金利のタームプレミアムも圧縮させ、ELB制約も緩和する方向に作用すると考えられる。また、金利政策を拡張した政策対応であっても、金利を十分引き下げるために必要な大量の流動性供給を行うことで、金融市場のさまざまなリスクプレミアムを縮小させる効果も期待でき、外部資金調達プレミアムの縮小を通じ

図 11-19　非伝統的金融政策の効果

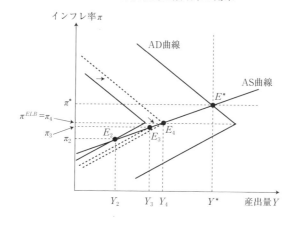

て、AD 曲線を右方向にシフトさせると考えられる。その意味では、非伝統的金融政策において、金利政策を拡張した政策対応と量的緩和政策は、相互補完的な作用も大きいと考えられる。

　非伝統的金融政策の効果について、もう一つ理論的に考えられる政策メカニズムは、期待チャネルを通じた緩和効果である。この点を図 11-20 で確認すると、政策アナウンスメントや政策行動によって人々の長期インフレ予想に働きかけ、これを π^* から π^{**} へ押し上げることができれば、AS 曲線が上方シフトし、AD 曲線の屈曲点で交差することになる。これによって、インフレ率と産出量がそれぞれ π_5 と Y_5 へ上昇し、経済は AS 曲線上を右上方に E_5 まで遷移する。

　ただし、こうした期待チャネルの有効性については、わが国の QQE の経験からも明らかなとおり、中央銀行が高いインフレ目標を掲げることで、これが自動的に人々から信認されるわけではないという点に注意する必要がある。インフレ予想は、適応的な要素が大きく、実現したインフレ率の影響を強く受ける。その意味では、中央銀行がインフレ率を押し上げる実効性のある政策手段を有しているかが、インフレ目標の信認を確立するうえで、極めて重要なポイントとなる。

　以上のような AD-AS 分析の拡張による非伝統的金融政策の効果の分析を

図11-20　期待チャネルを通じた効果

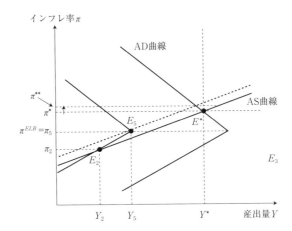

踏まえると、AD 曲線を大幅に上方シフトさせたり、長期インフレ予想を大きく押し上げたりといった効果が期待できない限り、その有効性には限界があると考えておく必要がある。

BOX11-7：日米の長期インフレ予想

　日米の長期インフレ予想について、図11-21に示した主としてマーケットエコノミストを対象としたサーベイ調査をもとに比較しておこう。

　まず、日本については、2013年4月のQQE開始後に1.5％程度まで上昇したが、その後、2016年頃から再び低下傾向をたどり、2021年頃からいくぶん持ち直している。しかしながら、長期インフレ予想の水準自体は、2％の物価安定目標よりもかなり低い水準で推移している。この点は、インフレ予想の形成メカニズムとして、過去に実現したインフレ率に大きく依存する適応的な期待形成（あるいはバックワードな期待形成）の影響が大きいと指摘されている。このため、現実に観察されるインフレ率が2％の目標水準に達しない限り、長期インフレ予想を2％近傍にアンカーすることは難しいことになる。2022年に入り、エネルギー・資源価格の上昇や円安などを受けて、インフレ率が上昇しており、今後の長期インフレ予想の動きを注目していく必要

図 11-21　日米の長期インフレ予想

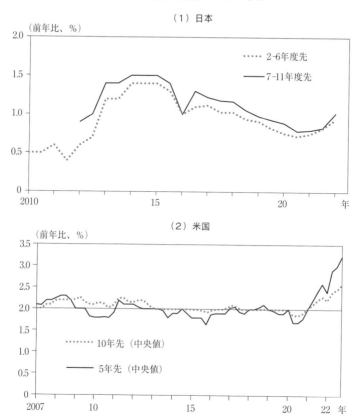

（1）日本

（前年比、％）

・・・・・ 2-6年度先
―――― 7-11年度先

（2）米国

（前年比、％）

・・・・・・ 10年先（中央値）
―――― 5年先（中央値）

資料：日本経済研究センター「ESP フォーキャスト」、Federal Reserve Bank of Philadelphia、
　　"Survey of Professional Forecasters"

がある。

　これに対し、米国では、グローバル金融危機時も含めて、長期インフレ予想は、おおむね2％近くで安定的に推移しており、長期インフレ予想は、物価安定目標水準近くにアンカーされていたことがわかる。しかしながら、2021年頃から、インフレ率の急加速を受け、長期インフレ予想も上昇し始めており、5年先までの予想が3％を超えているほか、10年先までの予想も2.5％を超えている。2022年以降の Fed の急ピッチでの利上げは、インフレ率

の大幅な上昇だけでなく、長期インフレ予想が2％から上方に乖離し始めていることも重要な要因と推察される。

◆キーワード◆

非伝統的金融政策
金利政策
量的緩和政策
出口戦略
名目金利の実効下限（ELB）制約
フォワードガイダンス

マイナス金利
イールドカーブコントロール
中央銀行バランスシートの規模と構成
長期国債買切りオペ
総需要曲線の屈折
長期インフレ予想

◆練習問題◆

1. 非伝統的金融政策について、金利政策の延長としての政策手段と量的緩和政策手段とに分類し、その政策効果の波及メカニズムの共通点、相違点を整理せよ。

2. 非伝統的金融政策の中で、マイナス金利政策やイールドカーブコントロール政策の採用は、主要先進国中銀の中でも一部にとどまっている。将来的に、再び強力な非伝統的金融政策の採用が必要となった際に、これらの政策手段が広く利用される可能性をどう考えたらよいであろうか。

3. 日銀のQQEのもとでのバランスシート拡大とFedのグローバル金融危機後のバランスシート拡大について、規模と構成の両面から共通点、相違点を整理せよ。

4. 非伝統的金融政策は、政策金利がプラスの水準になったもとでは、無用と

なるのであろうか。

5. 政策金利が ELB 制約に抵触した場合、右下がりの総需要曲線にはどのよう
　な影響が生じるか。また、その場合、総需要・総供給のバランスを自動的
　に調整するメカニズムはどうなるか。

第12章

マクロプルーデンス政策

- 本章では、グローバル金融危機後注目が集まるマクロプルーデンス政策について解説する。

- マクロプルーデンス政策とは、金融システム全体が包含するさまざまなリスクについて状況を把握し、分析したうえで適切な制度設計・政策対応を行って金融システム全体の安定を確保しようという考え方である。

- 本章ではまず、金融危機とシステミックリスクの源泉となる資産価格バブルと金融政策の関係について解説する。そのうえで、金融システムの安定を目指すプルーデンス政策の運営において、ミクロの視点とマクロの視点の双方向からの検証が必要であり、マクロプルーデンス政策面からの取り組みが重要となることを解説する。

- さらに、こうしたマクロプルーデンスの視点の重要性を踏まえ、物価の安定と金融システムの安定という二つの政策目標は不可分であり、金融政策とマクロプルーデンス政策を統合的に運営していくことの重要性を説明する。

1　金融危機とシステミックリスク

　第2章の金融の役割の中で、金融を巡るリスクは、分散可能なものと分散不可能なものに大別できることを解説した。金融危機は、金融システム全体を機能不全に陥れ、経済活動全般に大きなストレスを加えるという点で、分散不可能なリスクの典型例である。こうした経済全体に対する大規模なショックは、システミックリスクと呼ばれることもある。

（1）　金融危機の源泉

　金融危機の源泉となるのは、金融システム内部でのさまざまな資産価格や資金配分の歪みである金融面での不均衡（financial imbalances）が累積し、それが最終的に維持不可能な状態となり、大規模な調整を余儀なくされることである。典型的な事例は、資産価格バブルの膨張とその崩壊である。

　バブルは、一般に、財・サービスの価格がファンダメンタル価値から継続的に乖離し続ける状況を指す。経済学では、こうしたバブルについて、「合理的バブル」として理論モデル化されることが多い。この場合、人々は、資産価格がファンダメンタル価値から乖離しており、かつその乖離は拡大を続けると認識しており、しかも将来、ある確率で破裂する可能性があることも認識している。

　ただ、現実に観察されるバブルという現象は、さまざまな要因が複雑に関連し合って期待が著しく強気化することによって生じる側面が大きい（図12-1）。根拠なき熱狂（irrational exuberance）と表現されることもある。このとき、注意が必要なのは、バブルの発生には、やや逆説的であるが物価安定が必要条件となる点である。緩和した金融環境が維持されるためには、インフレ率が低位安定していなければならない。そうした中で、低金利環境が将来にわたって長期継続するという必ずしも根拠のない予想が定着し、信用量が膨張していくことで、さまざまな資産価格上昇が支えられていくことになる（信用量膨張型バブル〈credit-fueled bubble〉）。

　日本の1980年代後半の資産価格バブルや米国の2000年代半ばの住宅バブ

図 12-1　資産価格バブルの構図

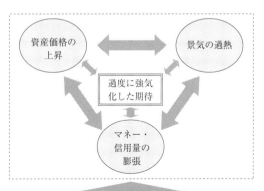

資料：翁・白川・白塚（2000）図 13 を一部修正

ルは、まさにその典型例である。こうした信用量の膨張に支えられた広範な資産価格上昇を伴うバブルは、その崩壊が経済全体に大きなマイナスのショックをもたらす。これに対し、信用量の膨張を伴わない部分的・局所的なバブルは、バブル崩壊後のショックも限定されたものにとどまる。

BOX12-1：バブルと信用量の膨張

　金融危機は一般に、良好な（benign）金融・経済環境が続き、ユーフォリア的な心理が広がる中で生じることが多い。そうした状況の背後では、資産価格・信用バブルとして典型的に観察される金融面での不均衡が累積し、さらにそれに続く不均衡の巻戻しが甚大な悪影響を生じさせ、長期的な経済停滞をもたらし得る。経済がいったん後退局面入りすると、資産価格の予期せぬ水準調整によってバブルの弊害が表面化し、実体経済、金融システムの両面に大きなストレスが加わることになる。

　バブル拡大を支える信用量の膨張は、銀行中心の金融システムで生じることはわかりやすい。「土地神話」のようなかたちで資産価格が上昇を続けるとの予想が広範化すれば、担保価値上昇を通じた信用供与が拡大していく。

図 12-2　総与信・GDP 比率

（%）

凡例：
―― 日本
‥‥‥ 米国

資料：Bank for International Settlements

　ただ、米国の住宅バブルでは、同様の信用量膨張のメカニズムが市場中心の金融システムでも機能した。さまざまな債権をプールし、証券化商品として組成・販売していく過程で、金融機関は、CP 市場などを使った短期資金調達によってレバレッジを拡大させていった。つまり、米国の市場中心の金融システムは、金融システムが全体として銀行のような機能を果たしていたことになる。当時、シャドーバンキングシステムという言葉は、こうした市場中心の金融システムにおける信用創造メカニズムの重要性を示していると考えられる。

　こうした観点から、金融面の不均衡をモニターする中心的な指標として、民間非金融部門に対する与信量と名目 GDP の比率（総与信・GDP 比率）が使われている。実際、図 12-2 に示した日米の総与信・GDP 比率の推移をみると、日米の水準は若干異なるが、日本では 1980 年代半ばから 90 年代初にかけて、米国では 1990 年代後半から 2000 年代にかけてかなり急ピッチな上昇トレンドを示していることがわかる。

（2）　金融政策との関係

　では、バブルと金融政策の関係はどう考えればよいであろうか。日本の資産価格バブルも、米国の住宅バブルも、いずれも金融政策がバブルの発生のために何か積極的な役割を果たしたというよりも、何もしなかったことで、バブルの発生を抑止できなかったといえる。

　ただ、そうした金融政策対応は、特に米国については、グローバル金融危機以前におけるバブルに対する政策対応の支配的な考え方に沿ったものであった。

　その考え方は以下の二点に集約される。第一に、バブルはリアルタイムでバブルであると識別することが極めて困難であるため、金融政策は、バブルが崩壊するまでは、資産価格変動が将来の物価上昇率や成長率に影響を与える限りにおいてのみ対応すべきである。第二に、中央銀行は、バブル崩壊後は、バブル崩壊に伴う悪影響に対し、積極的かつ迅速に「後始末措置」（"mop-up operation"）を講じるべきである。

　しかしながら、グローバル金融危機後の政策対応を振り返ると、金融政策だけでは後始末は困難で、長期にわたる非伝統的金融政策の継続を余儀なくされた。ここで問題となるのは、「将来の物価上昇率や成長率に影響を与える限りにおいてのみ」という表現を、どう解釈するかである。日本のバブル期やグローバル金融危機の経験を踏まえると、バブルがあまりに大きくなることを許容してしまうと、事後的な政策対応は極めて難しくなる。バブル拡大の過程で累積した金融面での不均衡を捉え、バブル崩壊後の悪影響を事前に評価するためには、かなり長期にわたる視点が必要となる。

　こうした観点から金融政策は、物価と経済活動に対する長期的な影響を念頭に置いて、資産価格変動に対応していく必要がある。もちろん、資産価格の過度な上昇に対して、金融政策単独でこれを抑止することはできず、複数の政策手段を組み合わせていく必要があるが、いずれにせよ、金融政策の事前的な行動は間違いなく必要となる。ただし、こうした金融政策行動は、バブルを崩壊させることを目的とするものではなく、資産価格が過度に高い水準にまで上昇することを抑止するためのものである点に留意が必要である。

BOX12-2：銀行取付の理論モデル

　金融危機の際に典型的に生じる事象として銀行取付がある。特定の金融機関に対する信用不安などから預金者が預貯金などを取り戻そうとして、いっせいに金融機関の店頭に殺到し、銀行業務に混乱を来す結果となる。もちろん、最近では、ATM網やネットバンキングの発展によって必ずしも店頭に並ばなくても預金を引き出したり、他行口座に振り替えたりすることができるため、店頭に並ばずとも金融機関の預金残高が大きく減少していく「静かな取付（silent run）」が生じることもある。

　こうした銀行取付を理論モデル化したものがダイアモンド＝ディビック・モデルである（表12-1）。3時点、2預金者の簡単化したモデルでポイントを整理しておこう[1]。

　いま、時点0において、預金者A、Bはそれぞれ1単位の資金を金融機関に預金する。金融機関は、集めた預金を2期間先までの長期資産で運用し、2期後に元本よりも高い R（>1）のリターンを得る。ただし、1期で運用を中止した場合はリターンは元本よりも低い r（<1）に低下する。

　このとき、預金者A、Bが時点2まで預金を解約しなければ、いずれも R のリターンを手にすることができる。しかし、いずれかの預金者が時点1で解約すると、解約した預金者は元本を確保できるが、もう一方の預金者は全体のリターンが $2r$ に低下するため、そこから解約した預金者への支払いを控除した $2r-1$ のリターンしか手にすることができない。このため、一方の預金者が時点1で解約しようとすることがわかれば、もう一方の預金者も時点1で解約することが望ましい選択となる。この場合、預金者A、Bはともに r のリターンを手にすることになる。つまり、このモデルには、預金者がいずれも時点1で解約する、時点2まで待って解約するという2つのナッシュ均衡が存在する[2]。このとき、2人の預金者がいずれも時点2まで待って解約することが望ましい均衡となるが、この均衡が実現するかは、金融機関の預金

1）　Diamond and Dybvig（1983）が原典。
2）　ゲーム理論の基本的な分析枠組については梶井・松井（2000）、神取（2014）など基本的なミクロ経済学の教科書を参照のこと。

表 12-1　ダイアモンド＝ディビック・モデル

		預金者 B	
		時点 1 で解約	時点 2 で解約
預金者 A	時点 1 で解約	r ／ r	$2r-1$ ／ 1
	時点 2 で解約	1 ／ $2r-1$	R ／ R

の返済可能性に関する信認次第である。この信認が高く、預金者が安心して預金を預け続けることができれば、早期に預金を引き出そうとする預金者は限られる。しかし、いったん信認が損なわれれば、多くの預金者が早期に預金を引き出そうとすることになる。

　ダイアモンド＝ディビック・モデルの成果は、金融機関の資産サイドと負債サイドの満期構成のミスマッチが、金融機関の不安定性の源泉であることを明らかにした点にある。なお、こうした銀行取付の問題を抑止するために、万が一金融機関が破綻した場合に一定範囲内の預金を保護する預金保険制度がある。

BOX12-3：最後の貸し手としての役割

　健全な金融機関が一時的に大規模な流動性不足に陥った場合には、中央銀行が最後の貸し手（LLR: lender of last resort）として一時的に流動性を供給するケースがある。こうした最後の貸し手の機能は、実際には、広い意味でのセーフティネット（金融危機回避のための手段）として、金融システムの安定を確保するため、システミックリスクが現実のものとなることを回避するうえで必要な場合に、金融機関に対し預金等の払戻しや取引の実行等のために必要な資金を供給するために発動されるケースが多い。

　日本銀行は、こうした金融機関の破綻処理に際し、金融システムの安定のため特に必要があると判断する場合には、「特融」と呼ばれる特別の条件による資金の貸付を行うことがある。その際、日本銀行は、政府からの要請を前提に、次の四つの原則に基づいて、その可否を判断している。

図 12-3　最後の貸し手としての役割の拡大

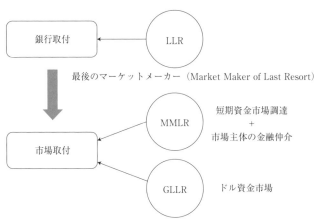

最後のマーケットメーカー（Market Maker of Last Resort）

短期資金市場調達
＋
市場主体の金融仲介

ドル資金市場

グローバルな最後の貸し手（Global Lender of Last Resort）

原則 1.　システミック・リスクが顕現化するおそれがあること

原則 2.　日本銀行の資金供与が必要不可欠であること

原則 3.　モラルハザード防止の観点から、関係者の責任の明確化が図られるなど適切な対応が講じられること

原則 4.　日本銀行自身の財務の健全性維持に配慮すること

　こうした最後の貸し手機能は、グローバル金融危機への対応の中で、大きく拡張されることになった。これは、市場を通じた金融仲介の拡大やグローバルな金融ネットワークの緊密化によって、取付が銀行部門だけでなく、市場全体として生じるようになったことへの対応という側面も大きい（図12-3）。たとえば、機能不全に陥った市場に介入し、市場機能を一時的に代替、その回復を図るオペレーションは、最後のマーケットメーカー（MMLR: market maker of last resort）と位置づけられる。

　また、グローバルに活動する金融機関が増加する中、グローバル金融危機の中で、ドル資金が蒸発し、ドル資金調達が著しく困難化した。こうした状況に対応するため、各国中央銀行間で資金スワップ網を構築し、米国以外の金融機関に対するドル資金供給を行った。こうした最後の貸し手機能は、自国通貨ではなく、外貨を供給するという意味で伝統的なLLRの概念を超えて

おり、グローバルな最後の貸し手（GLLR: global lender of last resort）と整理できる。

2　マクロプルーデンス政策

（1）　プルーデンス政策のミクロとマクロの視点

　金融システムの安定性を促していくために、従来は、主としてミクロプルーデンスの視点から、個別金融機関の経営の健全性を維持・促進していくことが重視されてきた。この場合、十分な資本と流動性を保有し、的確なリスク管理を実践している健全な金融機関を集積することで、金融システムの安定を実現できると考えることになる。しかしながら、グローバル金融危機の経験から、個別金融機関の健全性を単に集積するだけでは、金融システム全体としての安定性は必ずしも確保されるとは限らないことが認識されるようになった。このため、金融システムの安定を検証していくためには、個別金融機関の健全性というミクロの視点と金融システム全体としての機能度（functioning）・頑健性（resilience, robustness）というマクロの視点の双方向からの検証が必要となることが強調されるようになってきた（図12-4）。こうした視点から、金融システム全体の安定性を評価し、維持・促進していくための政策をマクロプルーデンス政策と呼ぶ。

　また、金融システムの安定性の向上をより厳格なミクロプルーデンス規制のみで実現しようとすると、経済成長の基盤となる金融仲介機能の効率性を低下させることにつながり得る点にも注意が必要である。より大きな規制の負荷は、また、規制アービトラージ（regulatory arbitrage）のインセンティブを生み出す可能性も考えられる。

　こうした観点から、マクロプルーデンス政策には、金融システム全体の頑健性を高めるため、金融システムを機能不全に陥れ、マクロ経済を不安定化させる可能性があるシステミックリスクの源泉を特定し、抑止していくことが求められる。そうした視点からは、マクロプルーデンス政策は、時系列方向におけるプロシクリカリティ（procyclicality, 変動増幅効果）と、横断面

図 12-4　金融システム安定化のためのミクロ・マクロの視点

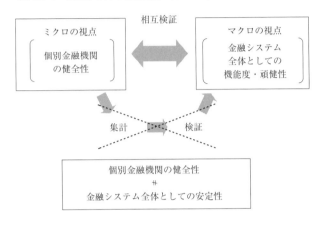

図 12-5　金融システムを巡る外部性

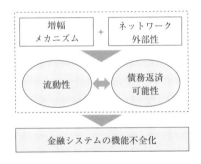

方向における金融機関の複雑なネットワークを通じたショックの波及効果
（ネットワーク外部性）という、金融システムにおける二つの鍵となる外部
性に対処することが求められる（図 12-5）。プロシクリカリティは、金融シ
ステム内部あるいは金融システムとマクロ経済の間における時系列方向での
ショック増幅メカニズムである。ネットワーク外部性は、商業銀行だけでな
く、それ以外の市場型金融仲介機関や機関投資家など、多様な金融機関に
よって構成される複雑なネットワークを通じた、横断面方向におけるショッ
ク増幅のメカニズムである。

BOX12-4：大きすぎて潰せない（too-big-to-fail）

　グローバル金融危機の中では、2008 年 9 月のリーマン・ブラザーズの経営破綻以降、グローバルに業務を展開していた大規模金融機関が次々と信用不安に陥った。この結果、金融危機の深化の影響が実体経済にも波及し、グローバル経済が大幅に悪化した。こうした状況の中で、大規模な金融機関の無秩序な破綻が各国の金融・経済システムに極めて深刻な悪影響を及ぼす可能性が懸念された。このため、こうした金融機関を破綻させることができず、公的資金注入で救済せざるを得ない、いわゆる「大きすぎて潰せない」という問題がクローズアップされることとなった。

　こうしたグローバル金融危機の影響を踏まえて、大きすぎて潰せないとは、単に金融機関の規模が大きいというだけでなく、金融機関の業務の複雑性、相互連関性、機能の重要性などがあまりにも大きく、その金融機関が不意に清算に追い込まれた場合、金融システムや実体経済に深刻な悪影響が及ぶことが強く認識されるようになった。同時に、経営悪化時に政府が支援するという「暗黙の政府保証」が、金融機関の経営にモラルハザードを生じさせ、よりリスクテイクを積極化させるインセンティブを与えていることも明確となった。

　こうした認識のもと、グローバル金融危機後には、グローバルなシステム上重要な銀行（G-SIBs：global systemically important banks）に対して、①破綻時にも、承継会社へ経営や資産・負債を移転し、主要業務を継続させることで、金融システムに甚大な影響が及ぶことを回避すること、②破綻に伴う損失負担について、破綻金融機関の株主・債権者が吸収し、納税者の負担を回避することを中心として、秩序ある破綻処理の枠組みについての対応が進められている。

（2）　マクロプルーデンス政策手段

　マクロプルーデンス政策手段は、前述した二つの鍵となる外部性に対処し

図12-6　マクロプルーデンス手段の考え方

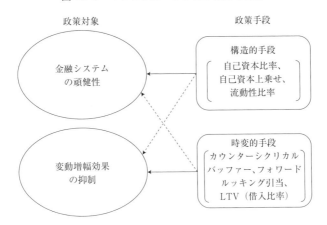

ていくため、主として、現存するミクロプルーデンス政策手段を拡張し、金融システム全体としての視点を踏まえた運営を取り込む方向で整備されている。その際、金融機関をめぐるインセンティブは、ミクロレベルにおける金融規制・監督の枠組みだけでなく、マクロレベルにおける金融経済環境にもより強く影響される点に注意が必要である。

　具体的なマクロプルーデンス政策の手段は、時間を通じて不変な構造的手段と金融面での循環に応じ変更される時変的手段に大別される（図12-6）。

　構造的政策手段としては、バーゼル規制で中心的な役割を担っている自己資本比率規制が代表的であるが、マクロプルーデンスの視点からは、大規模な金融機関に追加的な自己資本・流動性のバッファーを求め、ネットワーク外部性のコストを内部化することがポイントとなる。

　また、時変的政策手段としては、自己資本・流動性のバッファーを金融面での循環が過熱している局面では上乗せし、落ち込んだ局面では、バッファーの可変部分を取り崩すことで、変動増幅効果を抑制する。たとえば、カウンターシクリカルバッファーは、自己資本の部分を可変的に調整する政策手段である。また、フォワードルッキング引当は、貸倒引当金について好況時に積み増す一方、これを不況時に取り崩すことで、貸倒引当金を可変的

に調整する政策手段となる。

3　中央銀行の政策運営への含意[3]

　中央銀行は、中長期的に物価の安定と金融システムの安定を維持・促進していくという政策目標を有している。二つの政策目標は、経済活動の基盤となる通貨に対する信認を確保していくという観点からは、中長期的には補完的であり、かつ不可分である。そのために、中央銀行には、経済全体に対するリスクを、長期的な観点から評価していくことが求められる。

　グローバル金融危機後、各国の中央銀行には金融システムの安定に対する責務が拡大され、マクロプルーデンス政策面での体制整備も進展した。もっとも、マクロプルーデンス政策の運営は、基本的には、大きなショックに対する強靭さを高め、信用循環を平準化させるある種のビルトイン・スタイビライザー的な機能が重要である。このため、金融政策とマクロプルーデンス政策は、お互い代替的な政策手段ではなく、補完的な手段であり、両者の政策の方向性を整合的なかたちで運営し、大規模なマクロ経済変動を抑制していくことが望ましいと考えられる。

　こうした政策運営を実践していくため、ここでは、柔軟なインフレーション・ターゲティングの概念的な基礎として提唱されてきた、金融政策に関する限定された裁量を、中央銀行の政策全般に関する政策運営の枠組みにまで拡張することが考えられる。中央銀行の政策全体における限定された裁量は、物価の安定と金融システムの安定を整合的かつ持続的なかたちで追求していくためのものである。

　中央銀行には、中長期的な視点から政策措置を発動するとともに、その政策意図や理論的根拠を社会に対して説明していくという、より実践的なアプローチが求められる。こうした政策運営の枠組みは、なお抽象的な概念ではあるが、中央銀行が物価の安定と金融システムの安定のうえに立脚する安定した金融環境を持続的に実現していく基盤を提供するものと考えられる。

---

3)　本節の議論のより詳細な説明は、白塚（2011）を参照のこと。

◆キーワード◆

金融危機	大きすぎて潰せない
システミックリスク	マクロプルーデンス政策
バブル	ネットワーク外部性
銀行取付	プロシクリカリティ
ダイアモンド＝ディビック・モ	構造的政策手段
デル	時変的政策手段
最後の貸し手	

◆練習問題◆

1. 資産価格バブル発生の必要条件としてなぜ物価の安定が必要なのであろうか。その場合、金融政策の運営上、どのような点に注意すべきであろうか。

2. 資産価格バブルの崩壊が金融危機の引き金となるメカニズムをどう考えればよいであろうか。その場合、金融政策の運営上、どのような点に注意すべきであろうか。

3. 日本の1980年代後半の資産価格バブルと米国の2000年代半ばの住宅バブルについて、類似点と相違点を整理して議論せよ。

4. マクロプルーデンス政策手段を裁量的に運営することで金融システムの安定性を確保していくことができるであろうか。

5. 金融技術革新の進展は、マクロプルーデンス政策の有効性にどのような影響を及ぼすであろうか。

第13章

金融政策の将来展望

● 本章では、まず、金融政策の将来展望を議論する準備として、金融政策運営を取り巻く現在の経済環境について整理する。そのうえで、当面の政策運営枠組みを考えていくうえでの論点を整理する。また、中央銀行が直面している新たな課題についても検討する。

● 日本経済の失われた20年は、低成長、低インフレ、低金利の三つの低によって象徴される「低体温症」経済と整理できる。こうした中、非伝統的金融政策が恒常化しているだけでなく、金融政策の政府債務管理政策化というかたちで、財政政策との一体化が進行している。

● 当面の金融政策運営の枠組みは、「異次元緩和」という表現に象徴される非常事態・異例時の政策を解除し、長期的に持続可能な政策運営枠組みを再構築していくことが求められる。その際にポイントになるのは、金融緩和の度合いを調整することで最低限の金利機能が働く状況を創り出し、日本経済の構造改革を息長く後押ししていく持続可能で緩和的な金融環境を構築していくことである。

● こうした中、中央銀行は、脱炭素・地球温暖化問題や中央銀行デジタル通貨といった新たな課題にも直面し、対応を迫られている。

1 二つの境界線の消滅

金融政策の将来展望を議論する準備として、まず、金融政策運営を取り巻く現在の金融経済環境について整理しておこう。その際のキーワードは、「二つの境界線の消滅」である（図13-1）。消滅した境界線の一つめは、循環と趨勢の境界線であり、もう一つは、貨幣と短期証券の境界線である。

まず、循環と趨勢の境界線の消滅について整理しておこう。バブル崩壊後の長期的な経済停滞のもとで、経済の成長トレンドが大きく低下した結果、景気回復局面であっても、成長率が低位でとどまり、経済成長も景気回復も感じられない状況が長期にわたって継続している。これは、成長トレンドの押上げを実現するための構造政策が実効を伴っていないためであるが、同時に、本来、構造政策が機能し、成長トレンドが押し上げられるまでの時間稼ぎ政策であるはずの財政・金融政策によるマクロ安定化政策がいったん発動された後、巻き戻されることがなく、恒常化する結果にもつながっている。

たとえば、戦後最長の景気拡大は2002年1月から2008年2月までで、拡大局面は実に73カ月も続いた（図13-2）。ただ、この期間の累積的な実質GDPの増加はわずか10％にとどまっており、年率の成長率に換算すると1.6％の成長である。最近の拡大局面は、2012年11月から2018年10月までで、これも71カ月にわたるが、累積的な成長はわずか7.5％、年率では1.2％の成長にとどまっている。

景気の拡大・後退は方向だけを問題にするが、実感には水準も大切である。平均的に低い経済成長トレンドの周りで景気が上向いても、それはなかなか実感として感じられないというのが現状である（図13-3）。

次に、貨幣と短期債券の境界線の消滅についてみておこう。バブル崩壊後の長期的な経済停滞の中で、1990年代初から政策金利が漸次引き下げられ、1995年には政策金利が0.5％の水準にまで低下し、それ以降、名目金利がゼロの世界が長期にわたって継続している。短期金利がゼロの状態は、貨幣と短期債券がほぼ完全代替の状態となっていることを意味し、貨幣と短期債券の境界線が消滅していることになる。こうした中、非伝統的金融政策が恒常

図 13-1　二つの境界線の消滅

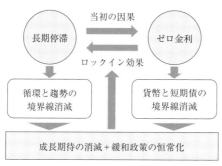

図 13-2　景気拡大局面における経済成長

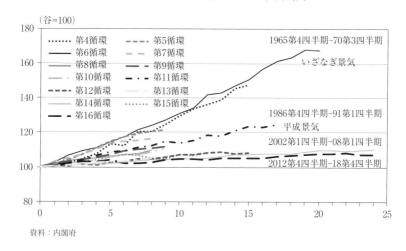

資料：内閣府

化し、金融政策による資源配分への積極的な介入が肯定され、金融政策と財政政策の一体化も進展している。

　これら二つの境界線の消滅は、当初、長期停滞によってゼロ金利状態に陥ることで実現した。しかし、そうした状態が長期化する中で、金利メカニズムが機能せず、経済の新陳代謝が停滞し、成長予想経路の下方屈折や将来不安の拡大につながり、長期停滞をロックインする方向にも作用するように

図 13-3　景気の実感

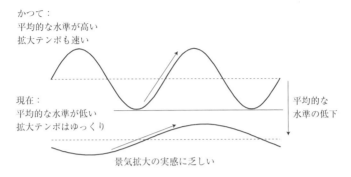

かつて：
平均的な水準が高い
拡大テンポも速い

現在：
平均的な水準が低い
拡大テンポはゆっくり

平均的な
水準の低下

景気拡大の実感に乏しい

なった。

2　低体温症経済

（1）　2000 年代以降の経済パフォーマンス

　では次に、2000 年代以降のわが国経済のパフォーマンスを振り返っておこう。この間のわが国経済は、低成長、低インフレ、低名目金利という「三つの『低』」によって特徴づけられる（図 13-4）。20 年ごとの平均値をみると、経済成長率は 1960-79 年が 7.9％、1980-99 年が 3.0％、2000-19 年が 0.9％、消費者物上昇率は 7.2％、1.9％、0.1％である。

　成長率・物価上昇率はともに低下傾向をたどり、2000 年代に入ると、成長率も物価上昇率もゼロに近い水準となってしまった。こうした日本経済の長期停滞は、しばしば「失われた 20 年」と呼ばれる。この間、名目金利は、政策金利（短期金利）がゼロで推移しているほか、長期金利も低下傾向をたどり 2010 年代後半以降ゼロ近傍で推移している。本書の読者の皆さんの多くは、物心ついた頃から金利ゼロの世界が普通という状態が続いていたことになる。

　インフレ率は経済活動の体温計、お金は血液に喩えられる。わが国経済は、名目金利が低く、お金は大量に供給されているが、血の巡りが悪く、恒常的な低体温症に陥ってしまっている。その結果、経済活動も不活発で、そ

図13-4　日本経済のパフォーマンス

（1）経済成長率

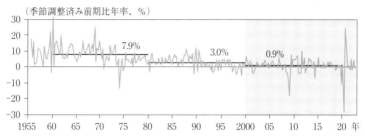

（2）消費者物価上昇率

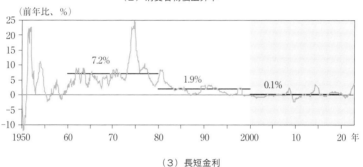

（3）長短金利

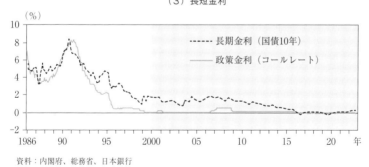

資料：内閣府、総務省、日本銀行

の水準を捉える経済成長率も低い状態が続いている。つまり、わが国経済は、均衡実質金利と長期インフレ予想が低下した状態にある。

　そして、その処方箋は、金融財政政策による対症療法ではなく、日本経済

の体質改善を図る構造的な対応が求められることになる。

　金融政策は、構造政策を後押しする緩和的な金融環境を構築・維持していくことはできるが、構造政策そのものを代替することはできないことを再確認する必要がある。

　失われた20年は、日本経済にとって、一時的な問題ではなく、より慢性的・長期的な問題である。失われた20年は、しばらく前までは失われた10年と呼ばれていた。この先も、日本経済の活力を高めることができなければ、日本経済の長期停滞が続き、失われた20年が失われた30年と呼ばれるようになるであろう。

（2）　貯蓄超過経済

　では、日本経済の長期停滞はなぜ生じているのであろうか。基本的な問題は、日本経済が貯蓄超過経済であることにある。これは、日本経済全体としてみたときに、家計の消費支出や企業の設備投資など、さまざまな支出が所得との対比でみたときに少ないことを意味する。

　この点を日本銀行の『資金循環』という統計の資金過不足というデータで確認すると（図13-5）、1990年代までは、家計が資金余剰（貯蓄超過）、企業が資金不足（投資超過）という構図が定着していた。家計は所得のすべてを消費せず、一部を貯蓄に回し将来に備えるため資金余剰主体となっていた。他方、企業は生産活動に必要な設備投資などを行うために資金調達を行う結果、資金不足主体となっていた。

　ところが、1990年代に入ると、この構図に変化が生じた。企業の資金不足幅が急速に縮小し、90年代半ばには一転して資金余剰になったのである。この時期、バブル崩壊後の不良債権処理が本格化していき、金融機関が企業融資を抑制したほか、企業も新規の設備投資よりも債務返済を優先した。ただし、この資金余剰は、その後も20年以上にわたって継続している。また、家計の資金余剰幅は、引き続き資金余剰主体であることに変わりないが、高齢化の進展などを反映して低下傾向をたどり、平均してみると企業とほぼ同程度の資金余剰幅となっている。

図13-5　制度部門別資金過不足

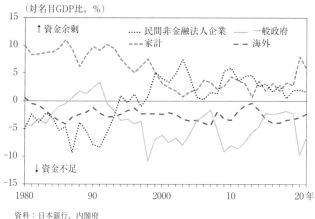

資料：日本銀行、内閣府

（3）　需要と供給の相互作用

　では、なぜこうした貯蓄超過経済が長期にわたって続いているのであろうか。経済学では、短期的な経済活動の変動は消費や設備投資などの需要要因が中心となるが、長期的な経済成長は経済の生産能力である供給要因が規定すると考える。貯蓄超過経済は、支出不足経済であるので、需要サイドの要因が問題であり、これは短期的な問題のはずである。

　日本経済の需要不足の背後には、先行きの日本経済のパフォーマンスが停滞し、所得水準も向上していかないという予想がある。この場合、所得が増えなければ、消費を持続的に増やすことは難しい。また、高齢化・人口減少が加速する中、社会保障制度の持続可能性が確保できなくなれば、それに備えた貯蓄も積み増す必要がある。企業も市場規模の拡大が期待できない中、物的資本にも人的資本にも投資には躊躇するであろう。また、研究開発などにより新しい製品を開発したり、新規ビジネスに進出したりするといったインセンティブにも乏しい。

　こうした需要低迷が経済の供給能力拡大を抑制し、短期的な問題であるはずの需要不足が、長期的な経済成長の阻害要因となってしまう。過去の経済

事象が将来にわたって大きな影響として残ることを「履歴効果（hysteresis effect）」と呼ぶ。日本経済の長期停滞を理解するうえでは、需要サイドと供給サイドを相乗的に停滞させるメカニズムとしての「履歴効果」が重要な役割を果たしている。

（4） 金融政策の限界

金融政策の運営において、景気が悪化したときに経済活動を刺激するためには、金利水準を押し下げる必要がある。ただし、これは、金融政策がマクロ経済安定化政策として機能していることが大前提である。伝統的金融政策では、金融経済環境の変化に応じて政策金利を変更すると、政策金利の将来経路に関する予想に影響を及ぼし、イールドカーブがスティープ化したりフラット化したりすることで、有効需要に影響が波及していく（図13-6）。

非伝統的金融政策においても、このイールドカーブ変動を通じた緩和効果の波及メカニズムは同様である。フォワードガイダンスと呼ばれる非伝統的金融政策手段の解説で、名目金利の実効下限（ELB: effective lower bound）制約に抵触し、現在の政策金利を引き下げることができないとしても、将来にわたる低金利継続を約束することで、イールドカーブをフラット化させ、将来の緩和効果を前借りできることを説明した。

しかしながら、わが国経済における非伝統的金融政策の効果を考えるうえで重要なポイントは、長期金利の水準、特に、大きなマイナスのショックが解消され、平時に戻った場合の標準的な金利水準である。理論的には、均衡実質金利と長期インフレ予想の和の水準に相当する。長期金利の水準が高ければ、イールドカーブのフラット化による将来の緩和効果の前借りの余地は大きい。だが一方で、長期金利が低下している状況では、前借りの余地は限られる。特に、将来にわたって、低成長・低インフレが継続し、名目金利がELB制約に抵触し続けると予想される状況においては、前借りの余地はなくなってしまう。

均衡実質金利と長期インフレ予想が低下したわが国経済の現状では、イールドカーブ変動を通じた有効需要刺激効果は極めて限定的で、金融政策により、成長率とインフレ率を能動的に押し上げることができない状況が続いて

図 13-6　イールドカーブ変動と金融政策

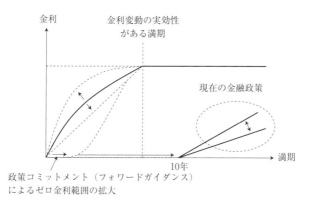

いる（図 13-6）。非伝統的金融政策も、通常のマクロ経済安定化政策が機能する時間的な視野を超えることはできない。

3　政府債務の膨張と金融政策

（1）　政府の財政バランス悪化

　主要先進国の財政バランスをみると（図 13-7）、2020 年のコロナ危機への対応として、未曾有の拡張策を繰り出した結果、プライマリーバランスは大幅な赤字となっている。もっとも、過去 20 年余りの推移をみると、日本以外の主要先進国では、プライマリーバランスは景気循環に応じ、黒字化したり、赤字化したりしながら変動している。これに対し日本では、バブル崩壊後、1990 年代央に赤字化した後、恒常的な赤字が続き、政府債務残高の対名目 GDP 比も累増し、200％を大きく上回る水準に達している。

　こうしたプライマリーバランスと政府債務残高の調整がどのように推移してきたかを確認しておこう（図 13-8）。

　両者の関係は、短期的には円弧を描いており、プライマリーバランスが悪化した場合、短期的にはプライマリーバランスを改善し、政府債務残高の拡大を抑制する方向に調整されている。

図 13-7　主要先進国の財政バランス

（1）プライマリーバランス

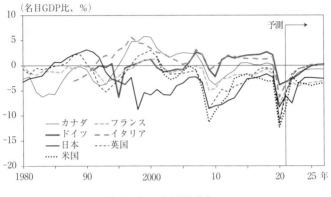

（2）グロス政府債務残高

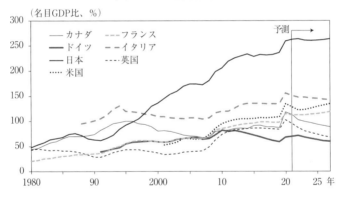

資料：International Monetary Fund

　もっとも、バブルの崩壊、グローバル金融危機、そしてコロナ危機と大きなショックに見舞われるたびに、短期的な関係線が右方向にシフトし続けていることもわかる。この結果、政府債務残高の対名目 GDP 比が今後どのような水準で安定化に向かうのかは必ずしも明らかではない。

図13-8 財政の持続可能性

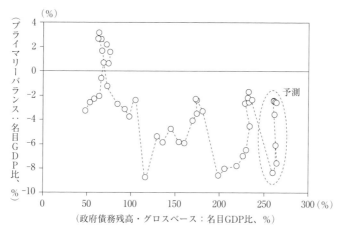

資料：International Monetary Fund

（2） 財政政策と金融政策の一体化

　こうした中、金融政策の運営が政府債務管理政策と強い連関性を有することを通じ、財政政策と金融政策の一体化が進んでいる。

　非伝統的金融政策は、基本的な性格として、財政政策との境界が極めて曖昧である。特に非伝統的な金融資産の大量購入により、さまざまなリスクプレミアム（安全資産に対するリスク相当分の上乗せ）に働きかけることで、価格・数量の両面から資源配分への強力な介入となる。さらに、極めて大規模な政府債務を抱えている現状を踏まえると、日本銀行が低金利環境を維持することで、実態として財政の持続可能性を支えていくという構図が定着している。非伝統的金融政策は、デフレ脱却というマクロ安定化政策から、政府債務管理政策の色彩を強める姿へと変貌してきている。

　特に、日本銀行は、2016年9月にイールドカーブコントロール（YCC: yield curve control）政策を導入し、短期の政策金利と長期の10年物国債金利の双方に誘導目標を設定することで、短期から長期までの金利の低位安定化を図っている。YCC政策の経験は、長期金利について、短期金利のよ

うな精緻なコントロールはできないが、大規模な市場介入を行えば、ある程度コントロール可能であることを示した。YCC 政策は、資源配分に積極的に介入する非伝統的金融政策の性格そのものを象徴する政策運営の枠組みといえる。

　この枠組みは、超緩和的な金融環境を粘り強く維持するうえで、おおむね有効に機能してきた。ただ、グローバルな金融・経済環境が急速に変化する中、22 年末に、10 年物国債金利の変動幅拡大とその上限水準での指値オペにより、実質的に長期金利の誘導水準を引き上げており、YCC 政策の限界も強く意識されるようになってきている。

4　当面の政策運営の枠組みを考えるうえでの課題

　以上のような現状認識を踏まえて、当面の金融政策の運営の枠組みを考えていく視点を整理しておこう。基本的な考え方は、「異次元緩和」という表現に象徴される非常事態・異例時の政策を解除し、長期的に持続可能な政策運営枠組みを再構築していくことである。その際にポイントになるのは、金融緩和の度合いを調整することで最低限の金利機能が働く状況を創り出し、日本経済の構造改革を息長く後押ししていく緩和的な金融環境を持続可能なかたちで構築していくことである。

（1）　規律づけメカニズムの再構築

　低体温症経済のもとで、政府債務残高が累増しており、日本銀行は、金融経済の安定化を図るために、財政の持続可能性に一段と注目していかざるを得ない。ただ、当面の政策運営体制を考えていくうえでは、金融政策の政府債務管理政策化を制御するメカニズムを検討していく必要がある。大規模に膨らんだ政府債務の持続可能性を維持していくためには、長期金利を低位安定化させる必要があるが、同時に、マクロ経済政策の規律づけメカニズムを再構築していくことも忘れてはならない。

　大恐慌後の高橋財政下では、日銀の国債引受について、引き受けた国債を市場で売却できる範囲内で財政を拡張するという規律づけメカニズムを有し

ていた。しかし、高橋是清の死後、第二次世界大戦の巨額の戦費調達メカニズムに遷移する結果となったことには注意を払う必要がある。

　近年の金融政策運営において、長期国債買入を明示的に非伝統的金融政策手段として導入したのが白川方明総裁時代の包括的な金融緩和政策である。もちろん日銀はそれ以前も、銀行券を円滑に流通させるため、満期が長く、安全かつ流動性の高い金融資産として長期国債の買入れを行っていた。だが、財政ファイナンスとの明確な線引きのため、長期国債の保有残高の上限を銀行券発行残高とする「銀行券ルール」のもとで長期国債買入を運営してきた。

　この点、包括緩和では、銀行券ルールを超えた長期国債の購入分を「資産買入等の基金」として別勘定で管理することとした。銀行券発行残高を超えて買い入れる長期国債は、銀行券ルールのもとで買い入れられる伝統的金融資産としての国債と異なる性格を持つことが明確化されていた。しかしながら、量的質的金融緩和政策（QQE: Quantitative and Qualitative Monetary Easing）のもとで銀行券ルールは一時停止されデフレ脱却に向けて、長期国債の大量購入を含む、多様な非伝統的金融政策手段を大規模に発動していくこととなった。

　規律づけメカニズムが欠如した状況が続くと、財政拡張を日本銀行がファイナンスしていく制御不可能なマネタイゼーションとなりかねない。あらゆるマネタイゼーションを排除する必要はないが、ポイントになるのは、マネタイゼーションを制御されたかたちで運営し、財政拡張にも一定のたがを嵌めていくことである。特に、今後、本格的な人口減少・高齢化社会を迎える日本の将来を展望すると、財政の規律づけメカニズムについて、政府が長期的なコミットメントを明確にし、世代を超えるかなり長期的な視点を取り込む必要があろう。当面の検討課題として、財政政策について長期的な視点で分析、評価、提言などを行っていく独立財政機関の創設があげられよう。

（2）　物価安定目標

　次に、2%という物価安定目標の位置づけの再検討である。筆者自身は、中長期的な物価安定の数値目標として、CPI上昇率2%という数字自体を変

更する必要はないと考えている。むしろ、議論すべきは、2％のインフレ率実現がQQEの解除条件として組み込まれていることである。

2％のインフレ率は、物価安定に関する数値定義のグローバルスタンダードと解釈されることもあるが、2％という数字についての厳密な論拠は必ずしも明確ではない。中央銀行・学界関係者の間でコンセンサスがあるのは、名目金利の実効下限制約を考えると、物価安定目標には糊代（safety margin）が必要であり、そのために「若干のプラス」が望ましいということである。若干のプラスの数字の中で、切りのよいわかりやすい数字を考えると、1％は低すぎるが、3％や4％はちょっと高く、2％が一番しっくり来るという程度のことで、極めて感覚的なものにしかすぎない。

ただ、いずれにしても、最終的に到達すべき物価安定目標は、時期的な目処を明確に示すことが難しいとしても、2％であるということには変わりない。1％に物価安定目標を一時的に引き下げ、それがある程度の期間実現されたとしても、必ず次のステップとして、どう2％を実現していくかが議論されていくことになるであろう。また、同時に、そうした物価環境のもとで、「持続的な物価安定」の評価につながるマクロ経済パフォーマンスの向上につなげていくことができるかが問われることになる。

中央銀行として目指すべき最終的な物価安定は、「持続的な物価安定」であり、それに対する信認を確立する過程では、物価上昇率として定量的に捉えることができる「統計上の物価安定」にも重きを置かなければならない。ただ、これら二つの物価安定のバランスは、マクロ経済のパフォーマンスやそれを支える金融政策の有効性に関する評価によって、時間とともに変化していく性格である点を再度確認してほしい。

（3）　中央銀行バランスシート

日本銀行のバランスシートの大きさについて長期的な推移をみると（図13-9）、戦後長らく名目GDPの1割弱程度で極めて安定的に推移していた。ところが、1995年にコールレートの誘導目標が0.5％にまで引き下げられた後、ゼロ金利のもとで名目GDP比が徐々に上昇し、2019年初めに名目GDPの大きさを超え、最近では1.4倍程度に達している。FedやECBのバ

図 13-9　日本銀行のバランスシート規模

資料：日本銀行、内閣府

ランスシートも、コロナ禍で再び拡大しているが、それでも名目 GDP 対比
で 4 割弱、7 割弱程度であり、経済規模対比でみたとき、日本銀行のバラン
スシートの大きさは突出して大きい。

　非伝統的金融政策のもとでは、大規模金融資産買入れによって、伝統的資
産だけでなく、さまざまな非伝統的資産が購入されている。日本銀行の資産
項目をみると、長期国債が突出して大きいが、それ以外にも金銭の信託（信
託財産指数連動型上場投資信託）、金銭の信託（信託財産不動産投資信託）
は、ETF と REIT の買入オペの開始とともに資産項目に組み入れられた。
ETF と REIT の最大の特徴は、満期が存在しないことである。つまり、こ
れらの資産項目は、売却をしない限りバランスシート上に存在し続ける。こ
れは、満期が到来するとバランスシートから除去される長期国債とは大きく
異なる。

　バランスシートの大きさは、名目金利が有意にゼロよりも高い水準にある
平時には、中央銀行が中央銀行マネーの需要に対し受動的に対応するかたち
で決まってきた。つまり、負債サイドが中央銀行のバランスシートの大きさ
を決めていた。ところが、非伝統的金融政策のもと、準備預金に対する付利
が広範に行われることで、負債サイドを裁量的に増減させることが可能とな

り、資産サイドがバランスシートの大きさを決めることになった。中央銀行が非伝統的金融政策として、どのような金融資産を、どの程度の規模で購入するかによって、バランスシートが増減することになる。

こうした状況のもと、主要先進国の中央銀行は、当面、この巨大なバランスシートを前提に、政策金利の下限を形成する準備預金への付利水準を調整しながら、政策金利を調整していくことになる。そうした過程の中で、時間をかけてバランスシートの大きさを縮小させていくことを検討していくことになる。

中央銀行は、準備預金に対する付利によりバランスシートの大きさを自由に調整できるようになった。ただし、その裁量は、中央銀行マネーという自らの負債に対する信認が維持されているという大前提のもとでこそ可能であることを忘れてはならない。

5　中央銀行の新たな課題

こうした中、中央銀行は、新たな課題にも直面している。ここでは、脱炭素・地球温暖化問題と中央銀行デジタル通貨（CBDC: central bank digital currency）の二つについて整理しておこう[1]。

（1）　脱炭素・地球温暖化

近年、気候変動問題への関心が各国で急速に高まっている。こうした気候変動問題に関する経済分析では、温室効果ガス（GHG: greenhouse gas）の排出など負の外部性に対する政策対応として、財政政策面での政策手段を用いた対応が提言されてきた。たとえば、炭素税の導入や GHS 排出抑制に関連する技術開発投資への補助金などである。他方、金融政策は中長期的な物価安定の実現を目標として運営されており、気候変動問題に対応する政策手段ではないというのが標準的な考え方であった。

しかし近年、中央銀行による大規模な金融資産買入など非伝統的金融政策

1）　筆者自身の CBDC に関する基本的な考え方については、白塚（2022a, b, 2023）も参照されたい。

が広範化・恒常化する中で、金融政策においても気候変動問題への対応を後押しする手段導入の関心が高まっている。中央銀行の購入金融資産の対象を、国債などだけでなく、地球温暖化防止のために使われるグリーンボンドなどに拡大させるという「グリーン量的緩和（グリーン GQE）」が代表的な議論である。こうした中、日本銀行も 2021 年に気候変動への対応策として「気候変動オペ」を開始した。オペの主たる内容は、民間金融機関がグリーンローンやグリーンボンドなどに投融資する際に、その原資を日銀がゼロ金利で貸し付けるというものである。

　気候変動と金融政策を巡る議論は、広い意味での構造政策に対して中央銀行がどう対応するべきかという、長年の議論の延長線上にある。気候変動問題への対応は政府の仕事であり、中央銀行は金融政策によって物価の安定に専念すべきというのが伝統的な政策割当の考え方である。そうした意味で、日本銀行の気候変動オペは、伝統的対応から逸脱した金融政策といえる。

　もっとも、構造政策に関して日本銀行が伝統的な対応から逸脱したのはこれが初めてではない。最近では、2010 年に開始された成長基盤支援融資が典型的な事例である。当時、グローバル金融危機後の景気後退と大幅な円高によって、日本経済は停滞感が非常に強くなる「デフレ（デフレーション）」が生じた。このとき、日本銀行は日本経済のデフレ問題が単に物価上昇率がマイナスであるだけでなく、継続的に経済活動が低迷し、成長に向けての前向きな動きが進展しづらい環境が続いていることによると判断した。これを踏まえ、日本銀行は成長力強化については中央銀行の所管外であり積極的には発言も行動もしない、あるいは積極的に行動をしないまでも必要性を強く訴え続けるなどのこれまでの伝統的な対応を超えて、自ら有する政策手段を活用して可能な限り成長力強化に向けての措置を講じた。

　これは、「デフレを何とかすべきである」という政策要求が強まる中、単なる情報発信だけでは日本銀行の主張に対する共感は得られないと考えたからにほかならない。日本銀行は、それまで長年にわたり、金融政策は構造政策を代替できないとして、金融政策と財政政策・構造政策に関する伝統的な政策割当の議論を展開していた。その意味では、デフレ脱却に向けた政策要求の強まりは、日本銀行が伝統的対応から脱却する大きな転機であったとい

うこともできる。

　では、デフレ克服に向けて成長力強化が必要であるという主張に対する共感は、意図したように醸成されたのであろうか。この点については、十分な成果をあげられたと評価することは難しい。中央銀行の責務拡大を巡る議論は、金融政策が物価安定を継続的かつ安定的に実現し高い信認を獲得している状況のもとでは、極めて円滑に進む。実績に裏打ちされた高い信認こそが、中央銀行の行動に対する共感を醸成するための出発点となる。

　気候変動についてはどうであろうか。わが国における気候変動問題は、成長力強化、あるいは「日本経済の失われた 20 年」と称される長期停滞とよく似た構図の問題にある。

　ここでポイントになるのは、わが国の社会・経済全体が、産業構造の転換に消極的な点である。経済の生産性を押し上げるためには、衰退分野から成長分野へと経済資源をシフトさせる必要がある。同様に、脱炭素化社会の構築に向けては、経済活動に伴い大量歩 GHG を排出する炭素生産性の低い分野から高い分野へと経済資源を振り向けていかなければならない。

　ただ、日本の経済システムは、雇用や企業間取引、金融取引などあらゆる側面において、中長期的な契約関係に基づいて短期的なショックを平準化することに長けた仕組みである。この仕組みは、短期的な荒療治によって出直しを図ることが難しい。

　図 13-10 に示した一人あたり CO_2 排出量と一人あたり実質 GDP の関係をみると、日本の一人あたり CO_2 排出量は、2013 年をピークに減少傾向に転じているが、京都議定書が結ばれた 1990 年の水準に比べると減少幅は極めて限定的である。つまり、過去 30 年間、脱炭素に向けての進展は停滞している。日本では、温暖化対策は経済成長の足かせになるという見方が一般的だった。しかし、先進各国の両者の関係をみると、欧州諸国を中心に多くの国が経済成長を続けながら、一人あたり CO_2 排出量を減少させている。

　脱炭素に向けては、「経済が成長すれば化石燃料の消費が増える」という構造から脱却しなければならない。そのためには、産業構造や経済社会の変革をもたらし、大きな成長につなげるという発想がどうしても必要となる。中央銀行の気候変動オペが脱炭素社会に向けての取り組みを後押しするもの

図 13-10　CO_2 排出量と所得水準

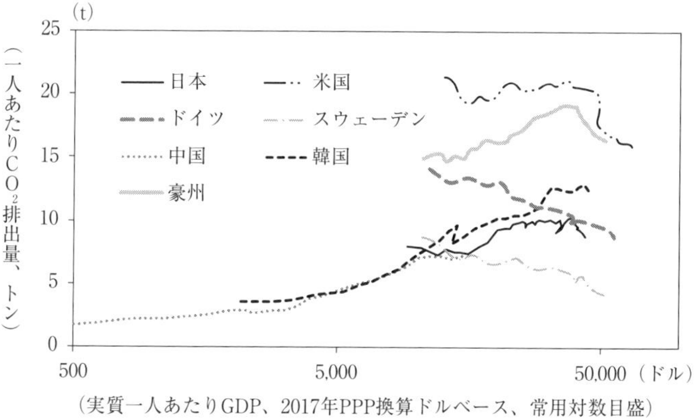
(t)
25
20
15
10
5
0
（一人あたりCO2排出量、トン）
日本
米国
ドイツ
スウェーデン
中国
韓国
豪州
500
5,000
50,000（ドル）
（実質一人あたりGDP、2017年PPP換算ドルベース、常用対数目盛）

備考：図中のデータは、1980～2021年。
資料：Our World in Data (https://ourworldindata.org)

となるか、引き続き注視していく必要がある。

（2）　中央銀行デジタル通貨（CBDC）

2020年代に入って、CBDCはより実現可能性の高いものとなってきた。いくつかの新興市場国で実際の運用が始まっているほか、多くの中央銀行で実証実験を含め、実用化に向けた検討が急速に進展している。

CBDCと金融システム

CBDCは、中央銀行の直接的な負債として、その国の通貨建てで提供される電子的な決済手段である。その利用形態は、金融機関に限定される「ホールセール型」と、企業や個人など幅広い経済主体が利用可能な「一般利用型」に大別される。

現在、社会・経済活動を支える決済システムは、中央銀行が提供する銀行券・準備預金（中央銀行マネー）、そして銀行など金融機関が提供する預金通貨という二層構造で運営されている。一般利用型CBDCの発行方法として最も現実的と考えられているのは、この二層構造を継承した「間接発行方

式」で、中央銀行が発行した一般利用型CBDCを民間金融機関経由で流通させることになる。

　一般利用型CBDCの発行は、中央銀行が発行する現金（銀行券）や、民間金融機関が発行する銀行預金（預金通貨）と極めて代替性の高い決済手段が新たに提供されることを意味する。この点を、通貨について、①利用対象が一般利用か限定利用か、②発行主体が中央銀行か民間か、③決済の媒体がデジタルか物理的か、という三つの尺度から分類した図13-11を使って確認しておこう。

　一般利用型CBDCは、一般利用を想定した中央銀行が発行するデジタルな決済手段であり、三つの円の交わり部分に位置する。これに対し、銀行券は、一般利用を想定した中央銀行が発行する通貨であるが、決済の媒体はデジタルではなく、物理的である。また、銀行預金は、一般利用を想定したデジタルな決済手段であるが、発行主体は中央銀行ではなく民間である。

　一般利用型CBDCが発行されておらず、銀行券と銀行預金が一般利用型の決済手段として広く利用されている現在の状況は、一般利用型CBDCの領域は空白である。一般利用型CBDCが登場すると、この領域が埋められ、銀行券と銀行預金の両者に接する領域に該当する決済手段が広く提供されることになる。この結果、一般利用型CBDCの発行開始は、単に銀行券を代替する決済手段を利用可能とするだけでなく、預金通貨を代替する決済手段も利用可能とする。

　CBDCと銀行預金の高い代替性を念頭に置くと、一般利用型CBDCの発行は、金融システムに対して必然的に大きな影響を及ぼすことになる。いかに現在の決済システムと親和性の高い間接発行方式をとったとしても、CBDCはデジタルな一般利用型の決済手段として銀行預金を相当程度代替し、銀行を通じた資金仲介を縮小させる可能性がある。

　たとえば、平時においても、小口預金からCBDCへの資金シフトが進めば、銀行はより高コストで不安定な資金調達源に依存せざるを得なくなり、金融仲介機能の低下につながる可能性がある。また、金融危機時において、CBDCの存在はより大規模かつ急速な銀行からの資金逃避を生じさせることも考えられる。

図 13-11　中央銀行デジタル通貨の位置づけ

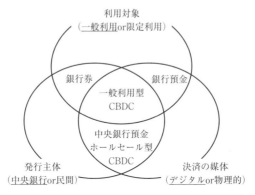

資料：日本銀行、「中央銀行デジタル通貨に関する日本銀行の取り組み方針」（https://www.boj.or.jp/announcements/release_2020/data/rel201009e1.pdf）。

　もっとも、こうした懸念は現在の金融システムを前提として、それらへの影響を可能な限り抑止しつつ、CBDC をどう発行するかという視点からの議論である。CBDC の発行は、これまで決済手段として提供されていなかった、中央銀行が発行する一般利用型のデジタル媒体の決済手段を利用可能にする。そのもとで、銀行も含めた金融システムについて、決済・金融仲介サービスの両面での機能度と効率性をいかに向上させていくかという視点からの議論も重要と考えられる。

　この点、一般利用型 CBDC を中核とした決済サービスは、その構築の仕方によっては、金融仲介サービスとの分離可能性を高めることが可能となる。最も単純化した図式では、銀行の決済性預金や各種キャッシュレス決済手段の資金管理口座をすべて CBDC で置き換えることが考えられる。これが実現すれば、人々は店頭やインターネットで商品を購入する際、使い慣れたキャッシュレス決済手段を使いつつ、その背後での資金決済は CBDC を通じて処理されるようになる。また、CBDC を管理する口座にスウィープアカウント・サービスを組み合わせることで、決済等に必要な残高を超える部分を自動的に定期預金や MMF、投資信託などに振り替えるといったかたちで預金サービスを高度化させていくことも考えられる。

　この場合、銀行はある種のナローバンク（決済業務専業で、貸付などリスクのある運用を行わない銀行）と位置づけることができる。そして、銀行業務は、持株会社などの統合された組織形態のもと、決済サービス機関と金融仲介サービス機関を有機的に結合した組織として再構成していくことが考えられる。預金通貨の発行という決済システムの基盤を提供する立場から解放されることで、期間構成や投資対象などさまざまな側面からリスクとリターンのバランスを多様化させた金融仲介サービスを提供していく可能性が開かれる。つまり、CBDCの発行により、決済システムの安定性を確保しつつ、市場機能を活用した金融仲介機能の発展を促し、金融システム全体としての活性化を図っていく方向性が展望し得ると考えられる。

　もちろん、金融システムにはさまざまな制度的補完性が強く作用していることを踏まえ、中央銀行サービスへのアクセス拡大だけでなく、預金保険制度やホールセール決済システムなど、金融制度基盤を一般利用型CBDCと整合的なかたちに包括的かつ大胆に変革させていくことも求められよう。政策当局者は、銀行など金融機関と金融システムの遠景のビジョンを共有し、協調して移行過程を円滑に進めていく必要がある。

CBDCと金融政策

　では、金融政策の運営への影響はどうであろうか。この点、一般利用型CBDCは、中央銀行が発行するデジタルな決済手段であるという点で、金融機関などに利用者が限定されるホールセール型CBDCを包含するかたちで制度設計を行うことも考えられる。つまり、二層構造で供給される一般利用型CBDCを、さらに金融機関に利用が限定されるホールセール型CBDCと統合させ、第1階層のCBDCの決済処理を現行の準備預金と一体で運用する姿となる。

　その場合であっても、金融政策の第一歩となる金融市場調節やインターバンク短期資金市場は、基本的に現行の枠組みを維持・発展させたかたちで運営できる。現行の準備預金は、第1階層内に滞留しているCBDCに相当する。これに対する外生的な変動要因の中で、財政要因は資金決済手段が準備預金からCBDCに置き換わるだけで、基本的な需給要因の変動は不変と考

えられる。これに対し、銀行券要因は、第1階層と第2階層のCBDC需要の季節的な変動がどう変化するかによって規定される。この点についてのデータ蓄積が進むまでの間は、金融市場調節にも慎重な運営が求められよう。そのうえで、インターバンク短期資金市場は、現状の銀行ごとの準備預金の過不足を調整する市場から、CBDCの手元流動性の水準を調整する市場へと変貌する。ただし、同市場が、銀行間の一時的な資金過不足を調整するリスクシェアリングメカニズムとして機能することに変わりはない。

　銀行券要因の変化についてやや敷衍すると、現状の銀行券需要は、季節的な変動要因が大きく、年末年始やゴールデンウィークなどの現金決済が増加する時期に向けて銀行券発行が拡大し、需要が剥落すると銀行券が中央銀行に還流する。こうした季節的な要因がCBDCの発行によってどう変化するかは不確実性が大きく、導入当初は慎重な金融市場調節が求められる。

　ただし、CBDC導入によって決済の即時性が高まり、銀行券に比べCBDCの流通速度が上昇すれば、将来的には、季節的な決済資金需要の変動が小幅化する可能性も考えられよう。同時に、こうしたCBDCによる即時性の極めて高い決済サービスが24時間365日提供されるようになると、銀行券からCBDCへの代替が進むにつれて、特に第2階層での需要のボラティリティが拡大する可能性もあり得よう。

　さらに、現行の準備制度を使った政策金利の安定化メカニズムについても再検討が必要となろう。準備制度では、準備預金需要を積み期間内で平準化させることを通じ、準備需要の金利弾力性を上昇（需要曲線をフラット化）させ、金利変動を抑制する役割を果たしている。

　CBDC導入を展望した対応として、二つの方向性が考えられる。第一に、CBDCの導入によって、個々の金融機関が管理する第2階層のCBDC残高をリアルタイムで捕捉することは容易化すると考えられるため、この情報を活用し、準備預金制度を修正していく方向性である。第二は、準備預金制度を廃止し、現行のロンバート貸出と日中赤残の仕組みを有効に活用することで、第1階層のCBDC保有残高は、個別金融機関の流動性管理に委ねていく方向性である。

　ただし、いずれの方向性を指向するにせよ、金融政策の第一歩となる金融

市場調節やインターバンク短期資金市場は、基本的に現行の枠組みを維持・発展させたかたちで運営可能と考えられる。

CDBC を巡る動きについて、引き続き注視していく必要があるが、その際、デジタル化が進展するもとであっても、通貨と金融の機能を最大限引き出していくためには、信頼と信認が不可欠な要素であることを忘れてはならない。

◆キーワード◆

失われた20年

低体温症経済

三つの低成長と循環の境界線

貨幣と短期債の境界線

二つの境界線の消滅

貯蓄超過経済

需要と供給の相互作用

　履歴効果

政府債務の持続可能性

金融政策の政府債務管理政策化

マクロ経済政策運営の規律づけ

　メカニズム

物価安定目標

中央銀行バランスシート

脱炭素・地球温暖化

構造政策と中央銀行

中央銀行デジタル通貨

金融システム活性化の方向性

参 考 文 献

【邦文文献】

池尾和人（1985）『日本金融市場と組織——金融のミクロ経済学』東洋経済新報社。

———（2010）『現代の金融入門［新版]』ちくま新書。

石田潤一郎・玉田康成（2020）『情報とインセンティブの経済学』有斐閣。

翁邦雄（2011）『ポスト・マネタリズムの金融政策』日本経済新聞出版社。

———・白川方明・白塚重典（2000）「資産価格バブルと金融政策：1980 年代後半の日本の経験とその教訓」『金融研究』第 19 巻第 4 号。

梶井厚志・松井彰宏（2000）『ミクロ経済学　戦略的アプローチ』日本評論社。

鎌田康一郎（2022）『金融論　Theory & Practice』新世社。

川本卓司・中浜萌・法眼吉彦（2015）「消費者物価コア指標とその特性―景気変動との関係を中心に―」日銀レビュー・シリーズ、15-J-11。

神取道宏（2014）『ミクロ経済学の力』日本評論社。

清滝信宏（2003）「貨幣と信用の理論」『金融研究』第 12 巻第 4 号、99-121 ページ。

小林照義（2020）『金融政策（第 2 版）』中央経済社。

白川方明（2008）『現代の金融政策―理論と実践』日本経済新聞出版社。

———（2010）「バブル、金融危機、デフレの経験を踏まえて」日本金融学会 2010 年度秋季大会における特別講演（https://www.boj.or.jp/announcements/press/koen_2010/ko1009f.htm/）。

白塚重典（1998）『物価の経済分析』東京大学出版会。

———（2001）「望ましい物価上昇率とは何か？：物価の安定のメリットに関する理論的・実証的議論の整理」『金融研究』第 20 巻第 1 号、247-287 ページ。

———（2010）「わが国の量的緩和政策の経験：中央銀行バランスシートの規模と構成を巡る再検証」『フィナンシャル・レビュー』第 99 巻、35-58 ページ。

———（2011）「中央銀行の政策運営におけるマクロプルーデンスの視点」『金融研究』第 30 巻第 3 号、167-197 ページ。

―――（2015）「消費者物価コア指標のパフォーマンスについて」日銀レビュー・シリーズ、15-J-12。

―――（2022a）「中央銀行デジタル通貨と金融システム」『三田学会雑誌』114 巻 3 号、19-35 ページ。

―――（2022b）「中央銀行デジタル通貨と金融政策」『SBI 金融経済研究所所報』第 1 巻、13-19 ページ。

―――（2023）「中央銀行デジタル通貨と金融システム」中妻照雄・白塚重典編『現代金融と日本経済』第 2 章、慶應義塾大学出版会。

―――・藤木裕（1997）「ウォルシュ・スベンソン型モデルについて―インフレーション・ターゲッティングの解釈を巡って―」『金融研究』第 16 巻第 3 号、33-59 ページ。

東短リサーチ株式会社（編）（2019）『東京マネー・マーケット』第 8 版、有斐閣選書。

日本銀行金融研究所（編）（2011）『日本銀行の機能と業務』有斐閣。

福田慎一（2020）『金融論――市場と経済政策の有効性（新版）』有斐閣。

藤木裕（2022）『入門テキスト　金融の基礎（第 2 版）』東洋経済新報社。

【欧文文献】

Abadi, Joseph, Markus K. Brunnermeier, and Yann Koby（2022）"The Reversal Interest Rate," Working Paper 22-28, Federal Reserve Bank of Philadelphia.

Akerlof, George A.（1970）"The Market for 'Lemons': Quality Uncertainty and the Market Mechanism," *Quarterly Journal of Economics* 84（3）, pp. 488–500.

Alesina, Alberto, and Lawrence H. Summers（1993）"Central Bank Independence and Macroeconomic Performance: Some Comparative Evidence," *Journal of Money, Credit and Banking* 25（2）, pp. 151-162.

Arnone, Marco, Bernard J. Laurens, and Jean-François Segalotto（2006）"Measures of Central Bank Autonomy: Empirical Evidence for OECD, Developing, and Emerging Market Economies," *IMF Working Paper* No. WP/06/228.

Bailey, Martin J.（1956）"The Welfare Cost of Inflationary Finance," *Journal of Political Economy* 64（2）, pp. 93-110.

Bernanke, Ben S.（2004）"The Great Moderation," Remarks at the meetings of the

Eastern Economic Association (https://www.federalreserve.gov/boarddocs/speeches/2004/20040220/).

───── (2005) "The Global Saving Glut and the U.S. Current Account Deficit," Remarks at the Sandridge Lecture, Virginia Association of Economists.

─────, Thomas Laubach, Frederic S. Mishkin, and Adam S. Posen (2001) *Inflation Targeting: Lessons from The International Experience*, Princeton University Press.

Blinder, Alan S. (2009) "Making Monetary Policy by Committee," *International Finance* 12 (2), pp. 171-194.

Del Negro, Marco, Marc P. Giannoni, and Christina Patterson (2012) "The Forward Guidance Puzzle," *FRB of New York Staff Report* No. 574.

Diamond, Douglas, and Philip Dybvig (1983) "Bank Runs, Deposit Insurance, and Liquidity," *Journal of Political Economy* 91 (3), pp. 401-419.

Fama, Eugene F. (1970) "Efficient Capital Markets: A Review of Theory and Empirical Work," *Journal of Finance* 25 (2), pp. 383-417.

Freixas, Xavier, and Jean-Charles Rochet (2008) *Microeconomic of Banking*, 2nd ed., The MIT Press.

Friedman, Milton (1968) "Role of Monetary Policy," *American Economic Review* 58 (1), pp. 1-15.

───── (1969) *The Optimum Quantity of Money and Other Essays*, Chicago: Aldine.

Gesell, Silvio (1958) *The Natural Economic Order*, translated by Philip Pye, Peter Owen.

Greenspan, Alan (1996) "Opening Remarks," in *Achieving Price Stability*, A Symposium Sponsored by the Federal Reserve Bank of Kansas City.

───── (2005) "Testimony," Federal Reserve Board's semiannual Monetary Policy Report to the Congress Before the Committee on Banking, Housing, and Urban Affairs, U.S. Senate (https://www.federalreserve.gov/boarddocs/hh/2005/february/testimony.htm).

Grossman, Sanford J., and Joseph E. Stiglitz (1980) "On the Impossibility of Informationally Efficient Markets," *American Economic Review* 70 (3), pp. 393-

408.

Jones, Charles I. (2021) *Macroeconomics*, fifth ed., Norton.

Kydland, Finn E., and Edward C. Prescott (1977) "Rules Rather than Discretion: The Inconsistency of Optimal Plans," *Journal of Political Economy* 85 (3), pp. 473-492.

Lucas, Robert E. (1976) "Econometric policy evaluation: A critique," *Carnegie-Rochester Conference Series on Public Policy* 1, pp. 19-46.

——— (1987) *Models of Business Cycles*, Basil Blackwell (邦訳：清水啓典訳『マクロ経済学のフロンティア：景気循環の諸モデル』東洋経済新報社、1988 年).

——— (2000) "Inflation and Welfare," *Econometrica* 68 (2), pp. 247-274.

Mishkin, Frederic (2021) *Economics of Money, Banking and Financial Markets*, Global Edition, 12th ed., Pearson Education, Limited.

Nelson, Charles R., and Andrew F. Siegel (1987) "Parsimonious Modeling of Yield Curves," *Journal of Business* 60 (4), pp. 473-489.

Radford, R. A. (1945) "The Economic Organisation of a P.O.W. Camp," *Economica* 12 (48), pp. 189-201.

Rogoff, Kenneth (1985). "The Optimal Degree of Commitment to an Intermediate Monetary Target," *Quarterly Journal of Economics* 100 (4), pp. 1169-1189.

Romer, Christina D., and David H. Romer (1997) "Institutions for Monetary Stability," in Christina D. Romer and David H. Romer, Eds., *Reducing Inflation: Motivation and Strategy*, University of Chicago Press.

Rothschild, Michael, and Joseph E. Stiglitz (1976) "Equilibrium in Competitive Insurance Markets: An Essay on the Economics of Imperfect Information," *Quarterly Journal of Economics* 90 (4), pp. 629-649.

Schmitt-Grohé, Stephanie, and Martín Uribe (2010) "The Optimal Rate of Inflation," *Handbook of Monetary Economics*, Volume 3B.

Svensson, Lars E. O. (1997) "Optimal Inflation Targets, 'Conservative' Central Banks, and Linear Inflation Contracts," *American Economic Review* 87 (1), pp. 98-114.

Taylor, John B. (1993) "Discretion versus Policy Rule in Practice," *Carnegie-Rochester Conference Series on Public Policy* 39, pp.195-214.

Walsh, C. E. (1995) "Optimal Contracts for Central Bankers," *American Economic Review* 85 (1), pp. 150–167.

索　引

【著者略歴】

白塚重典（しらつか・しげのり）
慶應義塾大学経済学部教授。
1987 年慶應義塾大学経済学部卒業。同年、日本銀行入行。企画局審議役、金融研究所長などを経て、2019 年 9 月より現職。2000 年、慶應義塾大学博士（経済学）。
主な業績
『現代金融と日本経済』共編、慶應義塾大学出版会、2023 年。
「中央銀行の政策運営におけるマクロプルーデンスの視点」『金融研究』日本銀行金融研究所、
　　2011 年。
「わが国の量的緩和政策の経験——中央銀行バランスシートの規模と構成を巡る再検証——」
　　『フィナンシャル・レビュー』財務省財務総合研究所、2010 年。
『物価の経済分析』東京大学出版会、1998 年。

金融政策
——理論と実践

2023 年 5 月 25 日　初版第 1 刷発行

著　　者―――白塚重典
発行者―――大野友寛
発行所―――慶應義塾大学出版会株式会社
　　　　　　〒108-8346　東京都港区三田 2-19-30
　　　　　　TEL　〔編集部〕03-3451-0931
　　　　　　　　　〔営業部〕03-3451-3584〈ご注文〉
　　　　　　　　　〔　〃　〕03-3451-6926
　　　　　　FAX　〔営業部〕03-3451-3122
　　　　　　振替　00190-8-155497
　　　　　　https://www.keio-up.co.jp/
装　　丁―――佐々木由美（デザインフォリオ）
印刷・製本――藤原印刷株式会社
カバー印刷――株式会社太平印刷社

現 代 金 融 と 日 本 経 済　　A5判・240ページ・4400円
中妻照雄・白塚重典編

日 本 の 比 較 優 位　　A5判・248ページ・4950円
清田耕造著

正 規 の 世 界・非 正 規 の 世 界　　A5判・456ページ・5280円
神林龍著

日 本 の キ ャ リ ア 形 成 と 労 使 関 係　　A5判・400ページ・6600円
梅崎修著

多 様 化 す る 日 本 人 の 働 き 方　　A5判・280ページ・4620円
阿部正浩・山本勲編

格 差 社 会 と 労 働 市 場　　A5判・244ページ・3960円
樋口美雄・石井加代子・佐藤一磨著

コ ロ ナ 禍 と 家 計 の レ ジ リ エ ン ス 格 差　　A5判・248ページ・4400円
山本勲・石井加代子・樋口美雄編

コ ロ ナ 禍 に お け る 個 人 と 企 業 の 変 容　　A5判・384ページ・4950円
樋口美雄／労働政策研究・研修機構編

検 証・コ ロ ナ 期 日 本 の 働 き 方　　A5判・368ページ・5280円
樋口美雄／労働政策研究・研修機構編

信 用 貨 幣 の 生 成 と 展 開　　A5判・472ページ・7150円
鎮目雅人編

（価格は消費税10％の税込み価格）